송이꿀

믿음충만설교

8

송이꿀 믿음충만설교 8

- **저 자** 신 송 태

1판 1쇄 인쇄일　2012년 5월 15일
1판 1쇄 발행일　2012년 5월 21일

- **발 행 처**　도서출판 예루살렘
- **발 행 인**　조 현 숙
- **등록번호**　제16-75호
- **등록일자**　1980. 5. 24
- **주　　소**　서울 강남구 논현동 107-38 남광빌딩
- **대표전화**　(02)545-0040, 546-8332, 514-5978(영업부)
- **팩　　스**　(02)545-8493
- **E-mail**　jerubook@naver.com

- **기　 획**　정 용 한
- **편　 집**　김 대 훈
- **영　 업**　오 승 한

값 12,000원
ISBN 978-89-7210-535-0　03230

송이꿀
믿음충만설교

8

신송태 지음

머 리 말

"내 아들아 꿀을 먹으라 이것이 좋으니라.
송이꿀을 먹으라 이것이 네 입에 다니라" (잠언 24:13)

    신령한 사랑의 공동체인 그리스도의 몸 된 교회에서 하나님의 양 무리들에게 '신령한 젖'(벧전 2:2)인 하나님의 말씀을 전하는 일만큼 중요한 일이 없다고 생각하기에 그 책임의 막중함을 절감합니다. 아울러 마음에 두려움과 무거움을 금치 못합니다. 이는 바로 그 말씀 밖에 넘어서거나(고전 4:6) 혼잡케 하거나(고후4:2) 또한 사사로이 풀어서는 아니 될(벧후1:20) 말씀이기에 그러합니다. 그러므로 항상 하나님의 메신저로서 자신을 돌아보게 됩니다. 1901년도 카자흐스탄 선교사로 파송되어 10년 동안의 사역을 마치고 귀국하여 2002년도부터 효성교회를 섬기는 중에 2006년도 〈송이꿀〉 제1권, 2010년도에 제7권에 이어 금년에 다시 〈송이꿀〉을 내어 놓게 되었습니다. 실로 감당치 못할 하나님의 크신 은혜에 감사함을 금치 못하며 다만 부족한 종의 설교집 〈송이꿀〉이 오직 선교와 목회에 전념하시는 모든 사랑하는 분들께 작으나마 보탬이 되었으면 하는 맘뿐입니다. 끊임없이 이 설교집 편찬에 수고를 아끼지 아니하신 예루살렘 출판사 사장님과 직원들께 깊은 감사를 드림과 아울러 종이 섬기는 효성의 가족들과 사랑하는 아내와 두 아들의 가정, 그리고 교정을 맡아 수고한 모든 분들과 함께 감사와 기쁨을 나누며 오직 성삼위 우리 하나님께 영광을 돌리는 바입니다.

2012년 5월

신 송 태 목사 드림

목 차

머리말 • 5

[말씀]

각기 종류대로 (창세기 1:11-13) • 12
그 동일한 말씀 (베드로후서 3:1-13) • 15
그 보좌들 위에 이십 사 장로들 (요한계시록 4:1-11) • 18
그 이름을 에벤에셀이라 하니라 (사무엘상 7:5-14) • 21
만물이 주에게서 (로마서 11:36) • 25
보라 내가 오늘날…네 앞에 두었나니 (신명기 30:15-20) • 29
사람이 능히 건너지 못할 강 (에스겔 47:1-12) • 33
삼림에 올라가서 스스로 개척하라 (여호수아 17:14-18) • 36
아달월 십사일과 십오일을 지키라 (에스더 9:20-28) • 39
오직 나의 신으로 되느니라 (스가랴 4:1-10) • 43
온 백성에게 미칠 큰 기쁨의 좋은 소식 (누가복음 2:8-14) • 47
일의 결국을 다 들었으니 (전도서 12:13-14) • 50
조금 있으면 내가 진동시킬 것이요 (학개 2:1-9) • 54
하나님의 말씀은 흥왕하여 더하더라 (사도행전 12:20-24) • 57
현재보다 천배나 많게 하시며 (신명기 1:6-11) • 60

[신앙생활]

가시나무 가운데 백합화 (아가서 2:1-2) • 63
간음하지 말지니라 1 (출애굽기 20:14) • 66
간음하지 말지니라 2 (출애굽기 20:14) • 69
나는 하나님을 경외함으로 (느헤미야 5:14-19) • 72
내 마음이 나를 책망치 아니하리라 (욥기 27:6) • 75
내 잔이 넘치나이다 (시편 23:1-6) • 79
내가 네게 이 경계로써 명하노니 (디모데전서 1:18-20) • 83
너희 심을 것을 주사 풍성하게 하시고 (고린도후서 9:6-15) • 86
네가 어려서부터 성경을 알았나니 (디모데후서 3:15-17) • 89
보배합을 열어 (마태복음 2:9-12) • 92
노아가 여호와를 위하여 (창세기 8:20-22; 9:1) • 95
아브람이 여호와를 위하여 (창세기 13:10-18) • 98
엘리야가 여호와를 위하여 (열왕기상 19:9-21) • 101
옛날을 기억하라 (신명기 32:1-12) • 104
요셉이 아비를 위하여 (창세기 50:1-14) • 107
내가 당신을 따르리이다 (열왕기상 19:19-21) • 110
일가와 가까운 친구들을 모아 (사도행전 10:23-43) • 113

[영적전쟁]

거짓 선지자들을 삼가라 (마태복음 7:15-20) • 116
여호와의 이름을 망령되이 일컫지 말라 (출애굽기 20:7) • 119
예수께서 감람산에 (누가복음 22:39-46) • 122
오직 성령의 충만을 받으라 (에베소서 5:18) • 125
오직 예수 외에는 (마태복음 17:1-6) • 128
우리가 이같이 역사하는데 (느헤미야 4:15-23) • 131
이스라엘의 등불 (사무엘하 21:15-17) • 134
인내를 온전히 이루라 (야고보서 1:2-4, 12) • 137
히스기야가 여호와께 기도하여 (열왕기하 20:1-7) • 140

[예수 그리스도]

그리스도 예수 (빌립보서 2:5-11) • 143
나는 부활이요 생명이니 (요한복음 11:23-27) • 146
나의 마시려는 잔 (마태복음 20:20-23) • 149
내 하나님이여 어찌 나를 (시편 22:1-21) • 152
내가 갈 길을 가야 하리니 (누가복음 13:31-35) • 155
사람들을 피로 사서 하나님께 드리시고 (요한계시록 5:7-10) • 158
아들을 낳으리니 이름을 예수라 하라 (마태복음 1:21-23) • 161
예수 그리스도를 주라 시인하여 (빌립보서 2:6-11) • 164
예수께서 예루살렘에 들어가시니 (마태복음 21:1-11) • 167
예수는 그 지혜와 그 키가 자라가며 (누가복음 2:40,52) • 170
종려나무 가지를 가지고 (요한복음 12:12-18) • 173
한 아들을 우리에게 주신바 되었는데 (이사야 9:1-7) • 176

[은혜]

그 큰 사랑을 인하여 (에베소서 2:4-10) • 179
그가 네게 복을 주실 것이라 (창세기 49:22-26) • 182
내가 너와 함께 있어 네게 복을 주어 (창세기 26:23-25) • 185
내가 네게 지시할 땅으로 가라 (창세기 12:1-4) • 188
내게 은혜를 베푸시옵소서 (느헤미야 5:14-19) • 191
아무라도 능히 셀 수 없는 큰 무리 (요한계시록 7:9-14) • 194
당신이 네게 축복하지 아니하면 (창세기 32:24-32) • 197
믿음으로 노아는 (히브리서 11:7) • 201
여호와께서 그를 생각하신지라 (사무엘상 1:12-20) • 204
여호와께서 복을 주시므로 (창세기 26:12-33) • 207
여호와께서 요셉과 함께 하심이라 (창세기 39:19-23) • 210
유다야 너는 (창세기 49:8-12) • 214
이같이 복을 얻으리로다 (시편 128:1-4) • 217
일어나서 함께 가자 (아가 2:10-13) • 220
진동치 못할 나라를 받았으니 은혜를 받자 (히브리서 12:28-29) • 223
큰 비의 소리가 있나이다 (열왕기상 18:41-46) • 226
하늘에 속한 자의 영광 (고린도전서 15:35-41) • 230

[참된 믿음]

그 물을 여호와께 부어 드리며 (사무엘하 23:13-17) • 234
그의 말씀하시던 대로 살아났느니라 (마태복음 28:1-17) • 238
내가 내 몸에 예수의 흔적을 가졌노라 (갈라디아서 6:11-17) • 242
내게 축복하지 아니하면 (창세기 32:24-32) • 246

너희 하나님 여호와를 신뢰하라 (역대하 20:20-30) • 249

너희는 자기의 소위를 살펴볼지니라 (학개 1:7-15) • 252

살아도 죽어도 주를 위하여 (로마서 14:1-9) • 255

오셨으니 잘하였나이다 (사도행전 10:23-48) • 258

올라가서 얻으라 (신명기 1:19-33) • 261

이 사람들은 다 믿음으로 (히브리서 11:13-16) • 264

주라 그리하면…주리라 (누가복음 6:38) • 267

주의 손에 있사오니 (시편 31:15) • 270

하나님이 아브라함을 시험하시려고 (창세기 22:1-19) • 273

하나님이…시험하시려고 (창세기 22:1-2) • 276

[헌신]

너를 지명하여 불렀나니 너는 내 것이라 (이사야 43:1-7) • 280

이 모든 일에 전심전력하여 (디모데전서 4:6-16) • 283

성벽 위에 파수꾼을 세우고 (이사야 62:6-9) • 286

수고하고 무거운 짐 진 자들아 (마태복음 11:28-30) • 289

우리가 이 보배를 질그릇에 가졌으니 (고린도후서 4:7-15) • 293

이스라엘 자손을 흥왕케 하려는 사람 (느헤미야 2:1-10) • 297

이스라엘의 위로를 기다리는 자 (누가복음 2:21-33) • 300

송이꿀
믿음충만설교

8

각기 종류대로

(창세기 1:11-13)

하나님의 천지창조에 있어 사람들은 합리주의적 사고의 방식으로 이해하려고 노력하는데서 어리석은 오류들을 범하고 있습니다. 어찌 엘로힘 하나님, 그의 창조의 신비가 과학의 틀인 관찰과 실험을 통하여 이를 검증 또는 이해가 될 수 있겠습니까? 특히 생명창조에 관한한 더욱 그러합니다. 모든 생명체는 생물학적 변천 과정을 거쳐 저급한 종에서 고등한 종으로 발전되는 것이나, 종과 종 사이의 상태변이를 주장하는 다윈의 어리석은 진화론이 그 대표적입니다. 이를 믿고 따르는 사람들은 하나님에 대해 전혀 무지하기 때문에 그럴 수 밖이 없습니다. 이 시간, 본문의 말씀인 "각기 그 종류대로"라고 하신 말씀을 통해 함께 은혜받기를 원합니다.

"각기 종류대로" 이는

1. 생명 창조의 신성입니다.

본문 11절에 "땅은 풀과 씨 맺는 채소와 각기 종류대로 씨 가진 열매 맺는 과목을 내라 하시매 그대로 되어"라고 하였습니다. 여기에 "각기 종류대로"라는 원어 '레미노'는 '종류' 또는 '종'을 뜻하는 '민'에서 파생된 말로 '제각기 독특하게 구별된 종'을 뜻합니다. 그렇기 때문에 하나님의 자녀들은 다윈의 진화론에 대한 그 허구성을 냉정하게 비판할 뿐 아니라 이를 결코 받아들이지 않습니다. 우주만물의 창조가 다 그러하지만 특히 생명 창조는 하나님의 신성과 능력을 그대로 담고 있는 신비에 속한 것입니다. 우리 성도들은 이 사실을 그대로 믿습니다. 이는 너무나도 분명한 생명이 지니고 있는 하나님의 신비 그 자체이기 때문입니다.

"각기 종류대로" 이는

2. 각 생명체의 고유한 단일성입니다.

본문 11과 12절에서 풀과 채소와 과목 창조에 있어 "각기 그 종류대로", 21절에서 큰 물고기와 물에서 번성하여 움직이는 모든 생물과 날개 있는 모든 새를 "그 종류대로" 그리고 24절과 25절에서 땅의 생물과 육축과 기는 것 땅의 짐승들을 "그 종류대로"라고 하였습니다. "각기 그 종류대로"라는 '레미노'는 각기 생명체가 독특하게 구별된 '종'(species)이 지닌 고유의 단일성을 말합니다. 생명체에 관한 진화론자의 주장에 의하면 상이한 종류의 동식물을 나타내는 유사성은 진화론적 혈연관계를 나타낸다는 것입니다. 이는 분류학, 비교 해부학, 태생학, 생화학, 생리학적 증거 등에 의한 주장들입니다. 또한 어떤 특수한 종 안에서 일어나는 변화로 지리학적 분포 및 퇴화기관과 실험사육, 돌연변이의 증거 등에 의한 주장이며, 화석화된 유기체의 잔해는 진화의 실체를 보여 주고 있다는 주장들입니다. 이 주장들은 과학의존적인 학설들로 하나님 말씀의 절대권위성에 도전하는 인간의 교만이요 또한 만행입니다.

"각기 종류대로" 이는

3. 모든 생명체의 축복성입니다.

20절에 "하나님이 가라사대 물들은 생물로 번성케 하라"라고 하였고, 22절에 "하나님이 그들에게 복을 주어 가라사대 생육하고 번성하여 여러 바다 물에 충만하라 새들도 땅에 번성하라"라고 하였습니다. 인간창조의 경우 28절에 "하나님이 그들에게 복을 주시며 그들에게 이르시되 생육하고 번성하여 땅에 충만하라"라고 하였습니다. 이는 모든 생명체들에게 주신 하나님의 축복입니다. 여기에 "생육하고"라는 '생육'은 '열매를 맺다'를 뜻하며 "번성하여"라는 '번성'은 번식력에 의한 종족의 보존과 번식으로 인한 많음을 뜻하며 "충만하라"는 하나님의 넘치도록 채워주심으로 인한 가득함을 뜻합니다. 한마디로 모든 생명체들에게 주신 하나님의 풍성한 축복을 말해 줍니다. 신비로 가득한 각기의 생명체는 축복받은 존재들입니다. 특히 하나님의 형상대로 지음 받은 사람의 경우 그 축복은 탁월합니다. 그러하기에 사람은 만물의 영장이요, 천하보다 귀한 존재입니다. 바로 사람의 존엄성이 여기에 있습니다.

사랑하는 성도 여러분!

하나님의 생명창조는 하나님의 신성과 능력이 빚어낸 최대 걸작입니다. 전능하신 엘로힘 하나님민의 영역입니다. 인간의 힌계적인 이성으로 감히 침범할 수 없는 영역임에도 불구하고 불신 인간의 교만은 이를 과학의 틀에서 오만을 자행합니다. 사무엘의 어머니 한나는 "여호와를 대적하는 자는 산산이 깨어질 것이라 하늘 우뢰로 그들을 치시리로다"(삼상2:10)라고 하였습니다. 우리 모든 성도들은 하나님의 "각기 종류대로"의 생명창조의 그 신성과 능력을 믿기 때문에 성경에서 위배된 진화론을 정죄하며 생명체가 지닌바 "각기 종류대로"의 고유한 단일성을 분명하게 주장하는 것입니다. 이는 하나님의 말씀인 성경에서 분명하게 밝혀 주셨기 때문입니다. 우리 모두, 엘로힘 하나님께서 "각기 종류대로" 창조하신 생명체의 신성과 단일성과 그 축복성을 확신하는 복된 영적인 삶으로 오직 하나님께 영광을 돌리시기를 축원합니다. 아멘.

그 동일한 말씀

(베드로후서3:1-13)

　본문의 말씀은 사도 베드로의 두 번째 서신으로 특히 당시 주의 재림에 대해 하나님의 말씀을 경멸하며 성도들의 순수한 신앙을 혼탁케 하고 기롱하는 자 즉, 악한 정욕을 좇아 하나님을 거역하는 거짓 교사들의 거짓 교훈을 경계하면서 하나님 말씀인 성경의 신적절대권위성과 영원성 그리고 말씀의 명료성과 그 충족성을 나타내 주고 있습니다. 특히 본문의 말씀은 그리스도의 재림 예고의 말씀으로 성도들로 하여금 진실한 마음을 일깨워 축복된 삶을 고취시킴에 그 목적을 두고 있습니다.
　"그 동일한 말씀" 이는 하나님의

1. 불변하신 말씀입니다.

　본문 1절에 "사랑하는 자들아 내가 이제 이 둘째 편지를 너희에게 쓰노니 이 둘로 너희 진실한 마음을 일깨워 생각하게 하여"라고 하시면서 2절에서 "곧 거룩한 선지자의 예언한 말씀과 주 되신 구주께서 너희의 사도들로 말미암아 명하신 것을 기억하게 하려 하노라"고 하였습니다. 이는 곧 선지 사도들에게 주신 하나님 예언의 말씀이 어느 시대나 영원 불변하다는 것을 일깨워 주심입니다. 그런데 4-5절에서 "주의 강림하신다는 약속이 어디 있느뇨 조상들이 잔 후로부터 만물이 처음 창조할 때와 같이 그냥 있다 하니 이는 하늘이 옛적부터 있는 것과 땅이 물에서 나와 물로 성립한 것도 하나님의 말씀으로 된 것을 저희가 부러 잊으려 함이로다"라고 설파하는 거짓 교사들의 그 실체를 밝혀 주었습니다. 바로 "그 동일한 말씀" 이란 하나님 말씀의 불변성을 확증하심입니다.
　"그 동일한 말씀" 이는 하나님의

2. 심판 예고의 말씀입니다.

본문 6-7절에서 "이로 말미암아 그때 세상은 물의 넘침으로 멸망하였으되 이제 하늘과 땅은 그 동일한 말씀으로 불사르기 위하여 간수하신바 되어 경건치 아니한 사람들의 심판과 멸망의 날까지 보존하여 두신 것이니라"고 하였습니다. 이는 옛 노아시대에 있었던 물심판과 마지막 종말시대에 있을 불 심판을 예고하신 말씀입니다. 이미 하나님은 과거 노아에게 이르신 그 물 심판의 말씀이 동일하게 마지막 시대 경건치 아니한 자들에게 임할 불 심판을 위해 시한부적으로 하늘과 땅을 보존해 두셨다고 본문 7절에서 분명하게 밝혀 주었습니다. 이제 그리스도께서 재림하실 그 날에 노아홍수 때와 같이 하나님의 동일한 심판 예고의 말씀대로 마지막 불 심판이 도래하고야말 것입니다.

"그 동일한 말씀" 이는 하나님의

3. 축복 약속과 권고의 말씀입니다.

본문 13절에 "우리는 그의 약속대로 의의 거하는바 새 하늘과 새 땅을 바라보도다"라고 하였습니다. 이에 사도 베드로는 본문 11-12절에서 "이 모든 것이 이렇게 풀어지리니 너희가 어떠한 사람이 되어야 마땅하뇨 거룩한 행실과 경건함으로 하나님의 날이 임하기를 바라보고 간절히 사모하라"라고 권고하였습니다. 사도 요한은 마지막 음녀 바벨론이 불의 심판으로 멸망당하는 환상을 보면서 하나님께서 들려주신바 "내 백성아, 거기서 나와 그의 죄에 참예하지 말고 그의 받을 재앙들을 받지 말라"(계18:4)는 사랑의 음성을 듣고 전합니다. 우리 모든 성도들은 하나님의 약속인 주님의 재림과 함께 펼쳐질 천국을 사모하며 노아와 같이 방주를 예비하여야 합니다. 바로 그 같은 삶이 거룩한 행실과 경건함입니다. 여기에 "거룩한 행실"이란 악에서 분리되어 하나님께 헌신된 성결한 삶을 말하며, "경건함"이란 하나님의 성품을 닮아가며 오직 그만을 섬기는 예배적인 삶을 뜻합니다. 이에 사도 바울은 "형제들아 내가 하나님의 모든 자비하심으로 너희를 권하노니 너희 몸을 하나님이 기뻐하시는 거룩한 산 제사로 드리라 이는 너희의 드릴 영적 예배니라"(롬12:1)라고 권하였던 것입니다.

사랑하는 성도 여러분!

어느 시대, 언제나 변함없이 역사하시는 하나님의 동일한 말씀인 신적 절대권위의 말씀, 영원불변하신 말씀, 악한시대 악인들을 향한 심판 예고의 말씀, 그리고 경건한 성도들을 향하신 축복된 약속과 권고의 말씀을 마음 판 깊이 새겨야 할 것입니다. 오직 하나님 중심, 성경 중심, 교회 중심의 거룩하고 경건한 삶으로 주님 재림의 그 날을 간절히 사모하며 기다려야 할 것입니다. 결코, 시한부적인 세상 것에 집착하지 말고, 오직 그의 나라와 그의 의를 구하며 헌신하는 복된 삶을 살아야 할 것입니다. 바로 이 같은 삶이 120년 동안 말씀을 붙잡고 노아가 방주를 예비하였던 삶과 같습니다. 이제 불원장래 동일한 말씀으로 그리스도께서 재림하심으로 심판하실 그날 우리 모두는 새 하늘과 새 땅인 천국으로 입성할 것입니다. 바로 그 날을 사모하며 거룩함과 경건한 삶으로 오직 우리 하나님께 영광을 돌리는 복 된 삶이되시기를 축원합니다. 아멘.

그 보좌들 위에 이십 사 장로들

(요한계시록 4:1-11)

주후 96년 경, 로마의 도미티안 황제 통치 기간 중, 교회에 미친 극심한 박해로 인해 위배지인 밧모섬에서 사도 요한이 주의 날에 성령의 감동으로 받은 계시의 환상 가운데 열린 하늘 문을 통해 하나님의 보좌와 그 보좌를 중심으로 원형으로 둘러싸여 경배하며 찬양하는 4생물과 24장로들의 영광스러운 모습을 보고 있음이 본 장의 내용입니다. 하나님의 영광으로 충만한 천상교회의 모습입니다. 하나님의 보좌를 중심으로 24보좌가 둘러 있는데 이는 천상의 영광스러운 24장로의 보좌들입니다.

"그 보좌들 위에 이십 사 장로들" 이들은

1. 순결한 장로들입니다.

본문 4절에 "또 보좌에 둘려 이십 사 보좌들이 있고 그 보좌들 위에 이십 사 장로들이 흰 옷을 입고"라고 하였습니다. 여기에 그들이 입은 '흰 옷'은 영적인 순결과 거룩함을 상징합니다. 바로 그리스도의 피로 씻어 흠 없고 순결한바 거룩함이 그들 모습의 특징입니다. '장로들' 곧 '프레스뷔테투스' 야말로 참으로 영광스러운 천상교회의 존재들입니다. 이는 '왕 같은 제사장들' (벧전2:9)의 모습입니다. 승리한 빌라델비아 교회에 상급으로 주신 바 '하나님 성전의 기둥' (계3:12)과 같은 보배로운 존재들입니다. 그리스도의 몸 된 교회는 하나님의 지상 보좌입니다. 선지자 이사야는 하나님 영광의 보좌를 보았습니다. 그 보좌에 앉으신 하나님의 "그 옷자락이 성전에 가득하였고" (사6:1)라고 하였습니다. 이는 곧 천상의 하나님 보좌와 지상 교회의 보좌가 직결되어 있음을 보여 줍니다. 이는 곧 지상 교회의 순결한 장로들이 하나님 보좌에 둘러선 24보좌에 앉은 24장로들의 모습입니다. 그만치 '흰 옷' 인 성도들의 순결한 삶의 상급이 영광스러움을 일깨워 줍니다.
"그 보좌들 위에 이십 사 장로들" 이들은

2. 왕권의 장로들입니다.

본문 4절에 하반 절에 "머리에 금 면류관을 쓰고 앉았더라" 라고 하였습니다. 여기에 '금 면류관' 은 왕적인 지위를 상징하며, 이는 바로 하나님과 같은 권세와 권위적인 특성을 소유하고 있음을 시사해 줍니다. 이는 지상교회에서의 충성에 대한 상급으로서의 생명의 면류관(계2:10), 양 무리에 본이 된 장로들에게 주실 '시들지 아니하는 영광의 면류관' (벧전5:4), 그리고 의로운 재판장이신 그리스도께서 재림하실 그 날, 믿음의 정절을 지키며 주어진 사명에 최선을 다한 종들에게 주실 '의의 면류관' (딤후4:8)과 같은 영광스럽고 자랑스러운 면류관입니다. 그리스도께서는 "이기는 그에게는 내가 내 보좌에 함께 앉게 하여주기를 내가 이기고 아버지 보좌에 함께 앉은 것과 같이 하리라" (계3:21)라고 하셨고, "저희가 세세토록 왕노릇하리로다" (계22:5)라고 말씀하셨습니다.
"그 보좌들 위에 이십 사 장로들" 이들은

3. 겸손한 장로들입니다.

본문 10절에 "이십 사 장로들이 보좌에 앉으신 이 앞에 엎드려 세세토록 사시는 이에게 경배하고 자기의 면류관을 보좌 앞에 던지며" 라고 하였습니다. 바로 이들의 겸손은 "엎드려…경배하고", 그리고 그들이 받은 금 면류관을 하나님 앞에 '던지며' 에서 나타납니다. 여기에 '엎드려' 라는 '폐순타이' 는 무릎을 꿇고 엎드린 외적인 자세인 하나님에 대한 복종을 뜻하며,

'경배하고'라는 '프로스퀴네수신'은 '예배하다, 경의를 표하다'라는 뜻입니다. 보좌에 앉으신 하나님을 중심으로 둘러 선 4생물과 24장로들의 기본적인 기능이 바로 예배와 찬양에 있기에 4생물은 본문 8절에서 "거룩하다 거룩하다 거룩하다 주 하나님 곧 전능하신이여 전에도 계셨고 이제도 계시고 장차 오실 자라"라고 찬양을 하였고, 24장로들은 11절에서 "우리 주 하나님이여 영광과 존귀와 능력을 받으시는 것이 합당하오니 주께서 만물을 지으신지라 만물이 주의 뜻대로 있었고 또 지으심을 받았나이다"라고 찬양하였던 것입니다.

사랑하는 성도 여러분!

보좌에 앉으신 영광의 하나님께 엎드려 예배하며 찬양하는 천상의 24보좌의 장로들의 모습에서 우리는 영광의 하나님, 당신의 피로 사시고 성자 그리스도께서 세우신 그의 몸 된 지상교회에서 온전한 믿음의 순결을 지키며, 그리스도께 받은 사명에 최선을 다한 충성스러운 모습을 봅니다. 또한 엎드려 성삼위 하나님께 예배하는 겸손을 봅니다. 분명, 지상교회의 24기둥은 천상교회의 24보좌의 그림자입니다. 하나님은 우리 성도들이 24보좌의 그림자인 24기둥으로서의 헌신적 삶을 원하십니다. 오직 믿음의 순결과 충성과 겸손으로 빌라델비아 교회에 주셨던바 자랑스러운 상급인 하나님 성전의 24기둥이 되시기를 축원합니다. 아멘.

그 이름을 에벤에셀이라 하니라

(사무엘상 7:5-14)

이스라엘의 마지막 사사이며 선지자였던 사무엘을 중심으로 펼쳐진 블레셋과의 전투에서 승리하였던 에벤에셀의 역사와 같이, 하나님께서 이 나라와 민족의 위기상황을 오히려 에벤에셀의 축복으로 바꾸어 주실 것을 확신하며 기도합니다. 이 시간, 우리는 블레셋과의 전투에서 승리한 후, 사무엘이 돌을 취하여 미스바와 센 사이에 세우며 "그 이름을 에벤에셀이라 하니라"라고 하신 본문의 말씀을 통해 은혜 받기를 원합니다.

"그 이름을 에벤에셀이라 하니라" 이는

1. 미스바 운동에서의 승리를 기념함입니다.

본문 5절에 "사무엘이 가로되 온 이스라엘은 미스바로 모이라 내가 너희를 위하여 여호와께 기도하리라"라고 하였습니다. 이는 대적 블레셋과의 전투에서 승리하게 하신 하나님께 사무엘이 감사를 표하고 기념키 위한 '에벤에셀', '에벤 하아제르' 곧 '도움의 돌'을 확신하였기에 온 이스라엘 백성을 '미스파' 즉 '파수대' 또는 '전망대'라는 뜻을 지닌 미스바로 모이게 하였던 것입니다. 미스바운동 이는

첫째, 신적 소명의 교회운동입니다.

"미스바로 모이라"고 하였습니다. 바로 이 모임은 온갖 이방 우상숭배로 타락하고 피폐해진 이스라엘을 거룩한 선민의 나라답게 혁신하는 대개혁과 아울러 대적인 블레셋으로부터의 승리에 목적을 둔 이른바 교회운동입니다. 거룩한 신앙운동의 모임, 곧 하나님 앞으로 모이는 신령한 공동체의

운동입니다. 바로 이 모임을 통해 하나님은 대적 블레셋의 세력을 멸하시는 위대한 역사를 펼치신 것입니다.

둘째, 민족 각성의 기도운동입니다.

사무엘은 5절에서 "내가 너희를 위하여 기도하리라"고 하였고, 6절에서 "그들이 미스바에 모여 물을 길어 여호와 앞에 붓고 그 날에 금식하고 거기서 가로되 우리가 여호와께 범죄하였나이다"라고 하였으며 8절에서 이스라엘 백성들이 사무엘에게 "우리를 위하여 우리 하나님 여호와께 쉬지 말고 부르짖어 우리를 블레셋 사람의 손에서 구원하시게 하소서"라고 간청하였습니다. 이에 9절에서 사무엘이 "이스라엘을 위하여 여호와께 부르짖으매"라고 하였습니다. 민족 각성의 기도였습니다.

셋째, 제단 중심의 예배운동입니다.

6절에 "그들이 미스바에 모여 물을 기어 여호와 앞에 붓고"라고 하였고, 사무엘은 9절에서 "젖 먹는 어린 양을 취하여 온전한 번제를 여호와께 드리고"라고 하였습니다. 번제를 드렸다는 것은 제단을 쌓고 하나님께 번제의 제사를 드렸다는 것입니다. 제단 중심의 예배운동을 말합니다. 예수님은 "아버지께 참으로 예배하는 자들은 신령과 진정으로 예배할 때가 오나니 곧 이 때라 아버지께서는 이렇게 자기에게 예배하는 자들을 찾으시느니라"(요4:23)고 말씀하셨습니다. 어린양을 취하여 제단에 드린 온전한 번제, 이는 그리스도의 십자가 중심의 예배입니다. 온전한 예배의 삶 속에서 타오르는 여호와 응답인 '도움의 돌' 인 '에벤에셀' 이 항상 체험되어야 합니다.

"그 이름을 에벤에셀이라 하리라" 이는

2. 성전(聖戰)에의 승리축복을 기념함입니다.

본문 10절에 "사무엘이 번제를 드릴 때에 블레셋 사람이 이스라엘과 싸우려고 가까이 오매 그 날에 여호와께서 블레셋 사람에게 큰 우뢰를 발하여 그들을 어지럽게 하시니 그들이 이스라엘 앞에 패한지라"라고 하였습니다. 하나님의 싸우심이었기에 12절에서 "여호와께서 여기까지 도우셨다 하고 그 이름을 에벤에셀이라 하리라"고 하신바 '에벤 하아제르' 곧 '기념의 돌' 입니다. 에벤에셀의 승리는

첫째, 악한 세력의 붕괴입니다.

10절에서 "그 날에 여호와께서 블레셋 사람에게 큰 우뢰를 발하여 그들을 어지럽게 하시니 그들이 이스라엘 앞에 패한지라"라고 하였습니다. 여호수아의 군대 앞에 여리고 성이 무너져 내린 것과 같습니다. 우리 민족에게도 북한 폭정의 붕괴인 에벤에셀의 날이 올 것을 확신합니다.

둘째, 하나님의 절대보호입니다.

본문 13절에서 "이에 블레셋 사람이 굴복하여 다시는 이스라엘 경내에 들어오지 못하였으며 여호와의 손이 사무엘의 사는 날 동안에 블레셋 사람을 막으시매"라고 하였습니다.

셋째, 옛 지경의 회복입니다.

14절에서 "블레셋 사람이 이스라엘에게서 빼앗았던 성읍이 에그론부터 가드까지 이스라엘에게 회복되니 이스라엘이 그 사방 지경을 블레셋 사람의 손에서 도로 찾았고"라고 하였습니다.

넷째, 전쟁 없는 평화입니다.

본문 14절 하반 절에 "이스라엘과 아모리 사람 사이에 평화가 있었더라"고 하였습니다. 전쟁 없는 평화통일의 역사를 말합니다. 이는 암몬과의 전투에서 유다 왕 여호사밧이 "우리를 치러 오는 이 큰 무리를 우리가 대적할 능력이 없고 어떻게 할 줄도 알지 못하옵고 오직 주만 바라보나이다"(대하 20:12)의 쾌승일 뿐입니다.

사랑하는 성도 여러분!

사무엘을 통한 "에벤에셀"의 축복과 그 책임이 중요하다고 봅니다. 이는 '에벤에셀'의 역사가 비상시국인 이 나라와 민족에게 절실히 요구되기 때문입니다. 그러하기에 우리 한국교회와 성도들은 미스바 운동의 불길이 되어야 합니다. 반드시 우리 하나님은 세계선교의 사명을 위해 이 나라와 민족을 축복해 주실 것을 확신합니다. 그렇게도 참담했던 1950년도 6.25를 상기하며 우리 교회와 모든 성도들이 사무엘의 미스바운동, 곧 교회운동의 주역들이 되어 오직 성삼위 우리 하나님께 영광을 돌리는 축복의 사람이 되시기를 축원합니다. 아멘.

만물이 주에게서

(로마서 11:36)

오늘 우리는 본문의 말씀에서 성령의 감동을 입은 그리스도의 종, 사도 바울을 통하여 만물의 기원인 시작과 과정과 끝, 즉 시간적으로 과거와 현재와 미래를 관통하면서 펼치시는 하나님의 선민 구원 계획과 섭리를 보게 됩니다. 바로 "이는 만물이 주에게서 나오고 주로 말미암고 주에게로 돌아감이라" 즉 '모든 것들이 그분으로부터 그분을 통하여 그리고 그분을 위하여(있기) 때문이다' 라고 하신 말씀입니다. 이 시간 성령께서 밝혀 주신 "만물이 주에게서"라는 말씀을 통해 함께 은혜 받기를 원합니다.

"만물이 주에게서" 이는 만물의 기원인 그분이

1. 하나님이시라는 사실입니다.

본문에 "이는 만물이 주에게서 나오고"라고 하였습니다. 여기에 "만물"로 번역 된 헬라어 '판타' 는 '모든 것들' (all things)이라는 말로 하나님 자기 백성인 선민의 구원계획에 동원된 모든 상황과 사건들의 중심 대상인 신자와 교회를 총칭합니다. 바로 하나님의 구원 예정과 선택, 소명과 거듭남으로 시작된 새 사람, 곧 신자와 이들의 공동체인 교회의 기원이 바로 하나님이라는 사실입니다. 이는 하나님께서 이사야를 통하여 "야곱아 너를 창조하신 여호와께서 이제 말씀하시느니라 이스라엘아 너를 조성하신 자가 이제 말씀하시느니라 너는 두려워 말라 내가 너를 구속하였고 내가 너를 지명하여 불렀나니 너는 내 것이라"(사43:1)고 하신 선언이 그러합니다. 언약의 자손인 야곱, 곧 이스라엘이 하나님께 선택이 되어 그의 소유가 되었듯이 예수를 구주로 믿어 말씀과 성령으로 거듭난 신자와 이들의 공동체인 교회가 하나님의 것으로 인침이 된바 그 기원이 하나님이라는 말씀입니다. 물과 성령으로 거듭나 새사람으로 시작된 우리 신자와 교회의 존재야말로 그 기원이 하나님이시기에 특별한 존재가 아닐 수 없습니다. 그러므로 만물의 기원이 되신 하나님께 "찬송하리로다" 할 뿐입니다.

"만물이 주에게서" 이는 신자의 생애가 그분인

2. 하나님으로 말미암은 삶이라는 사실입니다.

본문에서 "이는 만물이 주로 말미암고"라고 하였습니다. 이는 물과 성령으로 거듭나 새사람으로 시작된 신자들의 생애가 오직 주로 말미암은 생애임을 밝혀 주었습니다. 주 안에서의 삶이요, 은혜의 삶, 곧 하나님 중심의 삶입니다. 이는 그리스도께서 재림하실 그 날까지 신자와 교회는 주로 말미암아 살 수 밖에 없는 존재들이라는 사실입니다. 주로 말미암은 삶 속에 겪는 모든 고락간의 일들이 주로 말미암은 삶이기에 무의미한 것이나 무가치한 것이 없다는 것입니다. 사도 바울이 "우리가 알거니와 하나님을 사랑하는 자 곧 그 뜻대로 부르심을 입은 자들에게는 모든 것이 합력하여 선을 이루느니라"(롬8:28)라고 하심이 그러합니다. 바로 이것이 주로 말미암은 삶의 현저한 특징입니다. 임마누엘 동재하심의 표징인 그리스도의 십자가와 부활, 그리고 주의 말씀과 성령의 견인적 역사가 그러합니다. 주로 말미암은 삶 그 자체는 구속의 여정, 곧 시간적 과거인 "주에게서 나오고"라는 시작에서 현재의 주로 말미암은 은혜의 삶이라는 사실 앞에 우리는 찬양을 하나님께 드리지 않을 수 없습니다. 신자들과 교회의 참된 행복 그리고 축복이 바로 주로 말미암은 은혜에 기인하기 때문입니다.

"만물이 주에게서" 이는 신자 생애의 목적이 그분인

3. 오직 하나님께로 라는 사실입니다.

본문에서 "이는 만물이 주에게서 나오고 주로 말미암고 주에게로 돌아감이라"고 하였습니다. 사도 바울은 본문의 고백적인 선언을 통해 신자와 교회의 기원과 동인과 그 방향설정의 목적이 전적 하나님의 절대주권에 의한 역사라는 사실을 확고히 해 줍니다. 바로 그의 하나님 절대주권적인 신앙의 자세를 보여 줍니다. 과거의 기원과 현재의 임마누엘하심의 동재, 그리고 미래지향적인 목적이 오직 하나님께 있다는 명백한 사실을 일깨워 줍니다. 분명한 것은 "주께로"라는 방향 설정이 우리들 자신과 교회에 있지 않고, 하나님 자신에게 있다는 사실, 곧 하나님께서 우리들의 영혼에 설정해 주신 방향이라는 사실입니다. 그러므로 신자와 교회는 오직 주 만을 바라보며 살게 되어 있는 존재임에 분명합니다. 아람 연합군과의 전투에서 유다 왕 여호사밧의 "오직 주만 바라보나이다"(역하20:12)라는 고백적 선언이 그러합니다. 사도 바울은 본문에서 '에이스 아우투: 그분으로부터', '디 아우투: 그분을 통하여', 그리고 '에이스 아우톤: 그분을 위하여' 라는 말로 "만물"인 신자와 교회 존재의 과거적 기원과 현재적 동인과 미래적 목적을 아주 간단명료하게 정리하였습니다. 또한 "만물"을 향하신 하나님의 구원계획과 섭리의 목적이 바로 하나님 자신의 영광에 있기에 사도 바울은 "영광이 세세에 있으리로다. 아멘" 즉 "그분께 영광이 영원토록, 아멘"이라고 그 하나님께 영광을 돌렸던 것입니다.

사랑하는 성도 여러분!

오늘 우리는 만물, 곧 하나님 구속의 대상인 신자와 교회를 향하신 하나님의 그 위대하신 구원계획과 섭리의 메시지를 받았습니다. 이는 "만물이 주에게서 나오고 주로 말미암고 주에게로 돌아감이라 영광이 그에게 세세에 있으리로다 아멘"입니다. 바로 "만물"인 신자와 교회가 어떠한 존재들인가를 일깨워 주셨습니다. 그야말로 복되고 보배로운 영적인 존재들입니다. 이는 우리들 자신의 존재가 하나님으로부터 나왔기에 그로 말미암고 오직 세세토록 그에게 영광을 돌리는 하나님 그를 위한 존재들이기 때문입니다. 이 땅에서의 우리의 생애는 유한하지만 완전한 '영원'을 바라보며 '영원'을 기원하는 특별한 존재, 곧 특별은총을 입은 주의 것이기 때문에 당연히 우리의 모든 삶이 오직 주를 위한 삶으로 하나님께 영광이 되어야 할 것입니다. '주에게서 나오고, 주로 말미암고, 주에게로 돌아감이라' 이것이 오직 하나님 중심의 우리의 정체성입니다. 우리를 선택, 구원해 주셔서 하나님의 영광을 위해 살도록 인도해 주신 그 하나님께 큰 영광을 돌리시기를 축원합니다. 아멘.

보라 내가 오늘 날…네 앞에 두었나니

(신명기 30:15-20)

본문의 말씀은 '모압 평지 언약'의 종결 부분이자 본서 전체의 총결론 부분으로 약속의 땅 가나안에서의 행복한 삶을 위한 권고의 메시지입니다. 바로 여기에서 하나님은 축복과 저주의 삶이 어떠한 것인가를 제시해 주고 있습니다. 이 선언이 엄중하기에 18절에서 "내가 오늘날 너희에게 선언하노니"라고 하였고, 19절에서는 "내가 오늘날 천지를 불러서 너희에게 증거를 삼노라"고 하였던 것입니다. 사람은 그 어느 누구나 하나님의 축복 속에 행복한 삶을 누리기를 원합니다. 그러므로 그 축복의 원리를 깨닫고 그 길을 선택하여 살아간다는 것이 매우 중요한 것입니다. 오늘 이 시간 하나님께서 우리들에게 "보라 내가 오늘 날…네 앞에 두었나니"라고 하신 말씀을 통해 은혜 받기를 원합니다.

"보라 내가 오늘 날…네 앞에 두었나니" 이는

1. 인생 앞에 두신 축복과 저주의 길입니다.

본문 15절에서 하나님은 "보라 내가 오늘날 생명과 복과 사망과 화를 네 앞에 두었나니"라고 하셨습니다. 이 두 길은 인생이 피할 수 없는 길입니다. 이유는 절대주권자이신 하나님께서 인생 앞에 두신 길이기 때문입니다. 여기에 "생명"은 16절에 "생존"과 "번성"을 그리고 "복"은 "땅" 곧 '기업의 축복'을 말합니다. 사실 인생에 있어 생명처럼 귀한 복은 없습니다. 그래서 예수님은 "사람이 만일 온 천하를 얻고도 제 목숨을 잃으면 무엇이 유익하리요 사람이 무엇을 주고 제 목숨을 바꾸겠느냐"(마16:26)라고 말씀하셨던 것입니다. '생명과 복', '사망과 화'는 하나님께서 인생 앞에 두신 것이기에 19절에서 하나님은 다시 천지를 불러 증거를 삼으시며 "내가 오늘날…생명과 사망과 복과 저주를 네 앞에 두었은즉"라고 말씀하셨던 것입니다.

"보라 내가 오늘 날…네 앞에 두었나니" 이는

2. 선택을 요하는 권고의 말씀입니다.

본문 19절에서 "내가 오늘날 천지를 불러서 너희에게 증거를 삼노라 내가 생명과 사망과 복과 저주를 네 앞에 두었은즉 너와 네 자손이 살기 위하여 생명을 택하고"라고 하였습니다. 피할 수 없는 축복과 저주의 길목에서 '과연 어느 길을 택할 것인가? 라는 이 선택의 과제는 우리 인생들 자신에게 주어져 있다는 말씀입니다. 하나님의 사랑과 깊은 관심은 "너와 네 자손이 살기 위하여 생명을 택하고"를 원하십니다. 하나님은 "이스라엘아 네 하나님 여호와께서 네게 요구하시는 것이 무엇이냐"(신10:12)라고 하시며 13절에서 "내가 오늘날 네 행복을 위하여 네게 명하는 여호와의 명령과 규례를 지킬 것이 아니냐"라고 하셨습니다. 그래서 인생 삶에 있어 길의 선택은 대단히 중요한 과제인 것입니다. 바로 그 선택에 따라 축복과 저주의 삶이 결정되기 때문입니다.

"보라 내가 오늘 날…네 앞에 두었나니" 이는

3. 축복된 삶의 원리를 제시해 주심입니다.

약속하신 축복된 삶의 원리가 본문 16절에 "내가 오늘날 너를 명하여 네 하나님 여호와를 사랑하고 그 모든 길로 행하며 그 명령과 규례와 법도를 지키라 하는 것이라 그리하면 네가 생존하며 번성할 것이요 또 네 하나님 여호와께서 네가 가서 얻을 땅에서 네게 복을 주실 것임이니라" 입니다. 먼저

첫째, 하나님을 사랑함입니다.

사실 하나님을 사랑한다는 것은 인간 삶의 본분이며 아울러 축복의 원리입니다. 그래서 본문 16절에서 하나님은 "네 하나님 여호와를 사랑하고"라고 하셨고, 또한 "너는 마음을 다하고 성품을 다하고 힘을 다하여 네 하나님 여호와를 사랑하라"(신6:5)고 명하셨던 것입니다. 예수님은 "네 마음을 다하고 목숨을 다하고 뜻을 다하여 주 너의 하나님을 사랑하라 하셨으니 이것이 크고 첫째 되는 계명이요"(마22:37-38)라고 말씀하셨습니다. 하나님을 사랑함에서 멀어지면 우상숭배에 빠지게 됨으로 17절에서 "네가 만일 마음을 돌이켜 듣지 아니하고 유혹을 받아서 다른 신들에게 절하고 그를 섬기면"이라고 말씀하셨던 것입니다.

둘째, 하나님 말씀에 순종함입니다.

본문 16절에 "그 모든 길로 행하며 그 명령과 규례와 법도를 지키라"고 하였고, 20절에서는 "그 말씀을 순종하며"라고 하였습니다. 그 명령은 "네게 어려운 것도 아니요 먼 것도 아니라"(신30:11)고 하셨고, 14절에는 "오직 그 말씀이 네게 심히 가까와서 네 입에 있으며 네 마음에 있은즉 네가 이를 행할 수 있느니라"고 하셨습니다. 하나님의 백성으로 거듭난 우리 모든 성도들에게는 하나님의 명령을 깨닫고 지키는데 결코 어렵거나 먼 것이 아니라는 말씀입니다. 이는 우리의 눈이 하나님을 바라보며 그 귀가 그의 말씀을 향해 열려 있기 때문입니다. 그래서 예수님은 "너희 귀는 들음으로 복이 있도다"(마13:16)라고 말씀하셨던 것입니다. 하나님을 열정적으로 사랑하면 그의 말씀을 듣고 순종함이 그렇게 무겁거나 어려운 것은 아닙니다. 그것이 바로 하나님을 사모하는바 사랑의 힘이기 때문입니다.

사랑하는 성도 여러분!

하나님은 지금도 우리들에게 "보라 내가 오늘날 생명과 복과 사망과 화를 네 앞에 두었나니"라고 말씀하고 계시며 우리들로 하여금 저주의 길이 아닌 축복의 길을 선택하여 하나님을 사랑하며 그의 말씀에 순종하시기를 원하십니다. 이와 같은 삶이 바로 "너희는 먼저 그의 나라와 그의 의를 구하라"(마6:33)의 삶이요 또한 "네 영혼이 잘 됨같이"(요3서1:2)라는 축복된 삶입니다. 우리 하나님께서 우리 모든 성도들 앞에 두신 축복의 길을 선택하여, 그를 사랑하며 그의 말씀에 순종하는 축복된 삶으로 오직 성 삼위 우리 하나님께 큰 영광을 돌리시기를 축원합니다. 아멘.

사람이 능히 건너지 못할 강

(에스겔 47:1-12)

선지자 에스겔은 바벨론에 포로로 잡혀간지 5년째인 주전 593년, 30세의 젊은 나이에 하나님께 소명 받았습니다. 22년 동안의 그 사역 중 말기인 573년경에 주의 환상을 통하여 "사람이 능히 건너지 못할 강"의 계시를 받습니다. 이는 하나님 구속사의 최종적 완성에 대한 위대한 구속적 비전의 강으로 당시, 바벨론 70년 포로에서의 해방과 귀환, 이스라엘의 회복과 영광 그리고 나아가 그리스도의 십자가와 부활, 승천하심과 오순절 날 성령강림으로 전 세계로 펼쳐나가는 교회운동의 비전을 보여 준 희망의 계시입니다.

"사람이 능히 건너지 못할 강" 이는

1. 하나님 특별은총의 강입니다.

본문 1절에 "그가 나를 데리고 전 문에 이르시니 전의 전면이 동을 향하였는데 그 문지방 밑에서 물이 나와서 동으로 흐르다가 전 우편 제단 남편으로 흘러 내리더라"고 하였고 바로 그 곳이 12절에서 "그 물이 성소로 말미암아 나옴이라"고 하였습니다. 즉 강의 발원지가 하나님의 성전 보좌라는 것입니다. 이는 하나님의 구속사에서 나타내 주신바 그의 특별은총의 강임을 보여 줍니다. 사람이 능히 측량치 못할 은총의 강입니다. 이에 성군 다윗은 "내가 측량할 수 없는 주의 의와 구원을 내 입으로 종일 전하리이다"(시71:15)라고 하였고, "여호와는 광대하시니 크게 찬양할 것이라 그의 광대하심을 측량치 못하리로다"(시145:3)라고 찬양했으며, 사도 바울 역시 "깊도다 하나님의 지혜와 지식의 부요함이여, 그의 판단은 측량치 못할것이며 그의 길은 찾지 못할 것이로다"(롬11:33)라고 하였던 것입니다.

"사람이 능히 건너지 못할 강" 이는 바로

2. 예수 생수의 강입니다.

본문 8-9절에 "이 물이 동방으로 향하여 흘러 아라바로 내려가서 바다에 이르리니 이 흘러 내리는 물로 그 바다의 물이 소성함을 얻을지라 이 강물이 이르는 곳마다 번성하는 모든 생물이 살고…이 강이 이르는 각처에 모든 것이 살 것이며"라고 하였습니다. 바로 이 강물은 죽은 바다를 소생시키고 모든 생물을 살리는 예수 생수의 강물입니다. 스가랴가 "그 날에 생수가 예루살렘에서 솟아나서 절반은 동해로 절반은 서해로 흐를 것이라 여름에도 겨울에도 그러하리라"(슥14:8)고 예언바입니다. 예수께서는 "내가 주는 물을 먹는 자는 영원히 목마르지 아니하리니 나의 주는 물은 그 속에서 영생하도록 솟아나는 샘물이 되리라"(요4:14)고 하셨고, "누구든지 목마르거든 내게로 와서 마시라 나를 믿는 자는 성경에 이름과 같이 그 배에서 생수의 강이 흘러나리라"(요7:37-38)고 말씀하셨습니다. 이 강물이 땅 끝까지 흘러가 그 물이 이르는 곳마다 소성하고 살아나는 역사가 나타나니 이것이 바로 교회운동 곧 세계를 향한 선교운동인 것입니다.

"사람이 능히 건너지 못할 강" 이는

3. 풍성한 축복의 강입니다.

본문 10절에서 죽음의 바다가 소성함으로 "이 강가에 어부가 설 것이니…그물 치는 곳이 될 것이라 그 고기가 각기 종류를 따라 큰 바다의 고기 같이 심히 많으려니와"라고 하였고, 12절에서 "강 좌우 가에는 각종 먹을 실과나무가 자라서 그 잎이 시들지 아니하며 실과가 끊치지 아니하고 달마다 새 실과를 맺으리니 그 물이 성소로 말미암아 나옴이라 그 실과는 먹을 만하고 그 잎사귀는 약 재료가 되리라"고 하였습니다. 바다의 축복이요, 땅의 축복입니다. 바로 예수 생명의 복음이 미치는 곳마다 나타나는 하나님의 축복입니다. 정신, 문화, 경제적인 소성, 과학과 정치 그리고 교육 등 모든 분야의 소성이 그러합니다. 예수 생명의 복음을 거절하는 불신과 온갖 우상을 숭배하는 나라들은 11절에 "진펄과 개펄은 소성되지 못하고 소금땅"으로 미개함과 재앙들로 고통을 면하지 못함이 사실입니다.

사랑하는 성도 여러분!

사도 바울은 "만물이 주에게서 나오고 주로 말미암고 주에게로 돌아감이라 영광이 그에게 세세에 있으리로다 아멘"(롬11:36)이라고 했듯이 하나님께로부터 흘러나온 이 엄청난 특별은총의 강물, 곧 예수 생수의 강물 그리고 풍성한 축복의 강물이 우리들 자신과 가정과 자손 그리고 교회와 이 민족 위에 흘러 넘쳤으면 합니다. 우리들의 마음속에 말씀과 성령께서 뜨겁게 감동하시는 은혜의 강물로 넘쳐흘러 아낌없는 헌신의 꽃과 향기로 가득하고 그 아름다운 축복의 결실로 풍성했으면 합니다. 어떠한 환경 속에서도 성도들이 행복한 것은 예수 생수의 강이 우리들 마음속에서 영생하는 샘물로 솟아나기 때문입니다. 오직 예수 그리스도 안에서 언제나 행복하며 승리하는 삶이 바로 성령으로 충만한 은혜의 강물로 흐르는 삶입니다. 사람이 능히 건널 수 없는 예수 생수의 강물에 젖어 언제나 하나님께 영광을 돌리는 복된 삶이되시기를 축원합니다. 아멘.

삼림에 올라가서 스스로 개척하라

(여호수아 17:14-18)

주전 1400년 경, 모세의 후계자인 여호수아가 "여호와께서 모세에게 명하신 대로 그들의 기업을 제비 뽑아 아홉 지파와 반 지파에게 주었으니"(수 14:2)라고 한 그들의 기업을 분배함에 있어서 본문의 사건은 요셉의 자손인 에브라임과 므낫세가 두 지파임에도 불구하고 한 제비 한 분깃으로 나누어 준 것에 대한 불만을 여호수아에게 토로하는 것입니다. 이에 여호수아는 "네가 큰 민족이 되므로 에브라임 산지가 네게 너무 좁을찐대 브리스 사람과 르비임 사람의 땅 삼림에 올라가서 스스로 개척하라"고 명하였습니다. 이렇게 명하신 본문의 말씀에서 다음 세 가지의 영적인 교훈을 얻고자 합니다.

"삼림에 올라가서 스스로 개척하라" 이는

1. 오직 믿음으로 말미암은 행동강령입니다.

요셉의 자손인 에브라임과 므낫세 두 지파는 본문 14절에서 "여호와께서 지금까지 내게 복을 주시므로 내가 큰 민족이 되었거늘 당신이 나의 기업을 위하여 한 제비, 한 분깃으로만 내게 주심은 어찜이니이까"라고 불만을 토합니다. 이에 여호수아는 브리스와 르바임 사람의 삼림을 스스로 개척하라고 명하였습니다. 여기에 "개척하라"는 '베레타'는 '나무를 자르다'라는 뜻으로 '삼림을 개간하여 초지를 만들라' 또는 '황무지를 개간하여 옥토를 만들라'라는 말입니다. 이는 믿음이 곧 개척정신임을 보여 줍니다. 창조적이며 생산적이고 적극적이며 역동적인 행동의 힘이 믿음에서 비롯되기 때문입니다. 복음이 미치는 곳마다 믿음의 역사가 꽃피우고 결실함이 그러합니다. 사도 바울의 "내게 능력 주시는 자 안에서 내가 모든 것을 할 수 있느니라"(빌4:13)는 고백이 이를 말해 줍니다.

"삼림에 올라가서 스스로 개척하라" 이는

2. 교회운동의 명령입니다.

여기에 개척해야할 삼림은 가나안 족속 중 브리스와 르바임 사람의 삼림 곧 황무지입니다. 바로 이곳의 나무를 잘라 개간하여 옥토로 만들라는 것입니다. 그래서 여호수아는 하나님 구속사의 현장을 바라보면서 본문 15절에서 "네가 큰 민족이 되므로 에브라임 산지가 네게 너무 좁을찐대 브리스 사람과 르바임 사람의 땅 삼림에 올라가서 스스로 개척하라"고 하였고, 18절에서 "그 산지도 네 것이 되리니 비록 삼림이라도 네가 개척하라 그 끝까지 네 것이 되리라"고 했던 것입니다. 교회운동은 삼림을 개간하여 옥토를 만드는 운동입니다. 예수께서 "너희는 가서 모든 족속으로 제자를 삼아 아버지와 아들과 성령의 이름으로 세례를 주고"(마28:19)라고 명하셨음이 이를 말해 줍니다. 교회가 세상에 존재한 의미와 가치가 미개척지인 불신자 곧 그들의 영적인 황무지를 개간하여 생명구원의 옥토를 만드는 데 있습니다. 그러므로 교회는 영적 황무지인 삼림에 올라가야 합니다. 곧 전도해야 된다는 말입니다.

"삼림에 올라가서 스스로 개척하라" 이는

3. 세계선교 운동의 명령입니다.

이 세상은 하나님 구속사의 무대입니다. 본문 17-18절에서 여호수아는 요셉의 족속인 에브라임과 므낫세에게 "너는 큰 민족이요 큰 권능이 있은 즉 한 분깃만 가질 것이 아니라 그 산지도 네 것이 되리니 비록 삼림이라도 네가 개척하라 그 끝까지 네 것이 되리라"고 하였습니다. 이는 바로 땅 끝까지인 세계선교의 무대를 의미합니다. "삼림에 올라가서 스스로 개척하라"는 이 말씀은 "너희는 온 천하에 다니며 만민에게 복음을 전파하라"(막 16:15)는 세계선교의 명령입니다. 예수께서는 "오직 성령이 너희에게 임하시면 너희가 권능을 받고 예루살렘과 온 유대와 사마리아와 땅 끝까지 이르러 내 증인이 되리라"(행1:8)고 말씀하셨습니다. 이 지상명령의 구약적인 표현이 "삼림에 올라가서 스스로 개척하라" 입니다. 18절에서 "가나안 사람이 비록 철병거를 가졌고 강할찌라도 네가 능히 그를 쫓아내리라"라고 하였습니다. 세계선교가 그러합니다. "스스로 개척하라"라는 말씀은 선교사명을 두고 하신 말씀입니다.

사랑하는 성도 여러분!

"개척하라"라는 말씀, 정말 우리 모두에게 큰 힘과 용기를 주는 말씀입니다. 스스로의 개척은 사실 모험적인 믿음의 전투입니다. 먼저 우리 모든 성도들은 우리들 내면에 존재한 철병거의 가나안 사람 곧 죄악의 삼림을 보고 이를 개간해야 합니다. 오직 믿음만이 자신을 개척할 수 있습니다. 교회운동에 우리들 자신이 헌신해야 하고 주님의 지상명령인 세계선교의 삼림을 개척해야 합니다. 바로 이 사명을 감당함에 있어 흐르는 우리의 눈물과 땀과 피가 영광의 면류관으로 장식될 것입니다. 오늘도 하나님은 "삼림에 올라가서 스스로 개척하라"고 명령하시고 계십니다. 이 명령에 순종함으로 우리 하나님께 영광을 돌리는 삶이되시기를 축원합니다. 아멘.

아달월 십사일과 십오일을 지키라

(에스더9:20-28)

과거 일제 36년간의 탄압에서 민족해방의 불꽃이었던 3.1절과 감격에 벅찼던 8.15광복절과 같이, 이스라엘 민족사에 있어 결코 잊지말고 지켜야 할 것은 애굽에서의 해방을 기념하는 유월절과 아달월인 12월 14일과 15일, 곧 하만의 민족말살정책에서 벗어난 부림절입니다. 이 유대인의 축제일인 부림절의 역사가 분단 반세기의 우리 민족에게도 분명히 이루어 질 것을 확신하며 모르드게가 제정한바 "아달월 십사일과 십오일을 지키라"는 본문의 말씀을 통해 은혜 받기를 원합니다.

"아달월 십사일과 십오일을 지키라" 이는 그날이

1. 하나님 구원하심의 축제일이었습니다.

본문 22절에 "이 달 이 날에 유다인이 대적에게서 벗어나서 평안을 얻어"라고 하였습니다. 바로 이 날은 악의 축이었던 하만이 거짓된 충성으로 '은 일만 달란트' 의 뇌물로 아하수에르 왕에게서 127도 페르시아 전 지역에 흩어져 있는 유대인들 말살 승인을 받아낸 날이었습니다. 이 사실을 하나님은 수산 성 문지기 모르드게에게 알게 해 주셨고, 그는 사촌 여동생이었던 왕후 에스더에게 전함으로 에스더가 "죽으면 죽으리이다"(에4:6)라는 일사각오로 전 유대인들에게 3일 금식을 선포하였습니다. 그래서 이 날을 '에스더의 절기' 라고 하였습니다. 분명 하만은 민족 대학살을 음모했던 유대인의 대적 곧 하나님의 대적으로 악한 영인 사탄을 상징하는바 악의 축이었습니다. 바로 이 대적에게서 벗어나 평안을 얻은바 하나님 구원의 날이었기에 모르드게는 이 두 날을 '제비' 를 뜻하는바 26절에 "부르의 이름을 좇아 이 두 날을 부림이라"는 축제일로 정하여 이를 공포하며 지키라고 명하였던 것입니다. 역사적인 "아달월 14일과 15일" 이야말로 하나님과 유다민족 곧 교회의 대적인 하만, 곧 사탄의 말살계책에서 벗어난 평안의 날, 곧 하나님 구원하심의 축제일이었습니다. 바로 이 부림절의 축제가 오늘 우리 민족의 축제일로 하나님께서 역사해 주실 것을 소원 확신하며 기도합니다.

"아달월 십사일과 십오일을 지키라" 이는 그날이

2. 선민 유대인 승리의 축제일이었습니다.

본문 22절에 "슬픔이 변하여 기쁨이 되고 애통이 변하여 길한 날이 되었으니 이 두 날을 지켜 잔치를 베풀고 즐기며 서로 예물을 주며 가난한 자를 구제하라"고 하였습니다. 악의 축인 하만이 비밀리에 제비뽑아 정해 놓은 12월 13일은 유다민족에게는 슬픔과 애통의 날이었습니다. 36년 동안의 일제탄압은 우리 민족에게는 슬픔과 애통의 날들이었습니다. 1945년 8.15광복의 감격도 잠시 1950년 6월 25일 주일 새벽 4시 소련 탱크를 앞세운 북괴의 남침으로 남한 전 국토 80%가 초토화 되었고 휴전협정까지의 3년 1개월 동안의 전투에서 한국군 13만 7천, 유엔군 5만 8천여명의 아까운 생명이 전사하였고, 수많은 양민들이 폭탄과 학살로 죽었던 것입니다. 슬픔과 애통이 아닐 수 없습니다. 전쟁 후, 짧은 반세기 동안 우리 하나님은 대한민국에 엄청난 축복을 주셨지만 그 슬픔과 애통이 지금도 분단의 아픔으로 남아있음이 현실입니다. '모르드게의 날' 인 유대인의 부림절이 오늘 우리민족의 부림절, 즉 전쟁 없는 평화통일의 축제일로 오직 하나님의 절대 주권적인 역사로 이루어질 것을 믿고 소원합니다. 별과 꽃이라는 이름의 뜻을 지닌 에스더처럼 "죽으면 죽으리이다"라는 일사각오의 신앙과 민족애로 한국교회와 모든 성도들이 주님의 십자가 바라보며 기도하야야 할 것입니다. 이는 바로 그리스도의 십자가가 사탄의 세력을 꺾으시고 슬픔을 기쁨으로 애통을 길한 날로 변화시켜 주셨기 때문입니다. 그러므로 그리스도께서 십자가에 죽으시고 부활하신바 '주의 날' 인 주일이야말로 축제의 날이 아닐 수 없습니다.

"아달월 십사일과 십오일을 지키라" 이는 그날이

3. 악인에 대한 하나님 심판의 축제일이었습니다.

본문 24-25절에서 "곧 아각 사람 함므다다의 아들 모든 유다인의 대적 하만이 유다인을 진멸하기를 꾀하고 부르 곧 제비를 뽑아 저희를 죽이고 멸하려 하였으나 하만이 유다인을 해하려던 악한 꾀를 그 머리에 돌려보내어 하만과 그 여러 아들을 나무에 달게 하였으므로"라고 하십니다. 부림절은 하나님께서 유대인의 대적 곧 하나님의 대적인 하만과 그 아들들을 모르드게를 매달아 죽이려고 세웠던 5규빗의 높은 장대에 그와 그의 아들들을 달아 죽게 하신 악인에 대한 하나님의 심판을 기념하는 축제일이었습니다. 우리는 이 하나님 심판 사건의 날을 보면서 의로운 재판장이신 그리스도께서 사탄과 악인들을 멸하실 마지막 심판의 날을 보게 됩니다. 무고한 신자들과 양민들을 독재의 칼날로 죽이는 악인과 그 세력들은 결코 하나님 공의의 심판을 피하지 못할 것입니다. 바로 그 악인에 대한 하나님 심판의 날이 교회승리의 축제일임을 부림절에서 보여 줍니다. 반드시 이 악인들에 대한 하나님의 심판으로 말미암은 그 날이 북한 지하교회의 성도들이 1907년도, 옛 거룩한 도시 평양을 회복하여 하나님께 큰 영광과 찬송을 돌릴 축제의 날이 될 것입니다.

사랑하는 성도 여러분!

골리앗과의 전투에서 다윗이 "전쟁은…하나님께 속한 것이니라"(대하 20:15)고 했듯이 6.25사변은 결코 우연이 아닌 필연적 참사였다는 사실을 알아야 합니다. 돌이켜 옛날을 생각해보면 일본의 신사참배를 가결했던 한국교회의 치욕적인 범죄를 잊지 못합니다. 바로 결과 6.25사변이 왔다는 사실을 인정하고 구국의 사람 모세와 사무엘과 느헤미야와 에스라 그리고 모르드게와 에스더, 다니엘처럼 자신과 교회와 민족의 죄를 자복하며 기도해야 할 것입니다. 반드시 우리 하나님은 "아달월 곧 12월 14일과 15일"인 하나님 구원 축제의 날, 선민 유대인 승리 축제의 날 그리고 악인들에 대한 하나님 심판 축제의 날인 부림절을 우리 한국교회와 나라와 민족 그리고 신자 된 우리 자신들과 가정과 기업의 부림절 축제일로 주어질 것을 확신합니다. 우리 모두가 부림절의 주역이었던 구국의 사람 모르드게와 에스더가 되어 성삼위 우리 하나님께 큰 영광을 돌리시기를 축원합니다. 아멘.

오직 나의 신으로 되느니라

(스가랴 4:1-10)

주전 536년, 페르시아 고레스 왕의 해방 칙령으로 이스라엘 민족이 예루살렘으로 귀환하여 70년 전, 느브갓네살에 의해 불타버린 예루살렘 성전을 재건하는 일로 시작하여 516년에 성전헌당까지의 20년 동안의 파란 만장한 역사 속에 이스라엘 민족을 일깨워 주신 하나님의 말씀이 바로 "힘으로 되지 아니하며 능으로 되지아니하고 오직 나의 신으로 되느니라" 입니다. 시인은 "방백들을 의지하지 말며 도울 힘이 없는 인생도 의지하지 말지니"(시146:3)라고 하였습니다. 오늘 이 시간, "오직 나의 신으로 되느니라"고 하신 말씀을 믿음으로 은혜받기를 원합니다.

"오직 나의 신으로 되느니라" 이는 절대가능의

1. 하나님 말씀의 능력입니다.

하나님의 말씀 없이 권력의 힘과 재력과 인적자원 등의 능으로 성전재건의 역사가 쉽게 성취될 줄 알았던 그들이 방해의 벽에 부딪치게 되어 16년 동안 공사를 중단할 수밖에 없었습니다. 이에 하나님은 스가랴에게 순금 등대의 환상을 보여 주시며 6절에서 "여호와께서 스룹바벨에게 하신 말씀이 이러하니라 만군의 여호와께서 말씀하시되"라고, 말씀의 포문을 여셨습니다. 세상적인 권력이나 인간적인 힘이 아닌바 하나님 말씀의 능력을 선포하신 것입니다. 결국, 하나님의 능하신 말씀이 성전재건을 다시 시작케 하시고 완성케 하신 것입니다. 이는 우리들에게 적용되는 하나님의 공식입니다.

"오직 나의 신으로 되느니라" 이는 절대가능의

2. 성령의 능력입니다.

　본문 6절에 "힘으로 되지 아니하며 능으로 되지아니하고 오직 나의 신으로 되느니라"고 하였습니다. 여기에 "힘"이란 군사력을 의미하며 "능"이란 인간적인 재능 등을 의미하는 것으로 그 힘과 능은 제한적이지만 "오직 나의 신" 곧 성령의 능력은 그 어떤 세력에도 제한 받지 않는바 '절대성을 지닌 능력'임을 밝혀 주었습니다. 하나님의 주권적인 작정과 계획하신 모든 일들을 동일하신 능력으로 수행하시는 분이 "나의 신" 곧 성령이십니다. "오직 나의 신으로 되느니라"고 하신 성령의 능력은 스룹바벨을 통한 성전재건의 역사뿐만 아니라 오늘 날, 흥왕 하는 교회부흥과 성공적인 성도 삶 속에서도 변함없이 역사하시는 능력입니다.
　"오직 나의 신으로 되느니라" 이는

3. 하나님의 역동적 축복입니다.

　본문 7-10절까지 "오직 나의 신으로 되느니라"고 말씀하신 것이 하나님의 역동적인 축복으로 나타남을 전하고 있습니다.

첫째, 승리의 축복입니다.

　본문 7절에 "큰 산아 네가 무엇이냐 네가 스룹바벨 앞에서 평지가 되리라"고 하였습니다. 여기에 "큰 산"이란 성전재건 역사에 방해가 되었던 거센 악의 세력들을 지칭하는 은유적인 표현입니다. 주전 536년에 시작되었던 성전재건의 역사가 사마리아인들의 극열한 방해 공작으로 16년 동안 중단되게 하였던 그 세력을 "큰 산"이라고 하였습니다. 그러한 세력을 꺾으시고 성전재건의 역사를 다시 시작하도록 하셨기에 그 "큰 산"이 스룹바벨 앞에 "평지"가 되었던 것입니다. 이것이 4년 만에 성전을 완공하여 헌당케

된 승리의 축복입니다, 우리 성도의 삶 속에도 갖가지 큰 산들이 있어 신앙생활을 어렵게 하는 경우가 많습니다. 그러나 하나님은 스룹바벨 앞에 큰 산을 평지가 되게 하셨듯이 그리스도의 십자가와 부활의 능력으로 승리케 하시는 체험들을 주십니다.

둘째, 교회 축복의 기원입니다.

분문 7절에 "그가 머릿돌을 내어 놓을 때에 무리가 외치기를 은총, 은총이 그에게 있을지어다"라고 하였습니다. 이는 오직 하나님의 말씀과 성령으로 승리한 교회의 외침입니다. 여기에 "은총"이란 '하나님이여, 그것을 축복하소서, 하나님이여, 그것을 축복하소서.' (God bless it! God bless it!) 라는 교회 축복의 기원입니다. 오순절, 성령강림으로 출범한 예루살렘 교회로 시작하여 땅 끝까지 확장 되는 교회운동의 기원이요, 또한 그리스도의 재림으로 도래 할 천상교회의 외침, 곧 교회만의 찬송입니다. 분명한 것은 교회의 축복과 맞물린 성도들의 헌신적인 삶 속에 항상 "은총, 은총이 있을지어다"라는 참으로 크고 놀라운 축복 기원과 찬양이 주어진다는 사실입니다.

사랑하는 성도 여러분!

하나님께서 그의 선지자 스가랴를 통해 주신바 "힘으로 아니 되며 능으로 아니 되며 오직 나의 신으로 되느니라"고 하신 말씀에서 하나님께서 펼치시는 택자 구원의 구속사 곧 교회운동을 보게 되며, 아울러 성도들의 축복 된 삶의 모습을 보게 됩니다. 결코 하나님은 우리 성도들이 세상적인 힘이나 능을 의지하며 살기를 원치 않으신다는 사실입니다. "오직 나의 신으로 되느니라"고 하신바 하나님 말씀과 성령의 능력만을 의지하며 살아야 한다는 분명한 답을 하나님은 우리 모두에게 주셨습니다. 절대성을 지닌 하나님의 말씀과 성령만을 의지함으로 온갖 종류의 태산이 평지가 되는 축복을 체험하는 성도들이 되셨으면 합니다. 사도 바울은 "내게 능력 주시는 자 안에서 내가 모든 것을 할 수 있느니라"(빌4:13)고 하였습니다. 그리스도의 신실한 종, 사도 바울과 같이 오직 하나님의 말씀과 성령으로 인한 창조적이고 능동적이며 적극적인 믿음의 자세로 여호와 하나님께서 태산을 평지가 되게 하시는 바 승리의 삶으로 성삼위 우리 하나님께 영광을 돌리시기를 축원합니다. 아멘.

온 백성에게 미칠 큰 기쁨의 좋은 소식

(누가복음 2:8-14)

주전 700년 경, 선지자 미가가 "베들레헴 에브라다야 너는 유다 족속 중에 작을찌라도 이스라엘을 다스릴 자가 네게서 내게로 나올 것이라 그의 근본은 상고에, 태초에니라"(미5:2)고 예언한 대로 "온 백성에게 미칠 큰 기쁨의 좋은 소식"을 천사들이 밤중에 나타나 목자들에게 전하였음이 본문의 내용입니다. 여기에 "좋은 소식을…전하노라" 이는 헬라어 '유앙겔리조마이' 로 '복음을 선포하다' 라는 뜻을 지닌바 복음의 소식을 말합니다. 창세 이후로 이 지구상에서 이만큼 큰 기쁨의 좋은 소식은 없습니다.

"온 백성에게 미칠 큰 기쁨의 소식" 이는

1. 구주 그리스도의 성탄 소식입니다.

본문 10절에서 주의 천사가 양떼를 지키던 목자들에게 나타나 "무서워 말라 보라 내가 온 백성에게 미칠 큰 기쁨의 좋은 소식을 너희에게 전하노라"고 하며, 11절에서 "오늘날 다윗의 동네에 너희를 위하여 구주가 나셨으니 곧 그리스도 주시니라"고 하였습니다. 즉 예수 그리스도께서 탄생하셨다는 성탄고지입니다. 여기 천사들의 고지에서 예수님의 두 가지 호칭이 주어졌음을 볼 수 있습니다. "구주"라는 '소테르' 와 "그리스도 주"라는 '크리스토스 퀴리오스' 입니다. 이는 구원자가 되신 하나님에 대한 호칭입니다. 사도 바울은 "그는 근본 하나님의 본체시나…자기를 비어 종의 형체를 가져 사람들과 같이 되었고 사람의 모양으로 나타나셨으매"(빌2:6-8)라고 하였습니다. 하나님의 택한 백성을 구원하기위해 하나님이신 그가 사람의 몸을 입고 탄생하셨기에 이 소식이야말로 온 백성에게 미친 큰 기쁨의 좋은 소식이라는 것입니다. 이보다 더 크고 좋은 소식은 있을 수 없습니다. 이에 동방 박사들이 "별을 보고 가장 크게 기뻐하고 기뻐하더라"(마2:10)라고 했던 것입니다.

"온 백성에게 미칠 큰 기쁨의 소식" 이는

2. 하늘 하나님 영광의 소식입니다.

본문 13-14절에서 "하늘의 허다한 천군 천사들이 하나님께 영광을 돌리며 찬송하기를 지극히 높은 곳에서는 하나님께 영광이요"라고 하였습니다. 바로 아기 예수님이 탄생하셨다는 소식은 하늘 하나님의 영광이 충만하게 나타난 소식이었다는 말입니다. 베들레헴 들녘에서 밤중에 양떼를 지키던 목자들에게 9절에서 "주의 영광이 저희를 두루 비취매 크게 무서워하는지라"고 하였습니다. 이사야 선지자가 하나님께 소명을 받을 때, 보좌의 스랍들이 "거룩하다 거룩하다 거룩하다 만군의 여호와여 그 영광이 온 땅에 충만하도다"(사6:3)라고 창화하였음을 보았습니다. 바로 이 하나님의 영광이 그리스도 주되신 예수님의 탄일에 나타난 것입니다.

"온 백성에게 미칠 큰 기쁨의 좋은 소식" 이는

3. 교회 평화의 소식입니다.

본문 14절에서 이어 찬양하기를 "땅에서는 기뻐하심을 입은 사람들 중에 평화로다"라고 하였습니다. 이는 땅에서 기뻐하심을 입은 온 백성에게 미칠 평화의 소식이었다는 말씀입니다. 예수 그리스도의 성탄은 하늘에서의 대축제요 또한 땅에서의 대축제임을 보여줍니다. 여기에 "기뻐하심을 입은 사람들"과 "온 백성" 은 바로 하나님께 선택을 받은 하나님의 권속, 곧 교회를 말합니다. "기뻐하심을 입은" 이라는 '유도카아스' 는 '하나님의 호의나 뜻을 받은 이'라는 말로 곧 하나님의 은총을 받은 자를 말합니다. 천사장 미가엘이 다니엘에게 나타나 "너는 크게 은총을 입은 자라"(단9:23)고 말한 것과 같이, 바로 이들은 보좌와 어린 양 앞에 선 흰 옷 입은 "아무라도 능히 셀 수 없는 큰 무리"(계7:9)인 교회입니다. "큰 기쁨의 좋은 소식"인 평화의 소식은 하나님과의 평화요 교회의 평화인 '에이레네' 곧 '샬롬' 입니다. 오직 예수 그리스도의 십자가로 맺어 준 평화입니다. 그래서 좋은 소식인 '유앙겔리온'은 "구원의 복음"(엡1:13), "평안의 복음"(엡6:15), "은혜의 복음"(행20:24), "천국 복음"(마24:14)이며 "화평의 복음"(행10:36)입니다.

사랑하는 성도 여러분!

"온 백성에게 미칠 큰 좋은 소식"인 우리 주 예수 그리스도의 성탄이 없었다면 이 세상은 여전히 흑암의 세력인 사탄에 눌려 고통과 저주, 죽음과 영원한 유황불 못인 지옥 형벌을 피치 못했을 것입니다. 이 큰 기쁨의 좋은 소식인 천국 복음, 평화의 복음이 있었기에 우리 모두가 참 평안과 자유를 누리고 있는 것입니다. 그리고 분명한 천국소망 가운데 사는 것입니다. "지극히 높은 곳에서는 하나님께 영광이요 땅에서는 기뻐하심을 입은 사람들 중에 평화로다"라는 천사들의 찬양이 오늘 우리 모두의 찬양이 되어야 할 것입니다. 우리 주님의 탄일을 뜨거운 감사로 찬양하며 오직 그로 말미암은 은혜와 평강이 우리 자신들과 자녀들, 가정과 기업들 위에 충만하시기를 축원합니다. 아멘.

일의 결국을 다 들었으니

(전도서 12:13-14)

사람이면 그 어느 누구에게나 공통적인 욕망이 있을 것인데 그것은 바로 이 세상에서 부귀영화를 누리는 삶일 것입니다. 역사상 이 같은 부귀영화를 마음껏 누린 자가 있다면 바로 다윗의 아들 솔로몬 왕입니다. 그는 "먹고 즐거워하는 일에 누가 나보다 승하랴"(전2:25)라고 할 정도로 부귀영화를 마음껏 만끽한 자였습니다. 그러나 그는 11절에서 "그 후에 본즉 내 손으로 한 모든 일과 수고한 모든 수고가 다 헛되어 바람을 잡으려는 것이며 해 아래서 무익한 것이로다"라고 하였습니다. 결국 그는 "일의 결국을 다 들었나니"라고 전하며 헛되지 아니한 분명한 삶을 제시해 주고 있습니다. 이 시간 "일의 결국을 다 들었나니"라고 한 말씀을 통해 함께 은혜 받기를 원합니다.

"일의 결국을 다 들었나니" 이는

1. 인생의 허무를 일깨워 주심입니다.

본문에서 "일의 결국을 다 들었나니"라고 했습니다. 여기에 "일"로 번역된 '다바르'는 '일' 또는 '말씀'이라는 의미로 '모든 일의 결론을 들으라.' 즉 모든 일에 들려진바 말씀의 결론을 뜻합니다. 이는 바로 "헛되고 헛되며 헛되고 헛되니 모든 것이 헛되도다"(전1:2)라고 시작함부터 지금까지 지적한 내용, 곧 해 아래 인생 수고의 헛됨을 통감한 솔로몬 자신의 심정을 토로함과 동시에 "너는 청년의 때 곧 곤고한 날이 이르기 전, 나는 아무 낙이 없다고 할 해가 가깝기 전에 너의 창조자를 기억하라"(전12:1)고 인생 헛된 삶의 허무를 극복하는 길을 제시해 주었습니다. 아담의 범죄 후 인생은 풀과 같고 그 모든 영광은 꽃과 같습니다. 이에 이사야는 "모든 육체는 풀이요 그 모든 아름다움은 들의 꽃 같으니 풀은 마르고 꽃은 시듦은 여호와의 기운이 그 위에 붊이라 이 백성은 실로 풀이로다"(사40:6-7)라고 하였습니다. '화무십일홍'(花無十日紅)이라는 말의 의미가 그러합니다. 그럼에도 인간의 끝없는 탐욕인 부귀영화의 집착은 죽을 때까지 그 끈을 놓지 않고 몸부림을 칩니다. 사실 인생의 부귀영화는 죽음 앞에서 안개처럼 사라집니다. 이에 야고보는 "내일 일을 너희가 알지 못하도다 너희 생명이 무엇이뇨 너희는 잠간 보이다가 없어지는 안개니라"(약4:14)고 하였습니다. 그야말로 '초로인생'(草露人生)입니다.

"일의 결국을 다 들었나니" 이는

2. 인생의 본분을 일깨워 주심입니다.

"일의 결국을 다 들었나니"라고 하신 말씀의 목적이 바로 본문 13절 "일의 결국을 다 들었으니 하나님을 경외하고 그 명령을 지킬지어다 이것이 사람의 본분이니라" 입니다. 하나님을 경외함이 없는, 즉 불신앙적인 모든 삶, 그 자체가 헛됨을 밝히면서 결코 헛되지 않는 삶, 곧 하나님을 경외함과 그의 명령을 지킴이 '콜 하아담' 즉 "사람의 본분" 임을 일깨워 주었습니다. 인생 허무를 극복하는 유일의 길을 제시하고 있습니다. 이유는 하나님의 인간창조의 목적이 바로 하나님 경외에 있기 때문입니다. 중요한 것은 하나님을 경외하며 그 명령을 지키는 것은 결코 아무나 할 수 있는 일이 아닌바 오직 예수 그리스도의 피 뿌림으로 사함을 입은 성도들만의 삶이라는 사실입니다. 여기에 "본분"이란 '의무'를 뜻하며 이는 결국 성도들이 추구해야 할 삶의 목적이 여기에 있다는 것입니다. 사람이 사람됨의 본분, 그 자체가 존재의 의미요, 최상의 가치이며, 목적임을 분명하게 일깨워 줍니다.

바로 이것이 상실된 사람은 전적 부패의 비참, 그 자체입니다. 그래서 하나님을 경외하며 그의 명령을 지키는 우리 모든 성도는 오직 하나님 은혜의 선물로 주신바 믿음(엡2:8) 곧 "보배로운 믿음"(벧후 1:1)을 소유한 축복의 사람들이기에 그 하나님께 찬송할 뿐입니다.

"일의 결국을 다 들었나니" 이는

3. 하나님의 심판을 일깨워 주심입니다.

본문 14절에 "하나님은 모든 행위와 모든 은밀한 일을 선악 간에 심판하시리라"고 하였습니다. 우리 하나님은 선악 간에 모든 행위에 대해 심판하시는 분이십니다. 이에 "한번 죽는 것은 사람에게 정하신 것이요 그 후에는 심판이 있으리니"(히9:27)라고 하였습니다. 여기에서 우리 '구원 받은 성도들이 과연 살아가는 동안 무엇을 위하며, 또 어떻게 살아야하는가?'라는 삶의 방향과 목적을 일깨워 줍니다. 바로 주 예수께서 "너희는 먼저 그의 나라와 그의 의를 구하라 그리하면 이 모든 것을 너희에게 더하시리라"(마6:33)입니다. 이에 사도 바울은 "내 사랑하는 형제들아 견고하며 흔들리지 말며 항상 주의 일에 더욱 힘쓰는 자들이 되라 이는 너희 수고가 주 안에서 헛되지 않은 줄을 앎이니라"(고전15:58)고 하였습니다. "여호와는 지식의 하나님이시라 행동을 달아보시느니라"(삼상2:3)고 하였습니다. 그만치 우리의 행위가 중요하다는 것입니다. 반드시 심판하시는 우리 하나님은 그리스도와 복음과 교회를 위한 희생적이며 헌신적인 선행에 대해 이 땅에서도 보상해 주실 뿐만 아니라 저 천국에서의 상급인 면류관을 예비하고 계신다는 사실입니다. 이 사실이 믿어지고 보이는 자는 자신의 모든 것을 불태워 드렸음을 오직 믿음의 사람, 노아와 아브라함, 모세와 사도바울의 삶에서 보여 줍니다.

사랑하는 성도 여러분!

지혜의 왕 솔로몬이 그러했듯이 우리 또한 계시된 하나님의 말씀인 성경을 통해 일의 결국을 다 들은 축복의 사람들입니다. 이유는 오직 하나님의 크신 사랑과 은혜로 그리스도를 믿어 구원받아 하나님의 자녀, 곧 의인이 되었기 때문입니다. 하나님을 경외한 노아가 당대에 의인이었기 말씀에 순종하여 120년 동안 방주를 예비하였고, 아브라함 또한 하나님께 대한 경외심으로 그의 명령에 순종하여 독자 이삭을 번제로 드리기 위해 모리아 산으로 올라갔던 것이며, 모세와 사도 바울도 그러했습니다. 결코 믿음이 없이는 행할 수 없는 위대한 행위입니다. 바로 이 믿음의 행위가 오늘 날, 예수 그리스도의 십자가를 지고 주님을 따르는 우리 모두의 삶입니다. 중요한 것은 바로 하나님을 경외함과 그의 말씀에 순종하는 모든 선행입니다. 결코 주 안에서 헛되지 않는 우리의 경건한 삶을 통해 오직 성삼위 하나님을 영화롭게 하는 복된 삶이되시기를 축원합니다. 아멘.

조금 있으면 내가 진동시킬 것이요

(학개 2:1-9)

이 세상의 역사를 주장하시는 분은 천지를 창조하신 전능하신 하나님이십니다. 바로 그 역사는 하나님의 구속사이며, 그 구속사의 중심은 예수 그리스도이십니다. 이것이 우리 모든 신자들의 분명한 역사관입니다. 출애굽을 비롯하여 바벨론에서의 해방의 역사, 그리고 예루살렘 성전건축과 성벽 재건의 역사 등, 이 같은 역사의 중심에는 위대하신 하나님의 섭리가 있음을 보게 됩니다. 주전 520년 경, 하나님은 선지자 학개를 통해 6절에서 "나 만군의 여호와가 말하노라 조금 있으면 내가 하늘과 땅과 바다와 육지를 진동시킬 것이요"라고 말씀하셨습니다.

"조금 있으면 내가 진동시킬 것이요" 이는 하나님의

1. 절대 주권적 의지의 역사입니다.

본문 6-7절에서 "조금 있으면 내가 하늘과 땅과 바다와 육지를 진동시킬 것이요 또한 만국을 진동시킬 것이며"라고 하였습니다. "조금 있으면 내가"라는 말씀에서 우리는 절대 주권적인 하나님 의지의 역사를 확인할 수 있습니다. 바로 그 하나님의 진동시킴이 바벨론에서의 해방과 예루살렘으로의 귀환, 그리고 성전 재건의 역사를 이루신 것입니다. 이는 또한 장차 오실 메시야, 예수 그리스도로 인한 구속의 완성과 성령 강림으로 펼쳐질 신약교회 운동의 역사를 보게 됩니다. 하나님께서 하늘과 땅과 바다와 육지를 진동시킬 때, 놀라운 역사는 벌어집니다. 이는 교회 부흥과 세계 선교의 역사에서 나타납니다. 그 어느 세력으로도 항거할 수 없는 하나님 절대 주권적 의지의 역사입니다. 그 하나님의 진동시키심이 지금도 지상교회에서 주의 말씀과 성령의 역사로 펼쳐지고 있습니다. "힘으로 되지 아니하며 능으로 되지 아니 하고 오직 나의 신으로 되느니라"(슥4:6)라는 말씀대로 오직 성령의 강력한 역사로 교회운동을 통해 이루어져 가고 있는 것입니다.

"조금 있으면 내가 진동시킬 것이요" 이는 하나님의

2. 풍성하신 축복의 역사입니다.

본문 7절에 "만국의 보배가 이르리니 내가 영광으로 이 전에 충만케 하리라"고 말씀해 주고 있습니다. 그 축복은

첫째, 물질의 축복입니다.

본문 7절에 "만국을 진동시킬 것이며 만국의 보배가 이르리니"라고 했습니다. 바로 그 보배는 8절에 하나님의 것인 은과 금입니다. 이는 곧 물질적인 축복을 약속하심입니다. 이스라엘이 애굽에서 해방될 때 "이스라엘 자손이 모세의 말대로 하여 애굽 사람에게 은금 패물과 의복을 구하매 여호와께서 애굽 사람으로 백성에게 은혜를 입히게 하사 그들의 구하는대로 주게 하시므로 그들이 애굽 사람의 물품을 취하였더라"(출12:35-36)라고 하였습니다. 이는 광야에서 짓게 될 성막의 재료로 필요하셨기 때문이었습니다. 또한 역사적인 바벨론에서의 해방 때도 "고레스왕이 또 여호와의 전 기명을 꺼내니 옛적에 느부갓네살이 예루살렘에서 옮겨다가 자기 신들의 당에 두었던 것이라 금, 은기명의 도합이 오천 사백이라 사로잡힌 자를 바벨론에서 예루살렘으로 데리고 올 때에 세스바살이 그 기명들을 다 가지고 왔더라"(스1:7,11)라고 하였습니다. 이 또한 성전재건에 필요하셨기 때문입니다. 하나님께서 만국을 진동시키신 그 목적이 바로 그의 나라와 의를 위한 교회운동에 있음을 분명하게 보여 줍니다.

둘째, 영광의 축복입니다.

계속해서 "내가 영광으로 이 전에 충만케 하리라"고 하였습니다. 이 영광의 축복은 하나님의 나라 확장인 교회 부흥과 세계 선교의 영광입니다. 하나님께서 진동시키심으로 주시는 물질적 축복의 목적이 여기에 있습니다. 역사적으로 영국과 미국이 가장 번영할 때가 바로 세계 각국에 선교사들을 대거 파송할 때였습니다. 오늘 우리는 본문에서 만국을 진동시키시는 하나님의 역사에 따른 두 가지의 행동 강령을 보게 됩니다. 그것은 하나님의 말씀에 굳게 서는 믿음과 하나님께서 명하신 교회 운동의 일에 최선을 다하라는 말씀입니다. 하나님의 영광은 교회에 있어 생명과도 같습니다.

사랑하는 성도 여러분!

전능하신 여호와 하나님께서 만국을 진동시키시는 위대한 역사가 먼저 우리들 마음에 흥분으로 가득하며, 또한 자손들과 가정과 기업, 그리고 교회 위에 충만하여 "만국을 진동시킬 것이며 만국의 보배가 이르리니"라는 말씀대로의 축복이 그 꽃을 피우고 열매로 풍성하기를 소원합니다. 이는 "내가 영광으로 이 전에 충만케 하리라"는 역사가 나타나기 때문입니다. 하나님의 영광이 떠난 교회는 사실 아무것도 아닙니다. "조금 있으면 내가 만국을 진동시킬 것이며"라는 하나님 약속의 말씀을 굳게 믿고 오직 하나님의 영광을 위해 최선을 다하는 우리 모두가 되시기를 축원합니다. 아멘.

하나님의 말씀은 흥왕하여 더하더라

(사도행전 12:20-24)

오순절 날, 성령강림 후 사도들을 중심으로 한 예루살렘 교회는 스데반의 순교(행7:60)로 시작하여 엄청난 박해를 당하였습니다. 또한 당시 질풍노도와 같은 박해자 헤롯이 칼로 요한의 형제 야고보를 죽이고 베드로를 투옥시키는 등 그 모진 박해 가운데서도 하나님의 말씀은 점점 더 왕성하였다고 하였습니다. 바로 이 때, 헤롯의 갑작스러운 죽음으로 24절에 "하나님의 말씀은 흥왕하여 더하더라"고 하였습니다. 오늘 이 시간 "하나님의 말씀은 흥왕하여 더하더라"고 하신 말씀으로 함께 은혜받기를 원합니다.

"하나님의 말씀은 흥왕하여 더하더라" 그 말씀은

1. 하나님의 능력입니다.

흥왕하여 더하게 하시는 하나님의 말씀은 바로 하나님 절대권위의 능력입니다. 사도 바울이 에베소에서 복음을 전할 때에 나타난 이적들을 통해 "주의 말씀이 힘이 있어 흥왕하여 세력을 얻으니라"(행19:20)고 하심도 그 하나님 말씀의 능력을 보여 줍니다. "하나님의 말씀은 살았고 운동력이 있어"(히4:12)라고 하였습니다. 하나님의 말씀은 철학도, 과학적 지식도 아닙니다. 바로 흥왕하여 더하게 하시는 능력 그 자체입니다. 바로 그 말씀의 능력이 천지를 창조하셨고, 그 말씀이 죽은 영혼들을 구원하셨으며, 그 말씀이 온갖 이적들을 행했던 것입니다. 창조의 능력이요, 구원의 능력이며, 변화의 위대한 능력입니다. 데살로니가 교회에 있어 "이 말씀이 또한 너희 믿는 자 속에서 역사하느니라"(살전2:13)고 하신바 하나님, 곧 성령의 능력입니다.

"하나님의 말씀은 흥왕하여 더하더라" 그 말씀은

2. 하나님의 치유입니다.

흥왕하여 더하게 하시는 하나님의 말씀은 놀라운 치유의 광선이 발합니다. 가장 근본적인 치유가 바로 죽은 영혼들의 구원입니다. 죄로 만신창이 된 절망과 죽음의 병에서 참 생명으로 치유되는 역사가 하나님의 말씀을 통해 나타나며, 심신의 모든 병 또한 말씀을 통해 치유됨을 4복음서와 사도행전에서 많이 찾을 수 있습니다. 병든 자들을 고쳐주신 예수님과 사도들의 치유사역이 그러합니다. 항상 있는 하나님의 말씀은 지금도 수많은 사람들의 영혼과 육체의 병을 치유할 뿐 아니라 모든 시대, 모든 나라에 있어 정치와 경제, 문화와 교육 등 병든 모든 부분을 개혁하고 치유합니다.

"하나님의 말씀은 흥왕하여 더하더라" 그 말씀은

3. 하나님의 축복입니다.

본문에서 "흥왕하여 더하더라"는 폭발적인 예루살렘 교회 부흥을 말합니다. 능력과 치유의 말씀이 일으키는 교회운동의 축복입니다. 당시, 베드로가 전한 말씀 선포에 많은 사람들이 마음이 찔려 "우리가 어찌할꼬"(행2:37)라고 회개하고 주를 믿고 세례를 받았는데, 41절에 "이 날에 제자의 수가 삼천이나 더하더라"고 하였고, 일곱 집사를 안수하여 세운 후 "하나님의 말씀이 점점 왕성하여 예루살렘에 있는 제자의 수가 더 심히 많아지고 허다한 제사장의 무리도 이 도에 복종하니라"(행6:7)고 하였습니다. 이는 "하나님의 말씀은 흥왕하여 더하더라"고 한 교회 부흥의 축복입니다. 말씀과 성령의 충만함에 따른 축복입니다. 그러므로 교회 부흥은 전적 하나님 자신의 절대주권적인 사역임에 분명합니다. 살아 역사하시는 하나님의 말씀은 반석에서 샘이 솟게 하시고, 사막에 꽃을 피워 열매를 맺게 하는 축복입니다. 교회로 하여금 흥왕하여 더하게 하시는 축복의 역사, 그 안에 성도들의 영육간의 모든 풍성한 축복이 다 담겨져 있는 것입니다.

사랑하는 성도 여러분!

예수 그리스도는 "사람이 떡으로만 살 것이 아니요 하나님의 입으로 나오는 모든 말씀으로 살 것이라"(마4:4)고 하셨습니다. 능력과 치유와 축복의 하나님 말씀은 우리 모든 성도들의 삶을 밝고 기름지게 하며, 교회로 하여금 부흥 성장케 합니다. 사도 베드로는 "모든 육체는 풀과 같고 그 모든 영광이 풀의 꽃과 같으니 풀은 마르고 꽃은 떨어지되 오직 주의 말씀은 세세토록 있도다"(벧전1:24-25)라고 하였습니다. 오직 하나님의 말씀만이 하나님의 절대 능력이요, 위대한 치유요, 풍성한 축복임을 우리는 믿습니다. 바로 그 말씀이야말로 "내 발의 등이요 내 길에 빛"(시109:105)이 되시기에 감사치 않을 수 없습니다. 그 하나님의 살아 역사하시는 말씀이 오늘날, 우리 교회와 우리들 믿는 자 속에서 역사하시는 생생한 체험으로 충만하였으면 합니다. "하나님의 말씀은 흥왕하여 더하더라"고 하신 예루살렘교회의 부흥의 축복이 우리 모든 삶의 전 영역에서 능력과 치유와 축복의 역사로 불 같이 일어 나타났으면 합니다. 오직 하나님의 말씀으로 인한 축복의 열매가 우리 교회와 자신들과 가정, 기업 위에 풍성하여 하나님께 기쁨과 영광이 되시기를 축원합니다. 아멘.

현재보다 천배나 많게 하시며

(신명기 1:6-11)

출애굽 당대에 왕권과 제사장권과 선지자권을 함께 행사한 하나님의 종, 모세가 광야 40년 여정의 끝자락인 요단 서쪽 맞은 편 모압 땅에서 이스라엘 백성들에게 "여호와께서 너희의 열조 아브라함과 이삭과 야곱에게 맹세하사 그들과 그 후손에게 주리라 하신 땅이 너희 앞에 있으니 들어가서 얻을지니라"라고 명하면서 그들을 향한 축도가 "너희 열조의 하나님 여호와께서 너희를 현재보다 천배나 많게 하시며 너희에게 허락하신 것과 같이 너희에게 복 주시기를 원하노라"였습니다. 결코 모세의 이 축도가 뜬 구름을 잡는 허황된 바람이 아니었습니다. 이는 이스라엘 그 민족에게 주실 천배나 더한 하나님의 구속사적 은총의 손길을 보았기 때문입니다.

"현재보다 천배나 많게 하시며" 이는 천배나 더한

1. 기업의 축복입니다.

본문 8절에 "여호와께서 너희의 열조 아브라함과 이삭과 야곱에게 맹세하사 그들과 그 후손에게 주리라 하신 땅이 너희 앞에 있으니 들어가서 얻을지니라"고 하였습니다. 이는 일찍이 아브라함과 이삭, 야곱에게 약속하셨던바 가나안 기업의 축복을 말합니다. 하나님은 아브람에게 "너는 정녕히 알라 네 자손이 이방에서 객이 되어 그들을 섬기겠고 그들은 사백년 동안 네 자손을 괴롭게 하리니 그 섬기는 나라를 내가 징치할찌며 그 후에 네 자손이 큰 재물을 이끌고 나오리라···네 자손은 사대만에 이 땅으로 돌아오리니"(창15:13-16)라고 약속하신 그 말씀이 성취된 기업의 축복입니다. 여기에 "천배" 즉 '엘레프 페아밈'이란 수적 증가의 표현이 실제로 기업

확장으로 나타난 현실적인 축복이기도 하였습니다. 야베스의 "원컨대 주께서 내게 복에 복을 더 하사 나의 지경을 넓히시고"(대상4:10)라는 기도가 이를 말해 줍니다. 천배나 더 한 기업 확장의 축복은 이에 족히 비교가 될 수 없는 내세적 천국기업의 축복입니다.

"현재보다 천배나 많게 하시며" 이는 천배나 더한

2. 번성의 축복입니다.

본문 10절에 "너희 하나님 여호와께서 너희를 번성케 하셨으므로 너희가 오늘날 하늘의 별 같이 많거니와"라고 하였습니다. 일찍이 하나님께서 아브람을 소명하시며 "내가 너로 큰 민족을 이루고"(창12:2)라고 하시며 "하늘을 우러러 뭇 별을 셀 수 있나 보라…네 자손이 이와 같으리라"(창15:5)고 약속하셨습니다. 그 후에 또 다시 "내가 내 언약을 나와 너 사이에 세워 너로 심히 번성케 하리라…내가 너와 내 언약을 세우니 너는 열국의 아비가 될지라"(창17:2-4)고 하셨던 그 말씀의 성취가 실제로 천배나 더한 번성의 축복으로 주어진 것입니다. 혈혈단신이었던 아브람으로 시작하여 그의 손자인 야곱이 애굽으로 이주할 때만 해도 칠십 인이었는데 430년 후 출애굽 때에는 장정만 60만 명이었으니 그야말로 큰 국가로 번창한 것입니다. 하나님은 그렇게 이스라엘을 번성케 하셨던 것입니다. 이에 모세는 가나안 정복 후, 천배나 많게 번성할 이들 민족의 장래를 내다보았고, 나아가 예수 그리스도로 말미암은 하나님 나라 확장, 곧 "아무라도 능히 셀 수 없는 큰 무리"(계7:9)들을 보았기에 "너희를 천배나 많게 하시며"라고 축도하였던 것입니다.

"현재보다 천배나 많게 하시며" 이는 천배나 더한

3. 전도와 선교결실의 축복입니다.

본문 11절에 "너희 열조의 하나님 여호와께서 너희를 현재보다 천배나 많게 하시며"라고 하였습니다. 여기에 "천배나 많게"라는 말의 구속사적 의미는 "영생을 주시기로 작정된 자는 다 믿더라"(행13:48)는 바로 영혼구원의 결실을 뜻합니다. 그러므로 지상교회가 하나님께 받은 복음전파의 사명인 전도와 선교의 범위와 대상이 세계적이며 인류적인바 "온 천하"(막16:15)와 "땅 끝까지"(행1:8) 그리고 "모든 족속"(마28:19)과 "만민"(막16:15)이기에 "천배나 많게 하시며"의 의미가 매우 큰 것입니다. 지금 가나안을 바라보는 모세의 영안은 이렇게 엄청난 구령운동, 곧 성령의 역사로 펼쳐지는 예수복음 전도와 세계선교 운동에 따른 그 결실을 "천배"라는 수의 극치로 보았던 것입니다.

사랑하는 성도 여러분!

약속의 땅 가나안을 목전에 두고 이스라엘 백성들을 축도한 "천배나 많게 하시며"의 축복이 오늘 우리 모두의 축복이 되었으면 합니다. 이 땅에서의 현세적인 기업의 축복과 아울러 주님 나라 확장을 위한 헌신이 더욱 중요함은 충성한대로 천국에서 차지할 "열 고을, 다섯 고을"(눅19:17,19)의 기업과 상급이 있기 때문입니다. 하나님의 구속사에 쓰임 받은 모세나 사도 바울을 비롯한 모든 그리스도의 종들은 바로 이 기업과 상급을 얻기 위해 세상적인 모든 것을 십자가 밑에 내려놓고 또한 미련 없이 이를 버렸던 것입니다. 하나님께서 주시는 바 현재보다 천배나 많은 기업과 번성의 축복이 임하길 원합니다. 또한 전도와 선교결실의 축복이 우리 교회와 가정과 기업에 함께 하시므로 하나님께 영광이 되시기를 축원합니다. 아멘.

가시나무 가운데 백합화

(아가서 2:1-2)

　본 아가서는 지혜의 왕 솔로몬과 전원의 여인 술람미와의 관계에서 예수 그리스도와 그의 신부된 교회와의 관계를 나타낸 '노래 중의 노래' 입니다. 중국의 선교사인 허드슨 테일러는 예수 그리스도와 하나 된 입맞춤의 체험에 대해 "현재 하나님의 임재가 우리의 감각으로 느끼게끔 된다. 누구든지 한번 이 체험을 가진 다음에는 전에 만족하게 생각하던 이 세상 쾌락들이 다시 생각나지 않는다"라고 고백하였습니다. 솔로몬 왕은 술람미 여인을 향하여 "여자들 중에 내 사랑은 가시나무 가운데 백합화 같다"라고 극찬하였습니다. 그리스도의 사랑인 그의 신부된 교회와 신자는 가시나무 가운데 백합화와 같습니다.
　"가시나무 가운데 백합화" 이 가시나무는

1. 악한 영인 사단과 불신세상입니다.

　본문 2절에 "여자들 중에 내 사랑은 가시나무 가운데 백합화 같구나"라고 하였습니다. 여기에 "가시나무 가운데"라는 시적인 표현은 바로 고난의 현장을 뜻합니다. 악한 영인 사단이 지배하는 죄악 된 이 불신 세상은 의인을 찌르고 괴롭히는 고난의 장소입니다. 본질적으로 가시나무의 실체는 '사단의 사자' (고후12:7)이며 '거짓 선지자' (마7:15-16)임과 동시에 악한 사단의 영에 사로잡힌 타락한 인간의 마음(마13:7,22)입니다. 한 마디로 가시나무는 무서운 악의 세력을 총칭합니다. 에스겔 선지자는 "찌르는 가시와 아프게 하는 가시가 다시는 없으리니 그들이 나를 주 여호와인 줄 알리라"(겔28:24)라고 가시의 속성이 찌르고 아프게 하는데 있음을 밝혀 주고 있습니다. 주경학자였던 고 박윤선 박사는 이 가시나무를 가리켜 "교회를 핍박하는 악한 세력을 비유한다."라고 하였습니다.

"가시나무 가운데 백합화" 이 백합화는

2. 예수 그리스도와 그의 신부된 교회입니다.

본문 2절에 "여자들 중에 내 사랑은 가시나무 가운데 백합화 같구나"라고 하였습니다. 뵐트바인은 "여기서 술람미 여인을 가리켜 일천 여자 중의 하나라고 하지 않고 가시나무 가운데 백합화라고 하여 그 자랑스러움과 동시에 그녀의 겸손을 진술한다."라고 하였습니다. 겸손하신 예수님은 가시나무와 같은 고난의 현장에 오신 하나님의 어린양이십니다. 솔로몬은 본문 1절에서 "나는 사론의 수선화요 골짜기의 백합화로구나"라고 했습니다. 이는 예수 그리스도에 대한 상징적이며 시적인 표현입니다. 죽음의 골짜기에 오신 예수 그리스도야말로 십자가에 찔려 아가페 사랑의 향기를 풍기신 백합화이십니다. 이는 또한 가시에 찔려 쏟으신 그의 피로 사신바 된 교회와 신자가 풍기는 "그리스도의 향기"(고후2:15)입니다. 백합화는 다음 몇 가지의 특성을 지니고 있습니다. 이는

첫째, 백합화의 소박성입니다.

본문에서 노래하고 있는 백합화는 꾸밈이나 거짓이 없는 소박한 들꽃입니다. 예수 그리스도의 죄 없으신 인성이 순결하셨듯이 교회와 신자 역시 그러하다는 것입니다. 예수께서는 바리세인이나 서기관, 그들의 가중된 외식을 무섭게 질타하셨습니다.

둘째, 백합화의 탁월성입니다.

모양도 그리하지만 그 향기가 특이합니다. 영국의 설교자인 스펄전은 "성도는 백합화처럼 세상 사람들보다 뛰어난 탁월성을 갖고 있다"라고 했습니다. 기독교의 위대성이 바로 여기에 있습니다. 빛과 소금으로서의 사명이 그러하며 그 존재 의미와 가치와 목적, 그리고 그 영향력이 그러합니다.

셋째, 백합화의 보편성입니다.

이는 백합화의 향기가 모든 영역에 풍겨짐을 뜻합니다. 지역적으로는 땅 끝까지, 인종적으로는 누구에게나 미칠 좋은 소식인 복음은 분명 백합화의 향기입니다. 복음의 대상이 결코 특권층이나 또는 서민층에만 속한 것이 아닌 모든 사람들임을 들판에 편만한 들꽃이 이를 말해 줍니다.

사랑하는 성도 여러분!

우리 모든 그리스도의 신부된 교회와 신자의 현주소는 악한 영인 사단이 교회와 신자들을 찌르고 괴롭히는 불신세상 즉, 가시나무 가운데인 고난의 현장입니다. 바로 이곳에서 우리 주 예수 그리스도께서 가시나무인 십자가에 찔려 그의 보배로운 피를 쏟으셨고, 그 상처에서 아가페 사랑의 향기를 풍기셨습니다. 그의 향기는 사랑의 향기이며 절망과 죽음을 몰아내신 희망과 생명, 곧 구원의 향기였습니다. 바로 그리스도의 신부된 교회와 우리 모든 신자들 역시 가시나무 가운데 백합화입니다. 하나님의 나라인 천국의 들꽃들입니다. 백합화인 예수 그리스도의 사랑의 향기로 가득한 우리 교회와 가정 그리고 우리 자신들이 되어야 할 것입니다. 오직 하나님의 영광을 크게 들어내는 예수 그리스도의 신부 된 가시나무가운데 백합화가 되시기를 축원합니다. 아멘.

간음하지 말지니라 1

(출애굽기 20:14)

　현대를 가리켜 가치관 상실시대라고 합니다. 하나님께서 주신 십계명은 반드시 우리 성도들이 지켜야 할 황금률임에도 그것을 상실한 가운데 심각한 진통을 앓고 있음이 종말시대인 오늘날의 가슴 아픈 현실입니다. 특히 불효와 살인, 그리고 가정파괴의 주범인 간음죄가 그러합니다. 하나님께서 시내산에서 모세를 통하여 선민 이스라엘, 곧 오늘 날 우리 모든 성도들에게 주신 십계명 중, 제 7계명인 "간음하지 말지니라"라는 본문의 말씀을 이 시간, 우리의 마음에 깊이 새김으로 함께 은혜받기를 원합니다.

　"간음하지 말지니라" 이는 하나님의

1. 창조원리를 파괴하는 죄이기 때문입니다.

　하나님께서는 태초에 천지를 창조하시면서 제 6일째에 "하나님이 자기 형상 곧 하나님의 형상대로 사람을 창조하시되 남자와 여자를 창조하시고"(창1:27)라고 하셨고, 31절에서 "보시기에 심히 좋았더라"라고 하셨습니다. 하나님의 인간창조 원리는 일부일처입니다. 일부다처로 빚어진 비극의 참상들을 성경에서 많이 보게 되는데 아브라함의 경우 독자 이삭과 이스마엘 사이의 그 갈등과 싸움이 그러합니다. 간음은 하나님의 인간 창조 원리를 파괴하는 죄이기 때문에 절대부정사인 '로'를 문장 서두에 넣어 '로 티느아프' 즉 '절대로 간음하지 말라'라고 하나님께서 명하셨던 것입니다.

　"간음하지 말지니라" 이는 결혼의

2. 신성을 파괴하는 죄이기 때문입니다.

예수 그리스도는 "사람을 지으신 이가 본래 저희를 남자와 여자로 만드시고 말씀하시기를 이러므로 사람이 그 부모를 떠나서 아내에게 합하여 그 둘이 한 몸이 될지니라 하신 것을 읽지 못하였느냐 이러한즉 이제 둘이 아니요 한 몸이니 그러므로 하나님이 짝지어 주신 것을 사람이 나누지 못할지니라 하시니"(마19:4-6)라고 하셨고, 사도 바울 역시 "사람이 부모를 떠나 그 아내와 합하여 그 둘이 한 육체가 될지니"(엡5:31)라고 하였습니다. 여기에 "간음하지"로 번역된 '나이프'는 불법적인 관계를 가리키는 '자나'와는 달리 결혼한 부부가 다른 상대와의 불륜관계를 말합니다. 하나님께서 한 남자와 한 여자로 짝지어 주신 결혼이 신성하기 때문에 하나님은 '로 티느아프' 즉 '절대로 간음하지 말라'라고 명하셨던 것입니다.

"간음하지 말지니라" 이는 하나님의

3. 영광을 가리는 죄이기 때문입니다.

사도 바울은 "너희 몸이 그리스도의 지체인 줄 알지 못하느냐…음행을 피하라 사람이 범하는 죄마다 몸 밖에 있거니와 음행하는 자는 자기 몸에게 죄를 범하느니라 너희 몸은 너희가 하나님께로부터 받은바 너희 가운데 계신 성령의 전인 줄을 알지 못하느냐 너희는 너희의 것이 아니라 값으로 산 것이 되었으니 그런즉 너희 몸으로 하나님께 영광을 돌리라"(고전6:15-20)라고 하였고 "너희가 하나님의 성전인 것과 하나님의 성령이 너희 안에 거하시는 것을 알지 못하느뇨 누구든지 하나님의 성전을 더럽히면 하나님이 그 사람을 멸하시리라 하나님의 성전은 거룩하니 너희도 그러하니라"(고전3:16-17)라고 하였으며, "저희 중에 어떤 이들이 간음하다가 하루에 이만 삼천 명이 죽었나니 우리는 저희와 같이 간음하지 말자"(고전10:8)라고 경고하였습니다. 간음은 하나님의 성전을 더럽히며 그의 영광을 가리는 악행이기에 하나님은 엄중하게 '로 티느아프' 즉 '절대로 간음하지 말라' 라고 명하셨던 것입니다. 다윗의 경우, 자신의 간음죄를 눈물로 참회하여, 하나님께 용서는 받았지만 그 죄의 대가는 철저하게 받음으로 간음죄가 얼마나 무서운 죄인가를 우리에게 교훈해 줍니다.

사랑하는 성도 여러분!

하나님은 날마다 순간마다 '절대로 간음하지 말지니라' 라고 우리에게 명하시고 계십니다. 이유는 그 간음이 하나님의 창조원리와 결혼의 신성 그리고 그리스도의 지체이며, 성령의 전인 몸을 더럽힘으로 하나님의 영광을 가리는 악행이기 때문입니다. 예수님은 제 7계명을 엄중히 여겨 마음의 음욕도 간음이라고 규정하셨던 것입니다(마5:27-28). 간음은 자신을 비롯하여 가정과 자녀들, 더욱 교회를 파괴시키는 살인적인 악행에 해당합니다. 우리는 요셉이 보디발의 아내로부터 성적인 유혹을 받을 때, "내가 어찌 이 큰 악을 행하여 하나님께 득죄하리이까"(창39:9)라고 하며, 그 유혹을 뿌리쳤던 아름다운 모습을 기억해야합니다. 중생 받은 우리의 마음과 몸은 거룩한 하나님의 성전입니다. 결코 간음으로 성전을 더럽혀서는 안 될 것입니다. "간음하지 말지니라"라는 하나님 절대금기의 부정사 '로'를 잊지 말아야 합니다. 우리는 요셉과 같이 신전의식의 순결한 신앙과 인격, 그리고 예배적인 경건한 삶으로 우리 하나님께 큰 영광을 돌리시기를 축원합니다. 아멘.

간음하지 말지니라 2

(출애굽기 20:14)

　하나님의 십계명과 모든 말씀은 오직 하나님 자신의 영광과 선민 이스라엘의 행복을 위하여 주신 특별은총의 선물입니다. 제 5계명인 부모를 공경해야 하며 제 6계명인 살인하지 말아야 합니다. 이는 인간관계에 있어 하나님의 절대적 명령입니다. 살인에 세 가지 유형의 살인이 있듯이 간음도 세 가지 유형으로 나눌 수 있습니다. 그 어떤 유형의 간음일지라도 절대로 범해서는 안 되는 악행이기에 하나님은 '로 티느아프' 즉 "절대로 간음하지 말라"라고 강력하게 명하셨던 것입니다. 이 시간 우리는 간음에 대한 세 가지 유형을 살펴봄으로 함께 은혜받기를 원합니다.
　"간음하지 말지니라" 이는

1. 육적(肉的)간음입니다.

　이는 부부의 대의를 깨고 부적절한 불륜관계를 가지는 음행을 말합니다. 사실 간음죄는 하나님의 창조원리와 결혼의 신성과 하나님의 성전을 더럽힘으로 그의 영광을 가리는 무서운 악행이기에 하나님은 "간음하지 말라"라고 하셨습니다. 여기에 "간음하지"로 번역된 '타노아프'의 원형 '나이프'는 매춘이나 동성애나 수간 등 육적인 간음을 뜻합니다. 그러므로 육적인 간음은 자신의 인격이나 명예를 더럽히는 추잡스러운 악행입니다. 실로 자신의 인격과 삶, 그리고 명예를 한 순간에 파괴 시키는 죄가 육적 간음입니다.
　"간음하지 말지니라" 이는

2. 심적(心的)간음입니다.

예수 그리스도께서는 제 7계명을 더욱 고차원적 측면, 곧 내면적으로 더욱 엄중하게 여겨 "간음치 말라 하였다는 것을 너희가 들었으나 나는 너희에게 이르노니 여자를 보고 음욕을 품는 자마다 마음에 이미 간음하였느니라"(마5:27-28)라고 규정하였습니다. 이는 곧 심적 간음을 말합니다. 우리는 인간의 본능적인 욕구의 성향인 심적 간음을 오직 주의 말씀과 성령의 도우심을 힘입어 이를 극복하며 그 마음을 지켜야 합니다. 사도 바울은 "내가 내 몸을 쳐 복종하게 함은"(고전9:27)이라고 하였고, "나는 날마다 죽노라"(고전15:31)라고 하였듯이 경건한 개혁자들과 청교도들이 육체에 속한 지체를 죽이는 '죄 죽임'(Mortification)에 철저했던 것입니다. 매 순간, 순간 스쳐가는 마음의 간음, 곧 육신의 정욕을 그리스도의 십자가에 달아 죽여야만 합니다. 이는 심적 간음을 십자가에 못 박지 못하면 몸으로 무섭게 암처럼 전이되기 때문입니다.

"간음하지 말지니라" 이는

3. 영적(靈的)간음입니다.

하나님은 이스라엘의 영적 간음에 대해 "이 백성은 들어가 거할 그 땅에서 일어나서 이방신들을 음란히 좇아 나를 버리며 내가 그들과 세운 언약을 어길 것이라"(신31:16)라고 경고하였습니다. 호세아에게 하나님은 "너는 가서 음란한 아내를 취하여 음란한 자식들을 낳으라 이 나라가 여호와를 떠나 크게 행음함이니라"(호1:2)고 하셨고, 예레미야를 통해 "배역한 이스라엘이 간음을 행하였으므로"(렘3:8)라고 하시며 9절에 "그가 돌과 나무로 더불어 행음함을 가볍게 여기고 행음하여 이 땅을 더럽혔거늘"라고 하셨습니다. 하나님을 떠나 다른 신들을 숭배하거나 다른 무엇이든지 사랑하면 그것이 바로 바로 영적 간음죄에 해당합니다. 예수님은 마지막 이 시대를 가리켜 "악하고 음란한 세대"(마12:39)라고 하셨으며, 사도 요한은 "그 음행의 진노의 포도주를 인하여 만국이 무너졌으며 또 땅의 왕들이 그로 더불어 음행하였으며"(계18:3)라고 '큰 음녀 바벨론'이라고 하였습니다. 오늘 우리는 사도 바울이 "네가 이것을 알라 말세에 고통 하는 때가 이르리니 사람들은 자기를 사랑하며 돈을 사랑하며…쾌락을 사랑하기를 하나님 사랑하는 것보다 더하며"(딤후3:1-4)라고 경고한 말씀을 마음깊이 새기고 영적인 간음죄에 빠지지 말아야 할 것입니다.

사랑하는 성도 여러분!

하나님은 우리를 사랑하십니다. 사랑하시기에 하나님은 "이스라엘아 들으라 우리 하나님 여호와는 오직 하나인 여호와시니 너는 마음을 다하고 성품을 다하고 힘을 다하여 네 하나님 여호와를 사랑하라"(신6:4-5)라고 명하셨습니다. 또한 하나님께서는 지금 우리에게 "간음하지 말지니라"고 말씀하시며 육적, 심적, 더욱 영적 간음을 하지 말 것을 엄중히 명하시고 계십니다. 그 이유는 하나님께서 우리의 행복을 위하고 사랑하시기 때문입니다. 간음은 모든 것을 한 순간에 파멸로 몰아넣는 재앙의 불씨입니다. 그러므로 요셉처럼, 조선의 옛 여인들이 은장도를 품고 자신의 정조를 지켰듯이 그리스도의 신부로서 우리 자신의 순결을 지켜야 합니다. 감찰하시는 하나님의 면전에서 육적, 심적, 영적인 간음을 주의 십자가에 못 박아 죽이는 순결한 삶으로 그리스도 예수 안에서 아버지 하나님께 큰 영광을 돌리시기를 축원합니다. 아멘.

나는 하나님을 경외함으로

(느헤미야 5:14-19)

우리는 느헤미야서를 통해 난국을 해결하고 그 민족을 부흥시킨 느헤미야의 강력한 지도자로서의 리더십을 보게 됩니다. 바로 그가 있었기에 성벽재건의 역사와 민족 대 각성운동은 성공을 거둔 것입니다. 느헤미야가 백성들과 함께 무너진 성벽을 쌓을 때, 심각한 경제난을 겪게 됩니다. 힘에 겨운 세금에다 흉년까지 겹쳐 백성들의 어려움은 극에 달하였기에 그 탄식과 원망이 대단했습니다. 이에 느헤미야는 그들의 고통을 가슴에 안고 지도층들을 설득하여 경제난을 해결하는 사건이 본문의 내용입니다. 그의 강력한 리더십의 동력이 바로 "나는 하나님을 경외하므로"였습니다.

"나는 하나님을 경외하므로" 이는 그의

1. 믿음이었습니다.

본문 15절에서 그는 "나는 하나님을 경외하므로"라고 하였습니다. 그의 고상한 성품과 탁월한 지도자로서의 강력한 리더십, 그리고 그를 통해 펼쳐진 모든 업적이 바로 하나님 절대 신뢰의 믿음이었다는 것입니다. 하나님의 선한 손에 의한 승리 확신의 믿음이었습니다. 그의 결단과 헌신적 봉사의 기폭제가 바로 "나는 하나님을 경외하므로"였습니다. 오직 하나님 은혜 의존의 신앙이었기에 19절에서 그는 "내게 은혜를 베푸소서"라고 기도하였던 것입니다. 믿음의 사람은 강한 사람입니다. 이유는 전능하신 하나님의 오른 손이 그를 붙들어 주시기 때문입니다. 사도 요한은 "대저 하나님께로서 난 자마다 세상을 이기느니라. 세상을 이긴 이김은 이것이니 우리의 믿음이니라"(요일5:4)라고 하였습니다.

"나는 하나님을 경외하므로" 이는 그의

2. 개혁적 의지였습니다.

본문 15절에서 그는 "이전 총독들은 백성에게 토색하여 양식과 포도주를 취하였고 그 종자들도 백성을 압제하였으나 나는 하나님을 경외하므로 이같이 행치 아니하고"라고 하였습니다. 하나님을 경외하는 자신은 이전의 총독과는 다르다는 말입니다. 그렇기 때문에 그는 16절에서 "도리어 이 성 역사에 힘을 다하여 땅을 사지 아니하였고, 나의 모든 종자도 모여서 역사하였으며"라고 개혁적 의지를 밝혔던 것입니다. 이와 같은 역사가 하나님의 뜻을 성취하는바 개혁입니다. 선지자 호세아는 "너희 묵은 땅을 기경하라 마침내 여호와께서 임하사 의를 비처럼 너희에게 내리시리라"(호10:12)고 하였습니다. 묵은 땅을 기경하는 것이 개혁입니다. 무너진 성벽을 재건하는 역사와 대각성운동이 개혁입니다. 바로 여호와를 경외함에서 나온 그의 개혁이었습니다.

"나는 하나님을 경외하므로" 이는 그의

3. 희생적 헌신이었습니다.

본문 14절에서 느헤미야는 "내가 유다 땅 총독으로 세움을 받은 때 곧 아닥사스다왕 이십년부터 삼십 이년까지 십 이년 동안은 나와 내 형제가 총독의 녹을 먹지 아니하였느니라"라고 하였습니다. 느헤미야는 하나님을 경외하므로 총독이 받을 삯을 받지 않았다는 것입니다. 이유는 18절에 "백성의 부역이 중함"이였기 때문입니다. 이것이 바로 하나님을 경외하는 자의 선한 양심입니다. 선지자 아모스는 당시 "너희가 가난한 자를 밟고 저에게서 밀의 부당한 세를 취하였은즉…의의인을 학대하며 뇌물을 받고 성문에서 궁핍한 자를 억울하게 하는 자로다"(암5:11-12)라고 질타했던 탐관오리들과는 너무나도 대조적인 느헤미야의 모습을 봅니다. 바로 하나님을 경외함에서 나온 그의 위대한 모습입니다.

"나는 하나님을 경외하므로" 이는 그의

4. 청빈의식이었습니다.

본문 16-18절에서 느헤미야는 "도리어 이 성 역사에 힘을 다하여 땅을 사지 아니하였고…내가 총독의 녹을 요구하지 아니 하였음은 백성의 부역이 중함이니라"고 하였습니다. 한마디로 그의 삶이 부끄러움이 없는 청빈한 삶이었다는 것입니다. 고금을 막론하고 권력이나 재력을 가진 사람들치고 부끄러움이 없는 사람을 찾아보기 힘들 것입니다. 느헤미야가 이같이 부끄러움 없이 살았기에 본문 19절에서 "내 하나님이여 내가 이 백성을 위하여 행한 모든 일을 생각하시고 내게 은혜를 베푸시옵소서"라고 기도하였던 것입니다.

사랑하는 성도 여러분!

느헤미야와 같이 오직 하나님 중심의 신앙과 개혁, 희생과 부끄러움이 없는 삶으로 하나님께 영광이 되었으면 합니다. 하나님께 대한 거룩한 두려움인 경외심이 중요합니다. 이 경외심에 이상이 생기면 결국 모든 면에서의 성벽은 무너지고 그 결과 패망으로 이어지는 것입니다. 느헤미야가 "나는 하나님을 경외하므로"라고 고백했던 그 신앙과 삶이 우리 모두의 신앙과 삶이 되었으면 합니다. 그리하면 하나님은 반드시 우리들 자신과 가정, 교회와 이 나라와 민족에게 놀라운 복을 안겨 주실 것으로 확신 합니다. 아멘.

내 마음이 나를 책망치 아니하리라

(욥기 27:6)

　믿음의 조상 아브라함 당대에 우수 땅, 이방인 곧 동방의 의인이었던 욥이야말로 신앙과 인내의 대표적인 인물이었습니다. 이에 주의 종, 야고보는 "형제들아 주의 이름으로 말한 선지자들로 고난과 오래 참음의 본을 삼으라 보라 인내하는 자를 우리가 복되다 하나니 너희가 욥의 인내를 들었고 주께서 주신 결말을 보았거니와"(약5:10-11)라고 그를 본받기를 권했습니다. 사단의 고발로 인한 고난 가운데 그를 사악한 자로 몰아세우는 세 친구들에게 "내가 내 의를 굳게 잡고 놓지 아니하리니 일평생 내 마음이 나를 책망치 아니하리라"고 합니다. 일평생 양심적으로 가책이 없다는 그의 공언입니다. 이 시간, 욥이 "내 마음이 나를 책망치 아니하리라"고 한 그의 고백을 통해 은혜 받기를 원합니다.

　"내 마음이 나를 책망치 아니하리라" 이는 욥 그의

1. 도덕적 순전의 양심고백입니다.

　우리는 욥기서에서 하나님께서 악한 영인 사단에게 "네가 내 종 욥을 유의하여 보았느냐 그와 같이 순전하고 정직하여 하나님을 경외하며 악에서 떠난 자가 세상에 없느니라"(욥1:8)고 격찬하셨음을 봅니다. 그는 "순전하고"라고 하였습니다. 여기에 '순전'에 해당하는 '탐'은 도덕적 윤리적 측면에서 완전성을 의미합니다. 즉, 욥은 도덕적인 순전에 대해 양심적으로 가책이 없다는 것입니다. 그의 삶이 얼마나 깨끗했는가를 보여 줍니다. 욥은 자신을 사악한 자, 죄인으로 몰아세우는 친구들에게 자신은 자신의 의, 곧 도덕적 순전에 대하여 양심적으로 가책이 없다고 당당하게 공언합니다.

이에 사도 바울은 "착한 양심을 가지라"(딤전1:19)라고 하였고, 사도 베드로 역시 "선한 양심을 가지라"(벧전3 :16)그리고, 21절에서 "오직 선한 양심이 하나님을 향하여 찾아가는 것이라"라고, 양심의 소중함을 일깨워 주었습니다. "자기 양심이 화인 맞아서 외식함으로 거짓말 하는 자들"(딤전4:2)이야말로 최악의 불행한 자들입니다. 도덕적 순전, 그 자체는 바로 빛입니다.

"내 마음이 나를 책망치 아니하리라." 이는 욥 그의

2. 성품적 정직의 양심고백입니다.

하나님은 욥에 대해 "정직하여"(욥1:8)라고 하였습니다. 여기에 '정직하여' 라는 '야솨르' 는 '곧다' , '휘어지지 않는' , '곧은길로 행하다' 라는 뜻으로 앞서 '순전하고' 라는 '탐' 과 같은 의미의 완전성을 내포합니다. 이는 욥의 곧은 성품인 정직을 말합니다. 그는 하나님과 사람들, 그리고 자신의 양심 앞에서 거짓이 없는 정직한 성품의 소유자였습니다. 유다왕 다윗과 히스기야가 하나님 앞에서 정직한 자들이었음을 "히스기야가 그 조상 다윗의 모든 행위와 같이 여호와 보시기에 정직히 행하여"(왕하18:3)라고 하신 말씀에서 보여 줍니다. 예수께서 나다나엘을 보시며 "이는 참 이스라엘 사람이라 그 속에 간사한 것이 없도다"(요1:47)라고 하심이 그러합니다. 욥은 그의 일평생의 삶에 있어 도덕적인 순전과 성품적인 정직을 잃지 않고 끝까지 지킴으로 그 본을 보여 주었습니다. 정직이야말로 최선의 정책이요, 그 자체가 복입니다. 이유는 하나님의 속성이 의롭고 정직하기 때문입니다.

"내 마음이 나를 책망치 아니하리라" 이는 욥의

3. 영적 경건의 양심고백입니다.

하나님은 욥에 대해 "하나님을 경외하며 악에서 떠난 자"(욥 1:8)라고 하였습니다. 이는 욥, 그의 일평생의 삶이 오직 하나님 경외함으로 악에서 떠난 경건한 삶이었음을 입증해 줍니다. 이 같은 영적 경건에 대해 욥 자신은 양심적으로 가책이 없다는 것입니다. 당시, 곧 아브라함으로부터 시작한 족장시대 초기에 이방인으로서의 그의 여호와 경외의 신앙을 보여 줍니다. 하나님을 모르는 이방인 지역인 동방에서 여호와를 경외하였다는 것은 그가 하나님께 받은 큰 축복이 아닐 수 없습니다. 그는 인간 인내의 한계를 넘어선 극한 고난 속에서 참 지혜가 무엇인가를 깨닫습니다. 이에 그는 "주를 경외함이 곧 지혜요 악을 떠남이 명철이라"(욥28:28)고 합니다. 그리고 그 가치에 대해 "그 값을 사람이 알지 못하나니 사람 사는 땅에서 찾을 수 없구나"(욥28:13)라고 하며 15-19절에서 "정금으로도 바꿀 수 없고 은을 달아도 그 값을 당치 못하리니 오빌의 금이나 귀한 수마노나 남보석으로도 그 값을 당치 못하겠고 황금이나 유리라도 비교할 수 없고 정금 장식으로도 바꿀 수 없으며 산호나 수정으로도 말할 수 없나니 지혜의 값은 홍보석보다 귀하구나 구스의 황옥으로도 비교할 수 없고 순금으로도 그 값을 측량하지 못하리니"라고 하였습니다. 솔로몬 왕 또한 "지혜는 진주보다 귀하니 너의 사모하는 모든 것으로 이에 비교할 수 없도다"(잠3:15)라고 하였고, 18절에서 "지혜는 그 얻은 자에게 생명 나무라 지혜를 가진 자는 복되도다"라고 하였으며, 그러므로 "지혜가 제일이니 지혜를 얻으라 무릇 너의 얻은 것을 가져 명철을 얻을지니라"(잠4:7)고 강권하였던 것입니다. 여호와를 경외하는 것이 바로 지혜입니다. 이와 같이 욥은 여호와 경외심, 곧 하나님 절대주권적 신앙이 있었기에 그 모든 역경을 인내하며, 영적 삶의 순결을 지켰던 것입니다.

사랑하는 성도 여러분!

오늘 우리는 욥의 "내가 내 의를 굳게 잡고 놓지 아니하리니 일평생 내 마음이 나를 책망치 아니하리라"고 한 그의 도덕적 순전과 성품적 정직, 그리고 영적 경건에 따른 순결한 삶의 양심고백의 공언을 마음에 담으며 우리들에게 주신바 선한 양심, 착한 양심의 소중함을 새삼 느껴봅니다. 모든 기독교인들이 이렇게 하나님 앞에서 양심에 가책이 없이 살 수 있다면 우리의 정치와 교육과 사회, 그리고 교회와 성도의 가정이 얼마나 행복할까 생각해 봅니다. 욥의 인격과 영적 삶에서 묻어 나온 그의 양심고백이 우리 모두의 고백이 되었으면 합니다. 도덕적, 영적으로 양심이 화인 맞은 이 어두운 시대에 우리의 착한 양심이 이 시대를 밝히는 등불이 되어 오직 우리 하나님께 영광이 되시기를 축원합니다. 아멘.

내 잔이 넘치나이다

(시편 23:1-6)

본 시 23편은 이스라엘 왕 성군 다윗이 자신의 옛 목동시절을 회상하며 파란만장한 자신의 삶 속에서 언제나 함께 하신 여호와 하나님과 자신의 관계를 목자와 양의 관계로 비유하여 노래한바 진한 감동을 주는 시입니다. 그는 하나님에 대해 "여호와는 나의 목자" 즉 '예흐와 로이'라고 노래하였습니다. 다윗이 그러했듯이 성경에는 하나님과 이스라엘의 관계를 목자와 양의 관계로 말씀한 곳이 많이 나타나 있습니다(시100:3; 요10:11). 오늘 이 시간 우리는 다윗이 "내 잔이 넘치나이다"라고 노래했던 본문의 말씀을 통해 함께 은혜 받기를 원합니다.

"내 잔이 넘치나이다" 이는

1. 넘치는 구원은총에 대한 찬양입니다.

본문 4절에서 "내가 사망의 음침한 골짜기로 다닐지라도 해를 두려워하지 않을 것은 주께서 나와 함께 하심이라 주의 지팡이와 막대기가 나를 안위하시나이다"라고 하였고, 5절에 "주께서 내 원수의 목전에서 내게 상을 베푸시고 기름으로 내 머리에 바르셨으니 내 잔이 넘치나이다"라고 찬양하였음이 바로 임마누엘 하나님의 구원은총을 찬양함입니다. 다윗은 숱한 사망의 음침한 골짜기, 곧 원수들의 집요한 위협을 받았던 자신의 삶 가운데 임마누엘로 함께 하신 하나님의 '지팡이' 곧 '쉐베트'와 '막대기' 곧 '미쉬에나'로 자신을 인도해 주시고 또한 보호해 주시고 수많은 원수들의 세력에서 구원해 주셨음에 대해 하나님께 찬양치 않을 수 없었습니다. 시인은 "여호와께서 내게 주신 모든 은혜를 무엇으로 보답할꼬 내가 구원의 잔을 들고 여호와의 이름을 부르며 여호와의 모든 백성 앞에서 나의 서원을 여호와께 갚으리로다"(시116:12-14)라고 노래하였음이 그러합니다. 이는 하나님의 구원 은총을 체험한 사람이라면 그 어느 누구든지 그 마음의 잔에 넘쳐흐른 찬양일 수밖에 없습니다. "내 영혼이 은총 입어 중한 죄 짐 벗고 보니 슬픔 많은 이 세상도 천국으로 화하도다"라고 터져 나오는 찬양이 그러합니다. 이는 "여호와는 나의 목자시니"라고 믿고 고백하는 축복받은 성도의 삶에서 꽃피우는 현저한 특징입니다.

"내 잔이 넘치나이다" 이는

2. 넘치는 환희와 감사의 찬양입니다.

본문 5절에서 "주께서 내 원수의 목전에서 내게 상을 베푸시고 기름으로 내 머리에 바르셨으니 내 잔이 넘치나이다"라고 하였습니다. 여기에 "내 원수의 목전에서 내게 상을 베푸시고"라고 하심은 다윗 자신을 적대시하며 괴롭혔던 모든 대적들이 보는 앞에서 하나님께서 승리의 축제를 베풀어 주셨다는 말씀입니다. 그러니 다윗, 그 마음의 잔에 환희와 감사가 넘쳐흐르지 않을 수 없었던 것입니다. 또한 여호와께서 '기름' 곧 향유나 감람유로 다윗의 머리에 바르심으로 귀빈대접을 해 주셨으니 어찌 기쁨과 감사가 넘치지 않았겠습니까? 이는 앞으로 예수 그리스도의 재림의 날, 원수들의 목전에서 천국 식탁을 베푸시고 영광스러운 기름을 성도들의 머리에 바르심으로 최상 최고의 귀빈 대접을 해 주실 것을 상징적으로 예시해 줍니다. 이 일은 결코 뜬 구름을 잡는 것 같은 추상이 아니라 실재로 약속된 영광의 실재입니다. 그렇기 때문에 구원받은 우리 성도들의 마음의 잔은 환희와 감사로 넘쳐 찬양할 수밖에 없는 것입니다. 이 또한 "여호와는 나의 목자시니"라고 믿고 고백하는 축복 받은 우리 성도 삶에서 꽃피우는 아름다운 향기입니다.

"내 잔이 넘치나이다." 이는

3. 넘치는 천국소망의 찬양입니다.

본문 6절에서 다윗은 "나의 평생에 선하심과 인자하심이 정녕 나를 따르리니 내가 여호와의 집에 영원히 거하리로다"라고 노래하였습니다. 이는 하나님께서 다윗에게 베푸신 구원 승리의 기쁨과 넘치는 축복에 대한 하나님의 '선하심' 곧 아름다움과 친절, 그리고 부요함, 또한 '인자하심' 인 친절함과 사랑하심에 대한 확고부동한 확신과 분명한 소망의 찬양입니다. 이와 같은 확신과 소망이 그 마음의 잔에 넘쳐 흘렀기에 최종적으로 그는 예루살렘에 자리를 잡은 자신의 궁으로 하나님의 언약궤를 옮겨 둔 그 곳, "여호와의 집"에 영원히 거하겠다는 결단의 찬양이었습니다. '여호와의 집'인 지상의 성전에서 천국을 소망한 찬양입니다. 성도들의 삶에 있어 천국 소망 만큼 마음의 잔에 넘치는 기쁨은 없을 것입니다. 그러므로 성도들은 지상의 성전에서 하나님께 드리는 예배를 통하여 천상의 성전인 천국의 영화를 바라보는 즐거움을 체험하는 것입니다. 그러므로 "여호와의 집" 곧 천국 소망은 성도들 마음의 잔에 넘치는 찬양으로 목자가 되신 그 하나님께 영광을 돌릴 수밖에 없습니다.

사랑하는 성도 여러분!

우리 모든 성도들이 살아가는 이 불신 세상은 마치 사망의 음침한 골짜기와 같습니다. 다윗의 파란만장한 삶이 그러했듯이 언제 어느 곳에서 어떤 원수들의 위협을 받을지 모르는 골짜기입니다. 그러나 염려 할게 없습니다. 그 이유는 선한 목자가 되신 우리 주 예수 그리스도께서 이미 그의 십자가인 지팡이와 막대기로 우리를 푸른 초장과 쉴만한 물가인 교회로 인도하시며 악한 영인 사탄의 세력에서 구원해 주셨기 때문입니다. 그의 선하심과 인자하심은 영원히 변치 아니하시고 숱한 원수들의 목전에서 우리들에게 승리의 축제를 펼쳐주실 것이며, 항상 생명의 꿀인 말씀과 성령의 기름을 우리 머리에 부으심으로 우리 모든 성도들의 존재를 보배롭고 존귀하게 하실 것입니다. 그러므로 항상 우리는 여호와의 선하심과 인자하심을 확신하며 그의 안식처인 여호와의 집, 곧 그리스도의 몸 된 교회에서 예배적 삶을 통하여 우리 마음의 잔에 넘치는 하나님 구원의 은총과 환희와 감사, 그리고 천국 소망의 찬양으로 그 꽃피우고 향기를 토하는바 축복 된 삶으로 영광을 돌려야 할 것입니다. 그것이 바로 성령 충만한 삶의 현저한 특징인 것입니다. 오직 하나님 중심, 말씀 중심, 교회 중심의 삶 가운데 언제나 "내 잔이 넘치나이다"라는 고백의 찬양으로 그 선하심과 인자하심이 영원하신 목자 되신 성삼위 하나님께 환희와 감사와 찬양으로 영광을 돌리시기를 축원합니다. 아멘.

내가 네게 이 경계로써 명하노니

(디모데전서 1:18-20)

그리스도의 신실한 종, 사도 바울은 본문 18절에서 그의 제자인 디모데에게 "아들 디모데야, 내가 네게 이 경계로써 명하노니"라고 하였습니다. 이는 그 명령의 절대적 권위와 중요성을 보여 줍니다. 이유는 목회자인 디모데를 향한 사도 바울의 이 명령이 곧 하나님의 명령이기 때문입니다. 바로 이 명령은 예수 그리스도 재림이 임박한 이 종말시대에 그의 좋은 군사된 우리 교회와 신자들에게 주시는 하나님의 명령입니다. 이 시간, "내가 네게 이 경계로써 명하노니"라고 하신 말씀에서 은혜 받기를 원합니다.

"내가 네게 이 경계로써 명하노니" 이는

1. 오직 말씀 중심의 삶을 명하심입니다.

본문 18절 하반 절에 "전에 너를 지도한 예언을 따라 그것으로 선한 싸움을 싸우며"라고 하였습니다. 성도들의 영적인 삶, 그 자체가 "선한 싸움"입니다. 이 싸움은 "혈과 육에 대한 것이 아니요 정사와 권세와 이 어두움의 세상 주관자들과 하늘에 있는 악의 영들에게 대함이라"(엡6:12)고 하신 바 악한 영인 사단과의 치열한 전투인 "선한 싸움"입니다. 이 전투에서의 승리를 위한 명령이 "너를 지도한 예언을 따라"라는 '오직 성경(Sola Scriptura)'입니다. "하나님의 말씀은 살았고 운동력이 있어"(히4:12)라고 하신바 살아 역사하는 능력의 말씀입니다. 그 말씀은 "생명의 말씀"(빌2:16), "진리의 말씀"(엡1:13)이며 "구원의 말씀"(행13:26), "십자가의 도"(고전1:18)이며, "성령의 검 곧 하나님의 말씀"(엡6:17)이요, 또한 "발에 등이요 길에 빛"(시119:105)이신 말씀입니다. 그러므로 기록한 말씀 밖에 넘어 가지 말아야 하며(고전4:6), 혼잡하게 말아야 하며(고후2:17) 사사로이 풀지 말아야 합니다(벧후1:20). 그 이유는 "예언은 언제든지 사람의 뜻으로 낸 것이 아니요 오직 성령의 감동하심을 입은 사람들이 하나님께 받아 말한 것임이니라"(벧후1:21)이기 때문입니다.

"내가 네게 이 경계로써 명하노니" 이는

2. 믿음과 착한 양심적 삶을 명하심입니다.

본문 19절에서 "믿음과 착한 양심을 가지라"고 명하였습니다. "어떤이들이 이 양심을 버렸고 그 믿음에 관하여는 파선하였느니라"고 하면서 그 비극적인 인물로 20절에서 후메내오와 알렉산더를 지적하였습니다. 하나님께서 원하시는 성공적인 삶의 법칙은 '오직 믿음(Sola Fide)' 입니다. 이는 "믿음이 없이는 기쁘시게 못하나니"(히11:6)라고 하셨기 때문입니다. 사도 바울은 "복음에는 하나님의 의가 나타나서 믿음으로 믿음에 이르게 하나니 기록된바 오직 의인은 믿음으로 말미암아 살리라 함과 같으니라"(롬1:17)고 하였고, 그의 로마서에서 "믿음으로 좇아 하지 아니하는 모든 것이 죄니라"(롬14:23)고 규정하였습니다. 또한 그는 하나님의 은혜로 말미암아 구원을 얻게 한 이 믿음이 "하나님의 선물"(엡2:8)이라고 하였으며, 바로 그 "믿음은 들음에서 나며 들음은 그리스도의 말씀으로 말미암았느니라"(롬10:17)고 하였습니다. 그리고 이어 사도 바울은 디모데에게 "착한 양심을 가지라"고 명하였습니다. 이는 곧 하나님께서 명하신 '양심의 법칙'으로 이 또한 영적 삶에 있어 매우 중요한 법칙입니다. 이는 사도 베드로가 말했듯이 "오직 선한 양심이 하나님을 향하여 찾아가는 것"(벧전3:21)이기 때문입니다. 독일의 황제 카를 5세가 당시 교황의 명을 받아 루터를 보름스 국회로 소환하여 그의 반박한 문서를 불태우고 그의 주장을 철회할 것을 강요했을 때, 루터는 "나의 양심은 이미 성경에 포로가 되었다. 나는 양심을 역행할 수 없다"라고 하였습니다. 교회와 성도, 특히 성직자가 "착한 양심"을 버리면 여지없이 영적인 도덕성은 부패되고 그 윤리와 가치성은 상실되어 결국 사단에게 내어준바 되는 '믿음의 파선'에 이르게 됩니다.

사랑하는 성도 여러분!

우리 하나님은 모든 성도들이 선한 싸움과 천국을 향해 가는 항해에 있어 전승과 성공을 원하십니다. 그래서 지금도 "내가 네게 이 경계로써 명하노니"라고 말씀하시며 오직 주의 말씀과 하나님의 선물인 믿음, 그리고 하나님을 향하여 찾아가는 착한 양심의 법칙에 따라 순종하며 살 것을 명하셨던 것입니다. 결코 양심을 버리고 믿음이 파선하여 사단에게 내어 준바 된 후메내오와 알렉산더와 같은 저주의 사람이 되어서는 안 됩니다. 이는 그 인생에 있어 최악의 저주요 불행이기 때문입니다. 사도 바울과 디모데처럼 하나님의 말씀인 '오직 성경', '오직 믿음' 그리고 '착한 양심'의 법칙에 따른 승리의 삶을 하나님께 제물로 드렸으면 합니다. 반드시 그 삶에는 하나님의 상급과 축복이 금세와 내세에 주어질 것입니다. 오늘, "내가 네게 이 경계로써 명하노니"라는 명령을 가슴 깊이 새기고 실천함으로 하나님께 영광을 돌리는 복된 삶이되시기를 축원합니다. 아멘.

너희 심을 것을 주사 풍성하게 하시고

(고린도후서 9:6-15)

본장은 사도 바울이 고린도교회에 보낸 서신으로, 헌금하는 자들의 바른 자세와 그 결과에 대해 증거하는 헌금의 지침서입니다. 당시 예루살렘 교회에서 가난한 신자들을 물질로 돕는 그 일이 "성도를 섬기는 일" 곧, 하나님의 의를 나타내는 "착한 일"로써 파종의 원리로 참 연보에 대해 설명해 주고 있습니다. 봄에 씨를 심어 가을에 거둔 결실로 하나님께 감사와 영광을 돌리는바 "너희 심은 것을 주사 풍성하게 하시고"라고 하신 본문의 말씀으로 오늘 이 시간, 함께 은혜 받기를 원합니다.

"너희 심을 것을 주사 풍성하게 하시고" 이는 헌금이

1. 하나님의 주(主)되심을 확증해 줍니다.

본문 10절에 "심는 자에게 씨와 먹을 양식을 주시는 이가 너희 심을 것을 주사 풍성하게 하시고 너희 의의 열매를 더하게 하시리니"라고 하였습니다. 즉, 심는 자에게 씨와 풍성한 양식을 주시는 이가 바로 하나님이시라는 말씀입니다. 하나님은 모든 만물의 주, 곧 '퀴리오스' 이십니다. 우수 땅의 의인 욥은 "주신 자도 여호와시요 취하신 자도 여호와시오니 여호와의 이름이 찬송을 받으실지니이다"(욥1:21)라고 고백하였습니다. 사도 바울 역시, "만물이 주에게서 나오고 주로 말미암고 주에게로 돌아감이라 영광이 그에게 세세에 있으리로다. 아멘"(롬11:36)라고 하였습니다. 우리에게 주신 모든 것 곧, 생명과 건강, 재능이나 재물 등 모든 것이 하나님의 것임을 알고 믿고 또 분명하게 고백하는 것이 성도의 분명한 가치관이요, 세계관이며, 물질관이요 또한 인생관입니다.

"너희 심을 것을 주사 풍성하게 하시고" 이는 헌금이

2. 하나님 은혜의 씨임을 확증해 줍니다.

하나님은 "성도를 섬기는 일"을 본문 8절에서 "모든 착한 일"이라고 하였고, 바로 이 일이 9절에서 "저가 흩어 가난한 자들에게 주었으니"라고 한 구제의 연보임을 밝혀 주었습니다. 그 연보가 은혜의 씨이기 때문에 7절에 "각각 그 마음에 정한대로 할 것이요 인색함으로나 억지로 하지 말찌니 하나님은 즐겨 내는 자를 사랑하시느니라"고 말씀해 주셨던 것입니다. 즐겨 내는 헌금이 하나님의 은혜의 씨이기에 8절에 "하나님이 능히 모든 은혜를 너희에게 넘치게 하시나니"라고 하였고, 또한 14절에서 "하나님의 너희에게 주신 지극한 은혜를 인하여"라고 하였던 것입니다.

"너희 심을 것을 주사 풍성하게 하시고" 이는 헌금이

3. 풍성한 축복임을 확증해 줍니다.

본문 8절에서 "착한 일을 넘치게 하게 하려 하심이라"고 하였고, 10절에서 "너희 의의 열매를 더하게 하시리니"라고 하였으며, 또한 11절에서는 "너희가 모든 일에 부요하여"라고 하였고, 12절에서는 "이 봉사의 직무가 성도들의 부족한 것만 보충할 뿐 아니라 사람들의 하나님께 드리는 많은 감사를 인하여 넘쳤느니라"고, 은혜의 씨로 인한 풍성한 축복의 열매에 대해 말씀해 주셨습니다. 이 모든 말씀은 하나님께서 주신 은혜의 씨를 심은 자에게 주시는 영·육간에 누릴 모든 풍성한 축복을 말합니다. 하나님께서 당시 마게도냐 교회 성도들이 심은 이 씨가 풍요한 구라파를, 그리고 청교도들이 심은 그 씨가 풍요한 미국으로 축복해 주셨음을 그대로 보여 줍니다. 시인은 "눈물을 흘리며 씨를 뿌리는 자는 기쁨으로 거두리로다 울며 씨를 뿌리러 나가는 자는 정녕 기쁨으로 그 단을 가지고 돌아오리로다"(시 126:5-6)라고 노래하였고, 사도 바울은 "우리가 선을 행하되 낙심하지 말지니 피곤하지 아니하면 때가 이르매 거두리라"(갈6:9)고 하였습니다. 은혜의 씨인 헌금은 반드시 축복을 거둡니다.

사랑하는 성도 여러분!

오늘 본문에서 말씀해 주고 있는 '참 연보' 곧 '후토스 호스 율로기안'은 넘치는 기쁨으로 자원하여 드리는 축복, 그 자체를 의미합니다. 하나님께서는 우리 모든 신자들에게 구원의 은총을 주심과 아울러 끊임없이 심어야 할 은혜와 축복의 씨를 주셨습니다. 항상 말씀의 씨를 심어야 합니다. 기도와 헌신, 감사의 씨를 심어야 합니다. 심되 많이 심기를 바랍니다. 이는 바로 그 씨앗이 풍성한 결실의 축복으로 주어지기 때문입니다. 사실 하나님의 은혜에 대한 범사의 감사는 정신적, 육체적, 영적 건강의 양약이 되고, 실제로 그 치유를 체험하는 자가 많습니다. 시인은 노래하기를 "여호와께서 내게 주신 모든 은혜를 무엇으로 보답할꼬"(시116:12)라고 하였습니다. 오늘, 우리 모두에게 주신바 "심는 자에게 씨와 먹을 양식을 주시는 이가 너희 심을 것을 주사 풍성하게 하시고 너희 의의 열매를 더하게 하시리니"라는 이 축복의 말씀을 아멘으로 받아 하나님께 큰 영광을 돌리는 우리 모두가 되시기를 축원합니다. 아멘.

네가 어려서부터 성경을 알았나니

(디모데후서 3:15-17)

　5월은 가정의 달이며 오늘 주일은 어린이 주일입니다. 디모데는 사도 바울이 제 2차 전도여행 시 루스드라에서 얻은 크나큰 재목이었습니다. 오늘 본문에서 사도 바울은 "네가 어려서부터 성경을 알았나니"라고 그를 격찬하고 있습니다. 디모데란 희랍어로 '티모테오스'인데 이는 '하나님을 공경한다, 하나님의 영예'라는 뜻입니다. 그는 루스드라 태생으로 헬라인 부친과 유대인 모친 사이에서 태어난 자로 그의 외조모 로이스와 어머니 유니게의 영향이 컸음에 대해 "이네 속에 거짓이 없는 믿음을 생각함이라 이 믿음은 먼저 네 외조모 로이스와 네 어머니 유니게 속에 있더니 네 속에도 있는 줄을 확신하노라"(딤후1:5)는 말씀에서 입증해 줍니다.

　"네가 어려서부터 성경을 알았나니" 이는

1. 조기성경교육의 중요성을 말해 줍니다.

　본문 15절에서 "네가 어려서부터 성경을 알았나니"라고 하였습니다. 이는 디모데가 어려서부터 그의 외조모 로이스와 어머니 유니게를 통하여 철저하게 성경으로 교육받았다는 말입니다. 여기서 말하는 성경은 구약의 율법을 말합니다. 유대인들의 가정은 일반적으로 5세가 되면 율법을 가르쳤고 6세가 되면 랍비에게 보내어 율법을 배우게 합니다. 스위스 법학자이며 철학자인 힐티(Carl Hilty)는 "내가 가장 영향을 받은 것은 성경이고, 그 밖에 단테, 토마스 아 켐피스, 에피크테토스, 크롬웰의 서간과 연설, 존 번년, 융, 스펄전의 설교이다."라고 했습니다. 토레이(R. A, Torrey) 박사는 "이 세상의 정신사에서 큰 감화를 준 사람들과 또는 도덕적 교리적으로 크게 개혁을 일으킨 인물들은 모두가 성경의 영향을 받은 사람이다."라고 말함으로 성경교육의 중요성을 일깨워 주었습니다. 하나님께서는 신명기 6장 6-7절에서 "이 말씀을…네 자녀에게 부지런히 가르치라"고 명령하셨습니다. 그래서 유대인의 집 문설주에는 성경구절이 있는 메주자(mezuzah)가 있어 온 식구들이 출입할 때 마다 그곳에 있는 말씀에 입을 맞춥니다. 이렇듯 철저한 성경교육으로 자녀들의 밝은 미래를 아름답게 키워나가는 것입니다.

"네가 어려서부터 성경을 알았나니" 이는 성경이

2. 신전인격자로 만든다는 말입니다.

본문 17절에 "이는 하나님의 사람으로 온전케 하며 모든 선한 일을 행하기에 온전케 하려 함이라"고 하였습니다. 하나님의 사람으로 온전케 하신다는 것은 거짓이 없는 참 믿음의 사람을 말합니다. 사도 바울은 디모데의 믿음에 대해 "거짓이 없는 믿음"(딤후1:5)이라고 하였습니다. 바로 그 거짓 없는 믿음은 청결한 마음과 선한양심에서 나는 사랑임을 밝혀 주고 있습니다. 참 믿음의 사람과 참 사랑의 사람이 바로 온전한 하나님의 사람입니다. 그래서 사도 바울은 디모데를 향하여 "오직 너 하나님의 사람아"(딤전6:11)라고 불렀던 것입니다. 참 믿음은 청결한 마음과 선한 양심에서 나오는 사랑에서 그 꽃을 피우고 열매를 맺히는 법입니다.

"네가 어려서부터 성경을 알았나니" 이는 성경이

3. 빛의 자녀로 만든다는 말입니다.

본문 17절에 "모든 선한 일을 행하기에"라고 하였습니다. 모든 일에 있어 선행은 하나님의 영광을 나타내는 덕행입니다. 사도 바울은 "너희가 전에는 어두움이더니 이제는 주 안에서 빛이라 빛의 자녀들처럼 행하라 빛의 열매는 모든 착함과 의로움과 진실함에 있느니라"(엡5:9-10)고 하였습니다. 선행은 곧 착한 행실입니다. 예수께서는 "너희는 세상의 빛이라"(마5:14)고 하셨고 "이같이 너희 빛을 사람 앞에 비취게 하여 저희로 너희 착한 행실을 보고 하늘에 계신 너희 아버지께 영광을 돌리게 하라"(마5:16)고 하셨던 것입니다. 빛의 자녀로서 선행목적의 절대가치는 주의 복음으로 사람의 영혼을 구원하는 일이요, 상대가치의 선행목적은 그리스도의 사랑 실천의 삶으로 하나님께 영광돌림에 있다고 생각합니다. 이러한 신자들의 선행을 통해 세상은 밝아지고 보다 나은 사회로 개혁이 되는 것입니다.

사랑하는 성도 여러분!

어려서부터의 성경교육은 참으로 중요합니다. 이는 바로 그 성경이 온전한 하나님의 사람으로 만들기 때문입니다. 또한 참 믿음에 의한 사랑의 사람으로 만들 뿐 아니라 세상을 밝히는 빛의 자녀로 만들기 때문입니다. 디모데가 그렇게 위대한 사람이 된 것이 바로 어려서부터 성경으로 자랐기 때문입니다. 어린이는 가정과 교회와 조국에 있어 밝은 미래의 꽃이며 또한 열매입니다. 하나님께서 맡겨주신 어린이를 사랑하며 오직 성경으로 이들을 잘 교육시켜 위대한 인물들로 키울 사명을 우리 모두가 받았습니다. 어린이는 하나님의 위대한 선물입니다. 아멘.

보배합을 열어

(마태복음 2:9-12)

로마의 제정 초기에 외경의 전승에는 '카스파', '멜키오', '발타자' 라고 하는 박사들이 성탄예고의 별을 보고 베들레헴으로와 아기 예수께 경배하고 고국으로 돌아갔다고 전해집니다. 바로 이들이 본문의 동방박사들입니다. '박사' 라는 단어 '마고스' 는 천문학자나 철인을 뜻하는데 이들 마고스들이 별을 관측하다가 예수의 성탄을 알려주는 광명한 새벽별을 보고 베들레헴으로 찾아 왔습니다. 본문10-11절에 "저희가 별을 보고 가장 크게 기뻐하고 기뻐하더라 집에 들어가 아기와 그 모친 마리아의 함께 있는 것을 보고 엎드려 아기께 경배하고 보배합을 열어 황금과 유향과 몰약을 예물로 드리니라"고 하였습니다. 최고 통치권자나 고귀한 사람을 만날 때에 그에 합당한 특별한 예물을 상헌하는 관습은 고금을 통한 상례입니다. 성탄절을 앞두고 오늘 우리는 동방박사들이 보배 상자들을 열어 세 가지의 예물을 아기 예수께 상헌한 모습을 통해 주시는 영적인 교훈으로 함께 은혜를 받기 원합니다.

"보배합을 열어" 이는 그들의 예물이

1. 정성껏 예비한 예물이었습니다.

이미 그들은 별의 주인공이 어떠한 분이신 줄을 분명하게 알았다는 것을 그들이 예비하여 드린 예물을 통해 잘 알 수 있습니다. 그래서 그들은 주님께 드릴 합당한 예물을 고국을 떠나기 전부터 예비해 놓았던 것입니다. 이렇게 예비한 예물을 가지고 와 본문 11절에 "엎드려 아기께 경배하고 보배합을 열어 황금과 유향과 몰약을 예물로 드리니라"고 기록해 주고 있습니다. 그들이 드린 그 예물이 예루살렘 아니면 베들레헴에 도착한 당일에 성의 없이 돈을 주고 산 것이 아니었다는 것입니다. 진정한 예물의 가치는 그 예물을 받으실 분에게 합당한 것으로 예비 된 것에 있습니다. 유월절 엿새 전에 마리아가 지극히 비싼 향유를 예수의 발에 부어 드린 사실(요12:1-3)이 이를 말해줍니다. 하나님께 드리는 모든 헌금이 다 그러해야만 합니다. 이는 정성이 없는 그리고 자원함이 없는 예물은 하나님께서 기쁘시게 받으시는 향내 나는 예물이 될 수 없기 때문입니다.

"보배합을 열어" 이는 그들의 예물이

2. 지극히 값진 예물이었습니다.

본문 11절에 "보배합을 열어 황금과 유향과 몰약을 예물로 드리니라"고 하였습니다. 그들은 보배합을 열어 정성껏 예비해 온 황금을 아기 예수께 드렸던 것입니다. 황금은 동서고금을 통해 모든 사람들이 귀중히 여기는 보물 중 하나입니다. 하나님께서 모세를 명하여 성막을 짓게 하실 때, 하나님의 법궤를 비롯하여 모든 성물에 정금으로 입혔던 것도 바로 이 황금의 가치가 얼마나 귀중한 것인가를 말해 줍니다. 유향 또한 값진 향료로서 반질반질 하고 향내 나는 흰색의 액체로 아라비아 지방에 서식하는 관목 껍질에 자국을 내어 얻는 향 기름이며, 몰약 역시 아라비아와 그 밖의 몇 안 되는 지역에서 자라는 나무에서 추출되는 액체로 방부제나 마취제로 사용되었던 고가의 기름입니다. 그 어느 것 하나도 쉽게 얻어지거나 값싼 것이 없는 진품의 보물들입니다.

"보배합을 열어" 이는 그들의 예물이

3. 믿음의 고백이 담겨진 예물이었습니다.

그들이 아기 예수께 상헌한 세 가지 예물이 상징하는바 예수께 대한 신앙고백은 너무나도 분명했습니다. 한마디로 예수 그리스도는 황금이요, 유향이요, 몰약과 같은 존귀한 분이시라는 것입니다. 고금의 많은 성경 주석가들에 의하면 황금은 메시야 왕권을 상징하며, 유향은 예수의 신성을, 그리고 몰약은 그리스도의 수난과 죽음을 상징한다고 하였습니다. 개혁자 칼빈 역시 "왕과 제사장과 그 분의 장사되심을 각각 상징한다"고 보았습니다. 진실한 고백이 없는 경배나 예물은 사실 가치가 없다고 봅니다. 중요한 것은 예물 속에 담겨져 있는 믿음의 고백입니다. 한편 우리들의 마음속에 부어주신 황금 같은 믿음과 유향 같은 사랑의 순결, 그리고 몰약 같은 헌신적인 희생 또한 값진 보화입니다. 오직 예수께 대한 분명한 믿음과 아낌없는 희생적 헌신으로 그의 이름에 합당한 예물로 이들 박사들처럼 그 발 앞에 엎드려 경배하고 드려야 할 것입니다.

사랑하는 성도 여러분!

믿음의 주요 또 온전케 하신 이인 예수 그리스도, 그는 보배로운 산 돌이시며(벧전2:4), 질그릇 속에 담겨질 보배이십니다(고후4:7). 만왕의 왕이시며 만주의 주가 되시며 영원한 대제사장이십니다(히6:20). 마땅히 모든 무릎을 그의 발 앞에 꿇어 영광을 돌려야 할 분이십니다. 동방의 박사들처럼 우리 마음의 보배합을 열어 예수 그리스도에 대한 분명한 신앙고백이 담긴 예물로 신자 된 우리 모두를 죄와 죽음의 세력에서 구원해 주신 성삼위 우리 하나님께 감사와 찬송과 영광을 돌리시기를 축원합니다. 아멘.

노아가 여호와를 위하여

(창세기 8:20-22; 9:1)

인류의 시조 아담의 9대 손인 노아의 사적이 창세기 6장에서 9장까지 기록되어 있습니다. 그 당시, 모든 사람들의 죄악은 세상에 관영하였고 이에 하나님은 사람 지으셨음을 한탄하셨으며 홍수로 지면의 모든 생명들을 쓸어버리시기로 작정하셨던 것입니다. 그러나 하나님은 은혜를 입은 자, 노아에게 120년 동안에 방주를 예비토록 명하셨고 그의 가족을 홍수로부터 구원하셨던 것입니다. 노아는 홍수 후 본문 20절에서 "여호와를 위하여 단을 쌓고 모든 정결한 짐승 중에서와 모든 정결한 새 중에서 취하여 번제로 단에 드렸더니"라고 하였습니다.

"노아가 여호와를 위하여" 이는 노아의

1. 최우선적 삶의 목적이었습니다.

아담 범죄 후 노아에 이르기까지 모든 인간들은 크게 두 분류로 나누어져 있었음을 볼 수 있습니다. "하나님의 아들들"과 "사람의 딸들"(창6:2)입니다. 여기에 "하나님의 아들들"인 셋의 경건한 자손들이 "사람들의 딸들"인 살인자 가인의 자손에 속하는 딸들에 미모에 취하여 그들을 아내로 삼았음으로 그들이 육체가 되었다고 했습니다(창6:3). 이에 하나님은 사람 지으셨음을 탄식하심으로 홍수심판을 결단하셨던 것입니다. 그러나 노아는 여호와께 은혜를 입은 자였기에 그 삶의 목적이 "여호와를 위하여"이었습니다. 이는 그가 방주를 예비한 것과 홍수 후, 하나님께 단을 쌓아 번제를 드린 것에서 보여 줍니다. "여호와를 위하여"가 우리의 삶에 있어 최우선적 목적이 되어야 함을 교훈해 줍니다.

"노아가 여호와를 위하여" 이는 노아의

2. 예배 중심적인 삶이었습니다.

본문 20절에 "단을 쌓고"라고 하였습니다. 여기에 단을 쌓았다는 것은 하나님께 드리는 예배를 뜻합니다. 하나님은 인간을 예배적인 존재로 만드셨지만, 당대의 하나님의 아들들은 타락하여 예배의 삶을 저버렸던 것입니다. 그러나 노아는 늘 그의 삶이 그러했듯이 홍수 후에도 여호와를 위하여 단을 쌓고 짐승과 새 중에서 정결한 것으로 제물로 올려 번제로 드렸던 것입니다. '번제' 란 온전한 헌신을 뜻합니다. 예수께서는 "아버지께 참으로 예배하는 자들은 신령과 진정으로 예배할 때가 오나니 곧 이때라 아버지께서는 이렇게 자기에게 예배하는 자들을 찾으시느니라"(요4:23)라고 하셨습니다. 본문 21절에서 "여호와께서 그 향기를 흠향하시고"라고 하셨는데 이는 노아의 제사 곧 그의 예배를 받으셨다는 말입니다.

"노아가 여호와를 위하여" 이는 노아에게 주신

3. 새 시대의 축복이었습니다.

본문 21-22절에 "여호와께서 그 향기를 흠향하시고 그 중심에 이르시되 내가 다시는 사람으로 인하여 땅을 저주하지 아니하리니…내가 전에 행한 것 같이 모든 생물을 멸하지 아니하리니 땅이 있을 동안에는 심음과 거둠과 추위와 더위와 여름과 겨울과 낮과 밤이 쉬지 아니하리라"고 하였습니다. 이는 새 시대를 열어 주시는 하나님의 축복을 두고 하신 말씀입니다. 여기에 "땅이 있을 동안"이란 홍수심판 이후 예수 그리스도께서 재림하실 때까지의 기간을 두고 하신 말씀입니다. 그 때까지 홍수로 인류를 멸할 심판은 없을 것이라는 약속입니다. 예수께서는 "노아의 때와 같이…먹고 마시고 장가 들고 시집 가고 있으면서 홍수가 나서 저희를 다 멸하기까지 깨닫지 못하였으니 인자의 임함도 이와 같으리라"(마24:37-39)고 재림을 예고

하셨고 사도 베드로는 바로 그 날에 대해 "그때 세상은 물의 넘침으로 멸망하였으되 이제 하늘과 땅은 그 동일한 말씀으로 불사르기 위하여 간수하신 바 되어 경건치 아니한 사람들의 심판과 멸망의 날까지 보존하여 두신 것이니라"(벧후3:6-7)고 불 심판을 예고하였습니다. 노아는 여호와를 위하여 단을 쌓아 번제를 드림으로 새 시대의 축복을 받았고 또한 "하나님이 노아와 그 아들들에게 복을 주시며 그들에게 이르시되 생육하고 번성하여 땅에 충만하라"(창9:1)고 축복해 주셨습니다.

사랑하는 성도 여러분!

오늘 우리는 노아의 사적을 통하여 주신 그의 축복된 삶을 보았습니다. 홍수심판 후, 새로운 시대를 여시며 노아에게 주셨던 그 하나님의 축복이 성령 강림 후, 출범한 신약교회의 축복과 그리스도의 재림의 날, 새 하늘과 새 땅인 영원한 천국 기업의 축복으로 우리 모두에게 주실 것을 소망하며 또한 확신합니다. 최우선적 삶의 목적으로 "여호와를 위하여" 단을 쌓아 제사 드렸던 노아의 예배적인 삶이 우리의 삶이 되었으면 합니다. 반드시 그리스도의 재림의 그 날 천국영화의 축복이 우리 모두에게 주어질 것입니다. 노아가 하나님의 은혜를 입었듯이 그리스도 십자가의 은총을 입은 우리는 오직 여호와를 위한 제물로서의 축복된 삶이 되어 오직 축복해 주시는 우리 하나님께 큰 영광이 되시기를 축원합니다. 아멘.

아브람이 여호와를 위하여

(창세기 13:10-18)

하나님께 소명되어 가나안에 정착한 아브람과 그의 조카 롯의 목자들 사이에 다툼이 일어났습니다. 이유는 그들의 가축이 많아서 동거할 수 없었기 때문이었습니다. 이에 아브람은 조카 롯에게 우선권을 주어 그가 원하는 기름진 요단으로 보내고 아브람은 가나안 땅에 그대로 거하게 되었습니다. 롯이 떠난 후에 여호와께서는 아브람에게 "동서남북을 바라보라"고 하셨고 또한 "그 땅을 종과 횡으로 행하여 보라 내가 그것을 네게 주리라"고 축복해 주셨습니다. 이에 아브람은 먼저 "여호와를 위하여" 단을 쌓으므로 이스라엘 선민의 조상이 되는 축복을 받았던 것입니다.

"아브람이 여호와를 위하여" 이는 아브람의

1. 오직 믿음의 행위였습니다.

아브람은 여호와 하나님께 대한 철저한 믿음의 사람이었습니다. 그는 "너는 너의 본토 친척 아비의 집을 떠나 내가 네게 지시할 땅으로 가라"(창12:1)고 명하셨을 때 "여호와의 말씀을 좇아갔고"(창12:4)라고 하였습니다. 히브리서 기자는 그의 믿음에 대해 "믿음으로 아브라함은 부르심을 받았을 때…갈 바를 알지 못하고 나갔으며"(히11:8)라고 하였습니다. 사도 바울은 그 믿음을 "하나님의 선물이라"(엡2:8)고 하였고, 사도 베드로는 "보배로운 믿음"(벧후1:1)이라고 하였습니다. 아브라함이 약속의 아들, 이삭을 받을 때도(롬4:18-22)그러했으며 그 아들을 모리아 산에서 번제로 드리려고 갈 때 "여호와 이레"(창22:14)의 믿음이 그러했습니다. 믿음은 신비한 능력의 세계입니다. 인간의 이성이 도저히 이해할 수 없는 신비 그 자체입니다. 오직 믿음을 통해 놀라운 기적을 베풀어 주셨음을 예수님의 치유사역에서 많이 볼 수 있습니다. 그래서 사도 바울은 "내게 능력 주시는 자 안에서 내가 모든 것을 할 수 있느니라"(빌4:13)고 말하였던 것입니다.

"아브람이 여호와를 위하여" 이는 아브람의

2. 절대순종의 행위였습니다.

본문 14-15절에 "눈을 들어 너 있는 곳에서 동서남북을 바라보라 보이는 땅을 내가 너와 네 자손에게 주리니 영원히 이르리라"고 하셨고, 17절에서 "너는 일어나 그 땅을 종과 횡으로 행하여 보라 내가 그것을 네게 주리라"고 명하셨을 때, 그는 그대로 순종하였음이 분명합니다. 아브라함이 부르심을 받았을 때, 독자 이삭을 모리아산 번제로 드리라고 했을 때도 그는 순종했던 것입니다. 아브라함, 그의 삶은 한마디로 하나님의 말씀에 절대 순종하는 삶이었습니다. 우리는 아브라함을 통하여 역시 '위대한 믿음은 위대한 순종을 낳는다' 라는 사실을 깨닫게 됩니다. 이사야 선지자는 "너희가 즐겨 순종하면 땅의 아름다운 소산을 먹을 것이요"(사1:19)라고 하였고, 사무엘 선지자는 "순종이 제사보다 낫고"(삼상15:22)라고 하였습니다.

"아브람이 여호와를 위하여" 이는 아브람의

3. 전인적 헌신의 행위였습니다.

여호와의 은혜를 입은 자 노아가 그러했듯이 아브라함 역시 여호와를 위하여 단을 쌓았던 것입니다. 그가 독자 이삭을 아낌없이 하나님께 번제물로 드리려고 했던 사실에서 그의 온전한 헌신을 보여 줍니다. 칼을 들고 이삭을 번제물로 드리려고 하는 바로 그 때, 하나님은 "아브라함아! 아브라함아!" 라고 부르셨고 "네가 네 아들 네 독자라도 내게 아끼지 아니하였으니 내가 이제야 네가 하나님을 경외하는 줄을 아노라"(창22:12)고 두 번씩이나 격찬하시며 "내가 네게 큰 복을 주고"(창22:17)라고 하셨던 것입니다. 바로 아브라함의 모리아 산 사건에서 우리는 희생의 제물로 자신을 불태워 드렸던 예수 그리스도의 십자가 사건을 보게 됩니다. 참된 신앙과 헌신은 철저하게 "여호와를 위하여"입니다. 그것이 결국은 자신을 위한 축복이 되는 법입니다. 노아와 아브라함 그리고 앞서 가신 모든 믿음의 선진들의 공통적인 삶의 모습에서 이를 분명하게 보게 됩니다.

사랑하는 성도 여러분!

오늘 우리 모든 성도들은 믿음의 조상 아브라함이 여호와를 위하여 단을 쌓은 모습을 보았습니다. 바로 이것이 축복된 삶의 모습입니다. 오직 여호와를 위하여 단을 쌓고 자신의 모든 것을 불태워 제물로 드린다면 이보다 아름다움은 복된 삶은 없을 것입니다. 우리 삶의 모토가 "여호와를 위하여"가 되었으면 합니다. 이유는 그것이 바로 크나큰 축복의 삶이되기 때문입니다. 120년 동안 방주를 예비함으로 홍수 후 새 시대를 받아 여호와를 위하여 단을 쌓았던 노아가 어디로 가든지 오직 "여호와를 위한 것처럼" 믿고 순종하며 또 헌신함으로 큰 축복을 받았던 아브라함처럼 우리의 삶도 "여호와를 위하여" 꽃피워 그 풍성한 축복의 열매로 "오직 하나님께 영광을!"(Soli Deo Gloria!)돌리시길 축원합니다. 아멘.

엘리야가 여호와를 위하여

(열왕기상 19:9-21)

　주전 860년경 엘리야는 이스라엘 사상 최악의 왕이었던 아합의 악처인 이세벨의 칼날을 피하여 광야로 들어가 한 로뎀 나무 아래에서 죽기를 구하다 깊이 잠이 듭니다. 그때 엘리야에게 천사가 나타나 숯불에 구운 떡과 한 병의 물을 공급해 주어 힘을 얻고 사십 주야를 행하여 하나님의 산 호렙에 이르게 됩니다. 바로 그 호렙 산 굴에서 하나님은 세미한 소리 가운데 엘리야를 만나주셨고 마지막으로 그가 해야 할 일, 곧 사명을 주셨음을 본문 15-18절에서 기록해 주고 있습니다. 그는 여호와께 "내가 만군의 하나님 여호와를 위하여 열심이 특심하오니"라고 고백하였습니다.

　"엘리야가 여호와를 위하여" 엘리야 그는

1. 여호와 중심의 사람이었습니다.

　본문 9절에서 하나님은 "엘리야야 네가 어찌하여 여기 있느냐"라고 물으셨습니다. 그 때 그는 10절에서 "내가 만군의 하나님 여호와를 위하여"라고 말하면서 "이스라엘 자손이 주의 언약을 버리고 주의 단을 헐며 칼로 주의 선지자들을 죽였음이오며 오직 나만 남았거늘"라고 대답하였습니다. 또한 여호와께서 크고 강한 바람과 지진, 불과 세미한 소리 가운데 그를 만나 주신 후에 엘리야는 겉옷으로 얼굴을 가리고 굴 어귀에 서게 됩니다. 그때 하나님은 다시 그에게 "엘리야야 네가 어찌하여 여기 있느냐"라고 물으셨고, 이에 14절에서 동일하게 "내가 만군의 하나님 여호와를 위하여"라고 말하며, "이스라엘 자손이 주의 언약을 버리고 주의 단을 헐며 칼로 주의 선지자들을 죽였음이오며 오직 나만 남았거늘"이라고 대답을 합니다. 이는 엘리야 그가 오직 하나님의 중심의 사람이었을 고백함입니다.

"엘리야가 여호와를 위하여" 엘리야 그는

2. 열정적 헌신의 사람이었습니다.

그는 본문 10절과 14절에서 "내가 만군의 하나님 여호와를 위하여 열심이 특심하오니"라고 하였습니다. 이 말은 그의 열정적인 헌신의 삶을 그대로 고백한 말입니다. 그의 열정적인 헌신의 삶이 갈멜산에서 그 절정을 이룬 것을 보게 됩니다. 그는 갈멜산에서 여호와의 무너진 단을 수축하였고, 여호와 불의 응답을 받음으로 승리의 쾌거를 거두게 됩니다. 그리고 바알 선지자들을 모두 죽인 후, 갈멜산 꼭대기에서 간절하게 기도함으로 기적적인 큰 비가 내리도록 하였습니다. 이 모든 일은 오직 "여호와를 위하여" 자신을 불태워 드렸던 그의 열정적인 헌신적 삶의 모습임을 보여 줍니다 의인 노아와 아브라함과 엘리야, 그리고 모든 선지 사도들, 모든 개혁자들과 선교사들의 삶의 모습이 그러했듯이 오늘 날에도 참된 성도들의 삶 또한 마찬가지입니다. 사도인 바울은 "나는 주 예수의 이름을 위하여 결박을 받을 뿐 아니라 예루살렘에서 죽을 것도 각오하였노라"(행21:13)고 하였고, 사도 요한은 "그들은 죽기까지 자기 생명을 아끼지 아니하였도다"(계12:11)라고 하였습니다.

"엘리야가 여호와를 위하여" 엘리야 그는

3. 하나님 축복의 사람이었습니다.

"여호와를 위하여" 자신을 불태웠던 엘리야를 통해 나타내 주신 하나님의 축복은 대단하였습니다. 하나님께서 그에게 주셨던 크고도 놀라운 축복을 몇 가지로 살펴 볼 수 있습니다. 첫째, 그에게 주셨던 하나님의 충만하신 영감, 곧 능력입니다. 이는 그 시대에 그를 통하여 나타내 주신 수많은 기적들이 이를 말해줍니다. 둘째, 승리의 축복입니다. 이는 갈멜산 대결 후 기손 시내에서 바알 선지자들을 죽였던 사건입니다. 셋째, 큰 비의 축복입니다. 하나님께서 3년 반 만에 큰 축복의 장맛비를 주셨습니다. 넷째, 후계자의 축복입니다. 하나님은 본문 16절에서 "사밧의 아들 엘리사에게 기름을 부어 너를 대신하여 선지자가 되게 하라"는 명령에 따라 그를 후계자로 삼았던 것입니다. 다섯째, 승천한 축복입니다. "홀연히 불수레와 불말들이 두 사람을 격하고 엘리야가 회리바람을 타고 승천하더라"(왕하2:11)고 하였습니다.

사랑하는 성도 여러분!

"여호와를 위하여" 사는 것이 참 행복과 승리의 삶입니다. 이유는 하나님께서 이 목적으로 우리 모두를 창조하셨기 때문입니다. 그래서 솔로몬 왕의 "일의 결국을 다 들었으니 하나님을 경외하고 그 명령을 지킬찌어다 이것이 사람의 본분이니라"(전12:13)고 하였던 것입니다. 가장 어두웠던 저주의 시대, 오직 "여호와를 위하여" 즉 하나님 중심의 신앙과 열정적인 헌신으로 자신을 불태워 하나님께 드렸던 축복의 사람 엘리야처럼, 그리고 사도 바울과 모든 시대에 어두움을 밝혔던 개혁자들처럼 우리 또한 이 마지막 시대에 별처럼 빛나는 존재가 되었으면 합니다. 오직 "여호와를 위하여" 우리들 자신을 불태워 드림으로 성삼위 우리 하나님께 영광을 돌리는 복된 삶이되시기를 축원합니다. 아멘.

옛날을 기억하라

(신명기 32:1-12)

본 신명기 32장은 출애굽의 지도자인 모세가 마지막 가나안 땅을 바라보며 부른바 일명 '모세의 노래' 입니다. 하나님은 본문 1절에서 모세를 통하여 "하늘이여 귀를 기울이라…땅은 내 입의 말을 들을지어다"라고 말씀하셨습니다. 하나님은 가나안 정복을 앞에 둔 선민 이스라엘 백성들을 향하여 "옛날을 기억하라 역대의 연대를 생각하라"고 하셨고, "네 아비에게 물으라…네 어른들에게 물으라"고 하였습니다. "옛날을 기억하라"는 하나님의 명령은 천국을 향한 오늘 날 우리 성도들에게 주시는 명령입니다.

"옛날을 기억하라" 이는

1. 역사의 중요성을 일깨워 주심입니다.

역사를 섭리하시며 지배하시는 전능하신 하나님은 모세의 입을 통하여 1절에서 "하늘이여 귀를 기울이라 내가 말하리라 땅은 내 입의 말을 들을지어다"라고 하시며, 7절에서 "옛날을 기억하라 역대의 연대를 생각하라"고 하였습니다. 과거의 역사를 기억하며 생각하라는 말씀입니다. 이는 하나님께서 펼치신 출애굽과 광야 40년 여정 속에 보여 주신 그의 사랑과 패역에 대한 진노, 그럼에도 불구하고 언약에 신실하신 하나님의 인도하심의 역사를 말합니다. 이제 모세의 시대가 끝나고 여호수아의 시대, 곧 가나안 정복의 새 시대를 시작하며 하나님께서 펼치셨던 역사의 중요성을 일깨워 주심이 바로 "옛날을 기억하라 역대의 연대를 생각하라" 입니다. 이는 분명한 역사의식이 없이는 결코 새 시대에 새로운 역사를 창출할 수 없기 때문입니다. 하나님 구속사의 중심이신 그리스도의 십자가와 부활, 승천의 역사를 기억하도록 말씀으로 일깨워 주어야 합니다.

"옛날을 기억하라" 이는

2. 새 출발의 신중성을 일깨워 주심입니다.

약속의 땅, 가나안을 눈앞에 둔 모세는 40년 전, 그 옛날 가나안 정탐의 장소인 가데스의 뼈아픈 사건의 역사를 잊지 못합니다. 불신과 배역으로 하나님의 진노를 격발시켰던 그 무서운 재앙들을 잊을 수 없었기에 이스라엘 백성들에게 "옛날을 기억하라 역대의 연대를 생각하라"고 하였던 것입니다. 이는 가나안 정복의 새 시대의 문전에서 가데스의 치욕적인 사건의 역사를 상기함으로 영적인 신중성을 잃지 말라는 교훈입니다. 옛날을 기억하며 생각하고 그 생생한 역사적 사실에 대해 묻고 또 이를 가르쳐 주어야 함은 대단히 중요합니다. 역사를 왜곡하거나 이를 망각한 자는 결코 새 시대, 새로운 역사 창출의 주역이 될 수 없기 때문입니다. 쓰디 쓴 역사의 아픔을 내일의 밝은 역사창출을 위한 거울로 삼고, 신중해야 함을 교훈해 줍니다. 경거망동해서는 안 된다는 말씀입니다.

"옛날을 기억하라" 이는

3. 복된 약속의 미래를 일깨워 주심입니다.

본문 2절에서 하나님은 "나의 교훈은 내리는 비요 나의 말은 맺히는 이슬이요 연한 풀 위에 가는 비요 채소 위에 단 비로다"라고 하였습니다. 또한 그들에게 47절에서 "이는 너희에게 허사가 아니라 너희의 생명이니 이 일로 인하여 너희가 요단을 건너 얻을 땅에서 너희의 날이 장구하리라"고 가나안 정복에 따른 하나님의 축복을 약속해 주셨습니다. 복된 미래의 비전을 보여 주심입니다. 이 모든 축복된 역사가 오직 하나님의 말씀을 믿고 순종함에서 주어지는 것이기에 46절에서 "내가 오늘날 너희에게 증거한 모든 말을 너희 마음에 두고 너희 자녀에게 명하여 이 율법의 모든 말씀을 지켜 행하게 하라"고 명하셨던 것입니다. 그러므로 하나님 중심, 말씀 중심, 교회 중심의 삶이 복된 것입니다. 우리 모든 성도는 분명한 미래의 축복을 보는 눈을 가진 자들입니다. 이 땅에서의 모든 축복도 그러하지만 저 영원한 천국에서의 영화와 상급은 상상을 초월한 축복임에 분명합니다. 마치 채소에 비와 이슬과 단비와 같은 축복입니다. 이는 그리스도의 재림으로 펼쳐질 새 시대, 새 나라인 천국에서의 영구한 삶이 그러하기 때문입니다.

사랑하는 성도 여러분!

하나님께서는 오늘의 우리 민족과 나라 그리고 한국교회를 향하여 "옛날을 기억하라. 역대의 연대를 생각하라. 아비와 어른들에게 물어라"고 명령하시고 계십니다. 구국의 불꽃이었던 3·1운동의 역사와 8·15광복과 피로 얼룩진 6·25 남침의 역사를 잊지 말아야 합니다. 밝은 미래의 한국 역사를 꽃피울 수 없기 때문입니다. 오늘 우리 민족의 위기가 바로 "옛날을 기억하라 역대와 연대를 생각하라"는 역사의식의 상실에 있습니다. 국가적으로 교회적으로 우리 민족이 겪은 벅찬 해방의 감격과 골육상쟁의 치욕적인 전쟁의 역사를 기억하고 생각하며 역사를 섭리하시며 지배하시는 우리 하나님께서 약속하신 밝은 내일의 축복을 향하여 전진하는 우리나라와 교회 우리들 자신과 가정이 되시기를 축원합니다. 아멘.

요셉이 아비를 위하여

(창세기 50:1-14)

　5월 가정의 달, 어버이 주일을 맞아 하나님께서는 이스라엘 백성들에게 주신 "네 부모를 공경하라"(출20:12)고 명하신 제 5계명을 생각해 봅니다. 사도 바울은 "자녀들아 너희 부모를 주 안에서 순종하라 이것이 옳으니라 네 아버지와 어머니를 공경하라 이것이 약속 있는 첫계명이니"(엡6:1-2)라고 하였습니다. 사도 바울이 "말세에 고통 하는 때가 이르리니…부모를 거역하며"(딤후3:1-2)라고 경고하신바 효가 땅에 떨어진 심각한 시대에 우리가 살아가고 있습니다. 이러한 때, 이 시간 "요셉이 아비를 위하여"라는 말씀을 통해 함께 은혜받기를 원합니다.
　"요셉이 아비를 위하니" 이는 그의

1. 극진한 효심이었습니다.

　본문 10절에 "요셉이 아비를 위하여 칠일 동안 애곡하였더니"라고 하였습니다. "야곱이 아들에게 명하기를 마치고 그 발을 침상에 거두고 기운이 진하여 그 열조에게로 돌아갔더라"(창49:33)고 하였고, 이에 본문 1절에서 "요셉이 아비 얼굴에 구푸려 울며 입맞추고"라고 하였습니다. 그의 애절한 효심의 눈물은 아버지와의 상봉 때에도 "요셉이…아비 이스라엘을 맞으며 그에게 보이고 그 목을 어긋맞겨 안고 얼마 동안 울매"(창46:29)에서도 보여 줍니다. 사실 요셉은 어릴 때에도 아버지의 기쁨과 희망과 보람이었습니다. 야곱이 요셉이 죽었다는 소식을 듣고 억장이 무너지는 아픈 경험을 합니다. 그 후 22년 만에 죽은 줄만 알았던 요셉이 애굽의 총리가 되었더라는 소식을 들었을 때, "기운이 소생한지라"(창45:27)하였고, 28절에서 "족하도다. 내 아들 요셉이 지금까지 살았으니 내가 죽기 전에 가서 그를 보리라"라고 감격해 합니다. 그만큼 야곱에게 있어 요셉의 존재는 그의 보람이었습니다.

"요셉이 아비를 위하여" 이는 그의

2. 지극정성의 효행이었습니다.

본문 1-14절에서 그의 애곡과 아버지의 장례에서 그의 지극정성의 효행을 보여 줍니다. 본문 2-3절에 "그 수종 의사에게 명하여 향 재료로 아비의 몸에 넣게 하매 의사가 이스라엘에게 그대로 하되 사십일이 걸렸으니 향 재료를 넣는데는 이 날수가 길림이며"라고 하였습니다. 그리고 그는 애굽의 관례대로 70일 동안 애곡하였던 것입니다. 그리고 아버지의 유언을 따라 가나안으로 와 장사지내는 일에 지극정성의 효행을 보여 줍니다. 본문 7-8절에 "요셉이 자기 아비를 장사하러 올라가니 바로의 모든 신하와 바로 궁의 장로들과 애굽 땅의 모든 장로와 요셉의 온 집과 그 형제들과 그 아비의 집이 그와 함께 올라가고"고 하였고, 9절에 "병거와 기병이 요셉을 따라 올라가니 그 떼가 심히 컸더라"고 하였습니다. "요셉이 아비를 위하여" 국장을 치룬 장례였습니다. 이토록 요셉의 효행은 애굽과 가나안을 애곡의 눈물로 적시었기에 그 땅을 '아벨미스라임' 즉 "애굽 사람의 큰 애통"이라 했습니다.

"요셉이 아비를 위하여" 이는 그의

3. 천국소망의 헌신적 효행이었습니다.

본문 5절에 "우리 아버지가 나로 맹세하여…가나안 땅에 내가 파서 둔 묘실에 나를 장사하라 하였나니 나로 올라가서 아버지를 장사하게 하소서"라고 하였고 이에 6절에 "바로가 가로되 그가 네게 시킨 맹세대로 올라가서 네 아비를 장사하라"고 하였습니다. 이는 야곱이 죽음 직전에 아들들에게 "내가 내 열조에게로 돌아가리니 나를 헷 사람 에브론의 밭에 있는 굴에 우리 부여조와 함께 장사하라"(창49:29)고 유언 한 것에 따른 헌신적 효행이었음을 보여 줍니다. 바로 아브라함을 비롯한 열조들이 죽어 묻힌 약속의 땅 가나안, 그곳이 오직 믿음으로 사모하였던 "더 나은 본향"(히 11:16), 곧 천국의 그림자였기 때문입니다. 요셉 또한 그러하였기에 이스라엘 자손들에게 "하나님이 정녕 너희를 권고하시리니 너희는 여기서 내 해골을 메고 올라가겠다 하라"(창50:25)고 당부하였던 것입니다. 이 천국 소망으로 요셉은 아버지의 천국행 장례에 헌신을 다함으로 부모에 대한 참된 효행이 무엇인가를 보여 주었습니다.

사랑하는 성도 여러분!

오늘 어버이 주일, 우리는 족장시대의 마지막을 장식한 요셉의 효심과 효행 그리고 그의 내세 신앙을 보면서 제 5계명인 "네 부모를 공경하라"는 말씀을 다시 한 번 새겨봅니다. 효행에 있어 가장 뛰어난 효는 부모를 존귀하게 함이요, 그 다음은 부모에게 욕을 돌리지 않음이요, 그 아래는 부모를 봉양함이라고 했습니다. 바로 요셉의 효행이 그러하였습니다. 우리 모든 믿음의 자녀들은 요셉처럼 부모님의 자랑과 기쁨이 되어야 합니다. 요셉처럼 극진한 효심과 지극정성의 효행, 그리고 천국 소망의 헌신적인 효행으로 하나님께 영광을 돌리며 부모님께 기쁨과 보람을 드리는 우리 믿음의 자녀들, 그리고 행복한 가정이 되시기를 축원합니다. 아멘.

내가 당신을 따르리이다

(열왕기상 19:19-21)

역사를 지배하시는 절대주권자 여호와 하나님께서 엘리야로 하여금 그 당시 악의 축이었던 바알과 아세라 선지자들을 기손 시내에서 숙청케 하신 후, 이세벨의 칼을 피하여 호렙산 한 굴에 은신한 엘리야에게 세미한 소리 가운데 임하시어 "엘리사에게 기름을 부어 너를 대신하여 선지자가 되게 하라"(왕상19:16)고, 엘리사로 그의 후계자로 삼을 마지막 해야 할 사명을 부여하셨습니다. 이 시간, 우리는 당시 이스라엘의 병거와 마병의 역할을 감당했던 위대한 신앙영웅 엘리야에게 엘리사가 그를 따르며 집요하게 "내가 당신을 따르리이다"라고 한 본문의 말씀을 상고함으로 함께 은혜 받기를 원합니다.

"내가 당신을 따르리이다." 이는 엘리사의

1. 하나님 소명의식의 신앙적 결단이었습니다

본문 19절에 "엘리야가 거기서 떠나 사밧의 아들 엘리사를 만나니 저가 열 두 겨리 소를 앞세우고 밭을 가는데"라고 하였습니다. 이 같은 엘리사에게 엘리야는 선지자의 직위와 권위의 상징인 그의 겉옷을 던졌습니다. 이에 엘리사는 본문 20절에서 "저가 소를 버리고 엘리야에게로 달려가서"라는 즉각적인 반응을 보입니다. 엘리사는 엘리야의 겉옷이 자신에게 던져졌을 때, 즉시 하나님의 소명하심을 인식하였던 것입니다. 그러므로 그는 엘리야에게 "내가 당신을 따르리이다"라는 신앙적 결단을 하였던 것입니다. 하나님의 강력한 소명의식이 엘리사로 하여금 모든 것을 버리고 불태우고 엘리야를 좇아 섬기도록 하였던 것입니다.

"내가 당신을 따르리이다." 이는 엘리사의

2. 시대적 감각의식의 영지적 결단이었습니다

영감의 사람 엘리사는 탐욕으로 눈 어두운 그의 사환 게하시에게 "지금이 어찌 은을 받으며 옷을 받으며 감람원이나 포도원이나 양이나 소나 남종이나 여종을 받을 때냐"(왕하5:26)라고 책망하며 그 시대의 영적인 상태를 말하고 있습니다. 오늘 날, 이 마지막 시대가 그러하기에 사도 바울은 디모데에게 "네가 이것을 알라 말세에 고통하는 때가 이르리니 사람들은 자기를 사랑하며…쾌락을 사랑하기를 하나님 사랑하는 것보다 더하며 경건의 모양은 있으나 경건의 능력은 부인하는 자니 이같은 자들에게서 네가 돌아서라"(딤후3:1-5)고 경고하였던 것입니다. 엘리사, 그는 그 시대의 심각성을 인식하고 있었기 때문에 엘리야의 겉옷이 자신에게 던져졌을 때에 "내가 당신을 따르리이다."라고 영지적 결단을 하였던 것입니다. 하나님은 오늘 날, 그리스도의 재림이 임박한 이 마지막 종말시대를 살아가는 우리들에게 엘리사와 같은 영적 감각과 그 결단이 절실히 요구되기에 예수께서는 "이러므로 너희는 장차 올 이 모든 일을 능히 피하고 인자 앞에 서도록 항상 기도하며 깨어 있으라."(눅21:36)고 일깨워 주셨던 것입니다.

"내가 당신을 따르리이다." 이는 엘리사의

3. 불타는 사명의식의 헌신적 결단이었습니다

하나님의 위대하신 소명 앞에 본문 20절에서 엘리사는 "저가 소를 버리고", 또한 21절에서 "소의 기구를 불살라…일어나 가서 엘리야를 좇으며 수종들었더라"라고 하였습니다. 그 참담한 시대를 책임질 사명감에 불탄 엘리사의 헌신적 결단의 모습을 보여 줍니다. 시몬 베드로 역시 예수 그리스도의 소명 앞에 "모든 것을 버려두고 예수를 좇으니라."(눅5:11)고 하였습니다. 사도 바울은 "나의 달려갈 길과 주 예수께 받은 사명 곧 하나님의 은혜의 복음 증거하는 일을 마치려 함에는 나의 생명을 조금도 귀한 것으로 여기지 아니하노라"(행20:24)고 하였고, "나는 주 예수의 이름을 위하여 결박을 받을 뿐 아니라 예루살렘에서 죽을 것도 각오하였노라"(행21:13)고 하였습니다. 이 모두는 불타는 사명의식의 헌신적 결단입니다. 우리는 엘리야의 다음 시대를 책임 진 엘리사, 그의 불타는 사명의식의 헌신적 결단의 모습에서 오늘 날 이 시대를 책임질 교회와 우리들 신자의 모습을 보게 됩니다.

사랑하는 성도 여러분!

오늘 날 우리 모든 성도가 과연 누구를 모본으로 삼고 따라야 하는가는 대단히 중요한 과제입니다. 최상의 완벽한 우리의 모본은 오직 우리를 구원하신 예수 그리스도이십니다. 그는 "아무든지 나를 따라 오려거든 자기를 부인하고 자기 십자가를 지고 나를 좇을 것이니라."(막8:34)고 하셨습니다. 이에 사도 베드로는 "그리스도도 너희를 위하여 고난을 받으사 너희에게 본을 끼쳐 그 자취를 따라오게 하려 하셨느니라."(벧전2:21)라고 하였습니다. 그토록 참담했던 시대에 엘리사에게 하나님의 소명의식과 시대적 영적 감각과 또한 불타는 사명의식의 헌신적 결단이 있었기에 그 시대를 책임진 것 같이 우리들 또한 이 어두운 시대에 빛과 소금의 사명을 감당함으로 성삼위 우리 하나님께 큰 영광이 되시기를 축원합니다. 아멘.

일가와 가까운 친구들을 모아

(사도행전 10:23-43)

백부장 고넬료는 가이사랴에 배치된 백 명의 사병을 통솔하는 로마군대 장교로서 헤롯 아그립바 왕 관할 지역의 치안을 담당한 지휘관이었습니다. 그는 "경건하여 온 집으로 더불어 하나님을 경외하며 백성을 많이 구제하고 하나님께 항상 기도하더니"라고 한바 이방인으로서 신앙과 경건생활에 모범이 되었던 사람이었습니다. 그가 제 9시 기도하는 가운데 하나님의 사자로부터 욥바에 있는 사도 베드로를 청하라는 지시를 받아 이에 두 사람을 욥바로 보냈습니다. 또 자신은 일가와 친구들을 모아 베드로를 기다려 맞이하였고 복음을 듣는 중에 모인 무리들이 다 성령의 충만함을 받아 예수를 믿음으로 세례를 받았던 것입니다.

"일가와 가까운 친구들을 모아" 고넬료 그들의 모임은

1. 하나님 은총의 모임이었습니다.

하나님은 고넬료에게 엄청난 은총을 주셨습니다. 10장 4-5절에서 하나님의 사자는 그에게 "네 기도와 구제가 하나님 앞에 상달하여 기억하신 바가 되었으니 네가 지금 사람들을 욥바에 보내어 베드로라 하는 시몬을 청하라"고 하셨음이 이를 말해 줍니다. 그의 기도와 구제를 하나님께서 기억하셨다는 것은 우리에게 깊은 교훈을 줍니다. 바로 하나님은 놀라운 은총으로 그에게 나타나셨으며, 그의 일가와 가까운 친구들을 모이도록 인도하셨던 것입니다. 그러므로 고넬료는 사도 베드로 앞에 절하며 본문 33절에 "오셨으니 잘하였나이다"라고 반갑게 영접 하였던 것입니다. 오늘날, 우리 교회의 모임이 이와 같이 하나님 은총에 의한 모임이기에 복되고 아름다운 것입니다. 이는 하나님께서 성전에 모인 우리 모두에게 축복을 예비하신 하나님 은총의 모임이기 때문입니다.

"일가와 가까운 친구들을 모아" 고넬료 그들의 모임은

2. 그리스도 복음경청의 모임이었습니다.

본문 33절에 백부장 고넬료는 "오셨으니 잘하였나이다 이제 우리는 주께서 당신에게 명하신 모든 것을 듣고자 하여 다 하나님 앞에 있나이다"라고 하였습니다. 즉, 그리스도의 복음을 경청하기 위하여 하나님 앞에 모였다는 것입니다. 이에 사도 베드로는 34절에 "입을 열어" 35-43절까지 그리스도의 복음을 전하였고, 모인 무리들은 그리스도의 십자가와 부활의 복음을 경청하였던 것입니다. 사람은 그의 영혼 구원을 위해 반드시 그리스도의 복음을 들어야 합니다. 그래서 예수께서는 제자들에게 "귀 있는 자는 들을지어다"(마11:5)라고 하셨고, "너희 귀는 들음으로 복이 있도다"(마13:16)라고 말씀하셨던 것입니다. 사도 요한은 소아시아 일곱 교회들에게 동일하게 "성령이 교회들에게 하시는 말씀을 들을지어다"(계2:7)라고 하였습니다. 그리스도의 복음이야말로 사람의 영혼을 구원하는 위대한 능력입니다. 하나님의 말씀으로 흥왕했던 예루살렘교회와 이방 지역의 안디옥교회가 그러했습니다.

"일가와 가까운 친구들을 모아" 고넬료 그들의 모임은

3. 성령의 임재를 체험한 모임이었습니다.

본문 44절에 "베드로가 이 말 할 때에 성령이 말씀 듣는 모든 사람에게 내려오시니"라고 하였고, 이에 45절에 "베드로와 함께 온 할례 받은 신자들이 이방인들에게도 성령 부어 주심을 인하여 놀라니"라고 하였습니다.

고넬료는 당시 율법주의적 유다 종교에 '완전 개종' 한 자가 아닌 '반개종자' 로서 하나님을 경외하였지만, 그리스도의 복음을 듣고 믿음으로 성령세례의 임재를 체험한 그리스도인은 아니었습니다. 그러한 그와 모인 무리들이 복음을 듣고 믿어 성령의 충만한 임재를 체험하고, 세례를 받아 독실한 신자들이 되었던 것입니다. 참으로 놀라운 축복이 아닐 수 없습니다. 교회가 바로 그러한 곳입니다. 바로 그들에게 임하신 성령이 46절에 "방언을 말하며 하나님 높임을 들음이러라"로 나타났고 이를 본 제자들을 놀라게 했던 것입니다. 이에 47절에 사도 베드로는 "이 사람들이 우리와 같이 성령을 받았으니 누가 능히 물로 세례 줌을 금하리요"라고 하며 모인 그들에게 세례를 베풀었던 것입니다.

사랑하는 성도 여러분!

이 세상에 있는 여러 형태의 모임들 중 잘못된 모임, 즉 술과 춤과 도박과 마약 등의 모임으로 자신과 가정을 망치는 경우를 많이 봅니다. 특히, 영적으로 이단 집단에 빠짐은 더욱 그러합니다. 오늘 우리 모두는 고넬료와 그의 일가 가까운 친구들이 모였던바 하나님 은총의 모임, 그리고 살아 역사하시는 그리스도의 복음을 경청하는 모임, 또한 그 복음을 경청하는 가운데 역사하시는 성령의 임재를 체험하는 축복의 모임인 교회에 오셨으니 참 잘하신 것입니다. 분명한 것은 여기에 모인 우리는 주의 은총을 받은 자들이라는 사실입니다. 살아 역사하시는 주의 말씀과 성령의 임재를 체험하는 참 신앙으로 하나님께 큰 영광을 돌리는 우리들 자신과 가정과 날로 부흥하는 교회가 되시기를 축원합니다. 아멘.

거짓 선지자들을 삼가라

(마태복음7:15-20)

　본문의 말씀은 예수께서 그의 산상수훈 가운데 제자들에게 거짓 선지자들을 경계하신 말씀입니다. 그의 종말론에서도 "거짓 그리스도들과 거짓 선지자들이 일어나 큰 표적과 기사를 보이어 할 수만 있으면 택하신 자들도 미혹하게 하리라"(마24:24)고 예고해 주셨습니다. 요즘, 기성 교회와 가정으로 깊숙이 파고 들어와 성도들을 미혹하고, 교회를 붕괴시키려고 하는 '신천지' 이단 집단들의 음흉한 만행들을 보며, 주님께서 일깨워 주신바 "거짓 선지자들을 삼가라"라는 말씀으로 함께 은혜를 받기를 원합니다.

　"거짓 선지자들을 삼가라" 이들은

1. 양의 옷을 입은 이리들입니다.

　본문 15절에 "거짓 선지자들을 삼가라 양의 옷을 입고 너희에게 나아오나"라고 하였습니다. 이는 그들의 뛰어난 위장술을 말합니다. 사도 바울은 "사단도 자기를 광명의 천사로 가장하나니"(고후11:14)라고, 그들의 뛰어난 위장술에 속지 말 것을 경계하였습니다. 천사로 위장한 그들은 진리의 대적자요, 남의 담을 넘는 절도요 강도들입니다. 예수님은 이런 자들을 가리켜 "절도이며 강도"(요10:1)라고 하였습니다. '신천지' 이단은 절도요 강도입니다.

　"거짓 선지자들을 삼가라" 이들은

2. 노략질 하는 이리들입니다.

　본문 15절에 "거짓 선지자들을 삼가라 양의 옷을 입고 너희에게 나아오나 속에는 노략질하는 이리라"라고 하였습니다. 여기에 "거짓 선지자들"이란 하나님의 선지자들로 자칭하며 양들을 노략질하는 이리들을 말합니다. "노략질 한다"는 말은 강탈과 몰수, 약탈을 뜻합니다. 바로 이들의 노략질이 가정을 파괴시키고 교회를 붕괴시키려 함에서 나타납니다. 오늘 날, 이만희를 교주로 하는 '신천지' 집단의 정체가 그러합니다. 이단자 이만희는 철저하게 옛 이단자로 단죄되었던 신앙촌의 박태선과 장막성전의 유재열에 뿌리를 두고 있습니다. 삼가 모든 교회는 단호하게 진리의 말씀으로 무장하여 이들의 노략질을 경계해야만 합니다.

"거짓 선지자들을 삼가라" 이들은

3. 나쁜 열매를 맺는 좋지 못한 나무들입니다.

본문 16-18절에서 "그의 열매로 그들을 알지니 가시나무에서 포도를, 또는 엉겅퀴에서 무화과를 따겠느냐 이와 같이 좋은 나무마다 아름다운 열매를 맺고 못된 나무가 나쁜 열매를 맺나니 좋은 나무가 나쁜 열매를 맺을 수 없고 못된 나무가 아름다운 열매를 맺을 수 없느니라"라고 하셨습니다. 가시나무와 엉겅퀴는 사나운 이리와 같은 속성을 지닌바 나쁜 나무요 못된 나무입니다. 찌르고 숨통을 조이는 그들의 열매는 노략질에서 그 정체를 드러냅니다. 그래서 주님은 본문 20절에서 "이러므로 그의 열매로 그들을 알리라"라고 일러 주셨던 것입니다.

"거짓 선지들을 삼가라" 거짓 선지자들, 이들은

4. 심판과 영벌을 받을 자들입니다.

본문 19절에서 주님은 "아름다운 열매를 맺지 아니하는 나무마다 찍혀 불에 던지우느니라"라고 하셨습니다. 여기에 "찍혀"라는 말씀은 하나님 진노의 심판을 뜻합니다. 세례요한은 "이미 도끼가 나무뿌리에 놓였으니 좋은 열매를 맺지 아니하는 나무마다 찍어 불에 던지우리라"(마3:10)라고 하였습니다. "불에 던지우느니라"라는 말씀은 영벌인 영원한 지옥 형벌을 말합니다. 사도 요한은 "짐승은 잡히고 그 앞에서 이적을 행하던 거짓 선지자도 잡혔으니…이 둘이 산채로 유황 불붙는 못에 던지우고"(계19:26)라고 그들의 최후 심판과 지옥형벌을 말씀해 주었습니다. 참으로 불쌍하고 가련한 자들이 아닐 수 없습니다. 그들의 미혹을 받아 이를 추종하는 이른바 '추수군' 으로 악용당하고 있는 자들의 종말이 그러하기에 불쌍하기 이르데 없는 것입니다.

사랑하는 성도 여러분!

주의 재림이 임박한 종말시대의 징조 중 하나가 거짓 선지자들의 출현입니다. 그래서 주님은 "거짓 선지자들을 삼가라"라고 하셨고, "너희가 사람의 미혹을 받지 않도록 주의하라 많은 사람이 내 이름으로 와서 이르되 나는 그리스도라 하여 많은 사람을 미혹케 하리라"(마24:4-5)라고 경계의 말씀을 주셨던 것입니다. 사도 요한은 이를 경계하기를 "누구든지 이 교훈을 가지지 않고 너희에게 나아가거든 그를 집에 들이지도 말고 인사도 말라 그에게 인사하는 자는 그 악한 일에 참예하는 자임이니라"(요이1:10-11)라고 하였습니다. 오늘, 이 시간 우리 주님께서 일깨워 주신 경계의 말씀 "거짓 선지자들을 삼가라"고 하신 말씀을 명심하여 예수 그리스도의 아름다운 포도원인 교회와 우리 자신들을 견고하게 잘 지켜 나가야 할 것입니다. 이 거룩한 영전에 오직 하나님의 말씀과 성령님의 도우심이 우리와 늘 함께 하시기를 축원합니다. 아멘.

여호와의 이름을 망령되이 일컫지 말라

(출애굽기 20:7)

출애굽 후 시내산에서의 십계명은 하나님께서 선민 이스라엘의 행복과 축복을 위해 주신 계명으로 오늘날 우리 모든 성도들의 행복과 축복에 직결된 도덕적 황금률입니다. 이 시간 우리는 십계명 중 제 세 번째 계명인 "너는 너의 하나님 여호와의 이름을 망령되이 일컫지 말라"는 말씀을 통해 은혜 받기를 원합니다. 사실 이름이란 그 사람의 얼굴과도 같습니다. "인사유명"(人死留名) 즉 '사람은 죽어도 그 삶이 헛되지 않도록 이름이 길이 남아야 한다' 는 말입니다. 그만치 이름은 중요합니다. 더욱 여호와의 이름은 너무나도 존귀하고 위대한 경외적인 이름입니다.

"여호와의 이름을 망령되이 일컫지 말라" 이는 하나님의

1. 절대부정의 명령입니다.

본문에 "너는 너의 하나님 여호와의 이름을 망령되이 일컫지 말라"고 하였습니다. 제 1·2계명에서도 "말라"는 강력한 부정어 '로' 가 문장 서두에 사용되어 '절대로-을 해서는 안 된다' 는 것이 바로 하나님의 절대부정의 명령입니다. 그 "여호와의 이름" 은 단순한 호칭 이상의 의미로 소유자로서의 전 인격과 품성과 지위 및 그의 위대하신 천지창조나 선민구원사역을 대변해 주고 있기 때문에 "여호와의 이름", 즉 '쉠 예호와' 는 함부로 경하게 불러져서는 안 된다는 말입니다. 오직 그 성호에 합당한 영광과 찬양을 돌려야만 합니다. 여기에 "망령되이"라는 원어 '랏솨웨' 는 '사악' , '거짓' , '허위' 등의 뜻으로 "망령되이 일컫지 말라"는 명령은 악의적인 의도나 거짓을 위장하기 위하여 하나님의 이름을 함부로 사용하지 말라는 절대부정

적인 명령인 '로 팃샤' 입니다.
"여호와의 이름을 망령되어 일컫지 말라" 이는 하나님의

2. 심판 경고의 명령입니다.

본문 7절 하반 절에서 "죄 없다 하지 아니하리라"고 하였습니다. 여기에 "죄 없다"라는 원어 '예닠케'는 한마디로 무죄선언의 말입니다. 그런데 이 '죄 없다'라는 '예닠케' 앞에 강력한 부정어인 '로'와 그 이유를 나타내는 접속사 '키'가 결합되어 '절대로 무죄하다고 하지 않을 것이기 때문이다' 또는 '결단코 죄가 용서되거나 형벌을 면제받고 무사하다고 하지 않을 것이다' 라는 하나님의 심판적인 설대의지가 표출된 명령이 바로 '키 로 예닠케' 입니다. 이렇게 하나님에 대하여 경거망동하다가 하나님 심판의 철퇴를 맞아 패망한 황제나 폭군, 사상가들이 많고 가정과 나라 또한 많음을 우리는 성경과 세상 역사 속에서 얼마든지 봅니다.

"여호와의 이름을 망령되이 일컫지 말라" 이는 하나님의

3. 절대선의의 명령입니다.

이렇게 "말라"라는 강력한 절대 부정어 '로'를 사용하심에 있어 그 하나님의 선하신 절대의지는 바로 선민 이스라엘의 행복과 축복을 위함입니다. 그 크신 하나님 사랑의 의지입니다. 하나님은 선민 이스라엘과 언약의 자손인 우리 성도들의 행복과 축복을 위하여 절대금기사항을 들어 명령하셨고 이를 지킬 것을 요구하셨습니다. 그러므로 하나님의 모든 계명은 그를 통해 구원의 은총을 힘입은바 그를 사랑하는 자에게는 결코 무거운 짐이 아니라는 사실입니다. 하나님께서 선민 이스라엘에게 주신 십계명은 당대에나 오늘날에나 변함없는 사랑의 계명이기에 즐거운 것이요, 그 계명이

있기에 오히려 행복한 것입니다. 하나님을 사랑하였기에 시인은 "내가 주의 법을 어찌 그리 사랑하는지요 내가 그것을 종일 묵상하나이다"(시 119:97)라고 하였고, 103절에서 "주의 말씀의 맛이 내게 어찌 그리 단지요 내 입에 꿀보다 더하니이다"라고 하였으며, 105-106절에서는 "주의 말씀은 내 발에 등이요 내 길에 빛이니이다 주의 의로운 규례를 지키기로 맹세하고 굳게 정하였나이다"라고 노래하며 또한 결단하였던 것입니다.

사랑하는 성도 여러분!

성도된 우리 모두의 배후에는 천지를 창조하시고 우리를 죄 가운데서 구원해 주신 거룩하신 하나님의 이름이 있습니다. 사도 바울은 "하나님의 이름이 너희로 인하여 이방인 중에서 모독을 받는도다"(롬2:24)라고 탄식하였습니다. 하나님의 그 거룩하신 이름이 우리들의 죄악 된 삶을 인하여 불신자들인 이방인들 중에서 모욕을 당한다는 것은 정말 치욕이요, 불행이 아닐 수 없습니다. 오히려 우리의 변화 받은 인격과 삶을 통해 그 하나님의 이름이 영광으로 드러나야 할 것입니다. 결코 불신자들 중에 그 이름을 욕 먹이는 일이 있어서는 안 될 것입니다. 이것이 바로 빛의 자녀로서 세상에 빛과 소금이 되어야 하는 성도들의 책임이기에 그러합니다. "너는 너의 하나님 여호와의 이름을 망령되이 일컫지 말라"라고 하신바 제 3계명의 말씀을 마음 깊이 새겨, 그리스도를 닮아가는 우리의 경건한 삶을 통해 하나님의 그 영광스러운 이름을 빛나게 하는 복된 삶이되시기를 간절히 소원하며 축원합니다. 아멘.

예수께서 감람산에

(누가복음 22:39-46)

예수 그리스도는 그의 공생애 마지막인 목요일 밤, 요한 마가 다락방에서 성만찬을 베푸신 후 제자들과 함께 감람산 겟세마네 동산에 오릅니다. 원래 '겟세마네' 라는 이름의 뜻은 '기름틀' 인데 히브리어 '긴세마니' 에서 온 말입니다. 그 이름의 뜻대로 예수 그리스도는 기름틀인 이 동산에서 땀 방울이 핏 방울 같이 된 기름을 쏟으셨습니다. 바로 이 감람산 겟세마네 동산은 예수의 공생애 시작 때에 하나님의 말씀으로 물리치셨던바 사탄의 유혹에 이어 이제 마지막의 날, 결국 결정적으로 사탄의 의지를 여지없이 꺾어버렸던 장소였기에 그 구속사적 의미는 대단히 크다 하겠습니다.

"예수께서 감람산에" 이는 예수께서

1. 기도하시려 가셨습니다.

본문 40-41절에 "그곳에 이르러 저희에게 이르시되 시험에 들지 않기를 기도하라 하시고 저희를 떠나 돌 던질만큼 가서 무릎을 꿇고 기도하여"라고 했습니다. 또한 44절에 "예수께서 힘쓰고 애써 더욱 간절히 기도하시니"라고 하였습니다. 기도가 얼마나 중요한 일인가를 주님께서 친히 보여주셨습니다. 중대한 일일수록 더욱 그러합니다. 히브리서 기자는 예수님의 기도생활에 대해 "그는 육체에 계실 때에 자기를 죽음에서 능히 구원하실 이에게 심한 통곡과 눈물로 간구와 소원을 올렸고 그의 경외하심을 인하여 들으심을 얻었느니라"(히5:7)고 하였고, 사도 마가는 "새벽 오히려 미명에 예수께서 일어나 나가 한적한 곳으로 가사 거기서 기도하시더니"(막1:35)라고 하였습니다. 예수님의 생애가 그러했듯이 기도는 성도들의 영적인 삶에 있어 호흡과도 같은 것입니다. 모든 문제를 기도로 해결을 하겠다는 생각이야말로 신자들이 반드시 가져야 할 기본적인 자세라고 생각합니다.

"예수께서 감람산에" 이는 예수께서

2. 사탄의 시험을 꺾으시려 가셨습니다.

예수께서는 본문 40절에 "그 곳에 이르러 저희에게 이르시되 시험에 들지 않기를 기도하라"고 말씀하셨습니다. 바로 이 사탄의 시험은 옛 원시복음인 "여자의 후손은 네 머리를 상하게 할 것이요 너는 그의 발꿈치를 상하게 할 것이니라"(창3:15)라고 하신 일의 성취를 막는데 있었습니다. 이 같은 최후 발악적인 사탄의 강력한 의지를 꺾어버리시기 위하여 예수께서 감람산에 오르신 것입니다. 이 때 43절에 "사자가 하늘로부터 예수께 나타나 힘을 돕더라"고 하였습니다. 강력한 사탄의 도전에 맞서 그 발악적인 의지를 꺾으심에 있어 예수님의 기도가 44절에 "힘쓰고 애써 더욱 간절히 기도하시니 땀이 땅에 떨어지는 피방울 같이 되더라"고 기록해 주고 있습니다. 지금도 예수께 패한 사탄의 이 집요한 도전이 교회와 신자들에게 계속되고 있습니다. 그러므로 성도들은 "마귀의 궤계를 능히 대적하기 위하여 하나님의 전신갑주를 입으라"(엡6:11)라는 말씀대로 영적 무장을 해야만 합니다. 오직 주의 말씀과 성령의 능력을 힘입을 때 사탄의 세력을 꺾을 수 있습니다.

"예수께서 감람산에" 이는 예수께서

3. 십자가의 결단을 위해 가셨습니다.

본문 42절에 예수께서는 아버지여 만일 아버지의 뜻이어든 이 잔을 내게서 옮기시옵소서 그러나 내 원대로 마옵시고 아버지의 원대로 되기를 원하나이다"라고 기도하셨습니다. 아버지의 뜻이 주께서 마셔야 할 잔이었습니다. 여기에 "잔" 곧 '포테리온'은 물을 담아 마시는 그릇을 말하는데, 이는 곧 '고난, 죽음, 순교'를 뜻하는 말입니다. 예수께서 반드시 마셔야 할 잔! 그 잔을 마심이 하나님 아버지의 뜻이었고, 이는 거역할 수 없는 십자가에서의 죽음이었습니다. 바로 예수께서는 구속사의 완성을 위한 중대한 결단을 아버지 하나님께 드리기 위해 이 감람산에 오르신 것입니다. 결국, 예수께서는 이 곳 겟세마네에서 십자가 죽음의 잔을 결단함으로 사탄의 의지를 꺾고야 말았습니다. 오늘 날 우리 성도들도 신앙생활에 있어 하나님의 뜻에 복종시키는 중대한 결단이 요구될 때가 종종 있습니다. 이러한 일들은 어떠한 결정적인 사건들로 주어집니다. 바로 주님께서 원하시는 중대한 일에 있어 결단의 기회입니다.

사랑하는 성도 여러분!

감람산 겟세마네 동산에서의 우리 주 예수 그리스도의 모습을 잊어서는 안 됩니다. 그의 기도하셨음을 본받아야 합니다. 주님의 그 위대하신 십자가의 결단이 우리들의 신앙생활에 있어 작은 모습이지만 아낌없는 온전한 헌신을 통해 나타나야 합니다. 이것이 하나님 아버지의 뜻을 이루어 드리는 예수 그리스도의 참된 제자의 모습입니다. 겟세마네 동산에서 기도하신 우리 주님은 지금도 주님을 믿고 따르는 우리들에게 "시험에 들지 않게 일어나 기도하라"고 하십니다. 늘 깨어서 믿음의 주요 또 온전케 하시는 이인 우리 예수를 바라보며 승리하시기를 축원합니다. 아멘.

오직 성령의 충만을 받으라

(에베소서 5:18)

하나님은 우리 모든 성도들에게 "하나님을 본받는 자"(엡5:1)가 되라고 하셨습니다. 이는 곧 향기로운 제물과 생축으로 하나님께 드려지셨던 그리스도를 닮은 희생과 순결한 삶을 말합니다. 그러므로 본문 18절에서 "술 취하지 말라 이는 방탕한 것이니 오직 성령의 충만을 받으라"고 강권하였던 것입니다. 그만큼 성령의 충만함은 성도들의 경건한 삶에 절대필요의 요소입니다. "오직 성령의 충만을 받으라"는 본문의 말씀을 통해 은혜받기를 원합니다.

"오직 성령의 충만을 받으라" 이는 하나님의

1. 말씀의 충만 입니다.

사도 요한은 "태초부터 있는 생명의 말씀"(요일1:1)이라고 하였고, 주의 사자가 사도들에게 "가서 성전에 서서 이 생명의 말씀을 다 백성에게 말하라"(행5:20)고 하였습니다. 또한 그 말씀 곧 "하나님의 말씀은 살았고 운동력이 있어"(히4:12)라고 하였으며, 바로 그 말씀은 축복의 말씀, 구원의 말씀(행13:26)입니다. 성령의 충만은 곧 살아 역사하시는 말씀의 충만 입니다.

"오직 성령의 충만을 받으라" 이는 성령의

2. 능력의 충만 입니다.

부활하신 예수님은 승천하시기 전, 제자들에게 "오직 성령이 너희에게 임하시면 너희가 권능을 받고 예루살렘과 온 유대와 사마리아와 땅 끝까지 이르러 내 증인이 되리라"(행1:8)고 하셨습니다. 본문에서 말씀해 주고 있는 성령의 충만은 '성령의 인침' 이나 '성령의 세례' 인 단회적인 사건이 아닌 계속적으로 역사하시는 성령님의 능력을 뜻합니다. 즉 술 취함으로 방탕에 이르는 죄악 된 인격과 삶에서 그리스도를 본받는 성화의 삶으로 변화시켜 주시는 능력을 뜻합니다. 성령의 인침으로 주어진 구원으로 시작하여 그리스도를 닮아가는 성화의 삶에는 성령의 능력이 함께하셔야 하기 때문에 성령의 충만을 반드시 받아야 합니다. 아담 범죄 후 타락한 인간에게 그 죄의 성향대로 사는 것은 어려운 일이 아닙니다. 그러나 그리스도를 닮는 성화의 삶은 그렇게 살 수 있도록 공급되는 힘이 필요합니다. 바로 그 힘이 성령의 능력입니다. 오늘날, 많은 교인들 가운데 성화에 대해서는 그 필요성을 절감하거나 고민하지 않기 때문에 무책임하게 아무렇게나 사는 경우가 많습니다. 그래서 사도 바울은 "술 취하지 말라 이는 방탕한 것이니 오직 성령의 충만을 받으라"고 강권하였던 것입니다.

"오직 성령의 충만을 받으라" 이는 성령의

3. 은사의 충만 입니다.

본문 15-16절에서 "그런즉 너희가 어떻게 행할 것을 자세히 주의하여 지혜 없는 자 같이 말고 오직 지혜 있는 자 같이 하여 세월을 아끼라 때가 악하니라"고 하였습니다. 바로 이 악한 세대에서 하나님께서 주신 특별한 기회를 놓치지 않고 모든 선한 일을 행하기 위해서는 오직 성령의 충만이 절실하게 요구되기 때문에 "오직 성령의 충만을 받으라"고 하셨던 것입니다. 사도 바울은 "은사는 여러 가지나 성령은 같고 직임은 여러 가지나 주는 같으며 또 역사는 여러 가지나 모든 것을 모든 사람 가운데서 역사하시는 하나님은 같으니 각 사람에게 성령의 나타남을 주심은 유익하게 하려 하심이라"(고전12:4-7)고 하였습니다. 성령의 다양한 은사는 교회를 유익하게 하는 사역의 능력입니다. 이는 곧 "하나님의 공급하시는 힘"(벧전4:11)입니다. 생동하는 교회의 현저한 특징은 바로 성령의 각양 은사의 충만함에 있습니다. 이렇게 성령의 은사 충만은 성도들 자신의 사역을 꽃피우고 열매를 거두게 하는 위대한 동력이 됨과 아울러 본문 19-21에서의 "시와 찬미와 신령한 노래"와 "항상 아버지 하나님께 감사"와 "그리스도를 경외함으로 피차의 복종"하는 위대한 삶의 결실로 나타나게 합니다.

사랑하는 성도 여러분!

"오직 성령의 충만을 받으라"고 명하신대로 우리가 이미 성령의 인침으로 구원을 받았기에 계속 충전되는 성령의 충만으로 채워져야만 합니다. 여기 "충만을 받으라"는 헬라어 '플레루스데'는 문법적으로 현재 수동태 명령형입니다. 이는 성령의 충만이 일회적으로 끝나는 것이 아니라 계속적으로 채워져야 함과 그 충만한 체험이 인위적이 아닌 오직 성령에 의한 체험으로 주어짐을 뜻합니다. 바로 그 명령이 모든 성도들 자신의 영적인 성화나 맡겨진 사역에 있어 반드시 실천적으로 이루어져야만 함을 시사해 주고 있습니다. 하나님께서는 우리 모든 성도들의 인격과 그 삶이 제자리에 멈추는 것을 원치 아니하십니다. 그리하려면 반드시 오직 성령의 충만을 받아야 합니다. 매 순간, 순간마다 주님의 살아 역사하는 말씀과 성령의 능력과 은사로 충만하게 채워져야 합니다. 오직 말씀 충만, 능력 충만, 은사 충만으로 우리 하나님께 큰 감사와 찬양과 영광이 되시기를 축원합니다. 아멘.

오직 예수 외에는

(마태복음 17:1-6)

"주는 그리스도시요 살아 계신 하나님의 아들이시니이다"(마16:16) 이는 갈릴리 북단에 위치한 가이사랴 빌립보에서 베드로의 신앙고백입니다. 이 일이 있은 지 엿새 후에 본문 1절에서 예수님은 베드로와 야고보와 요한을 따로 데리고 높은 산에 올라가셨다고 하셨습니다. 바로 이 산에서 제자들은 예수님께서 변형되신 모습과 아울러 율법과 선지자를 대표하는 모세와 엘리야가 주님과 대화를 나누시는 광경을 보았습니다. 이 영광스러운 모습이 사라진 후 제자들에 눈에 "오직 예수 외에는 아무것도 보이지 아니하더라" 고 기록해 주고 있습니다.

"오직 예수 외에는" 예수 중심의 삶, 이는

1. 오직 기도의 삶입니다.

본문 1절에서 "엿새 후에 예수께서 베드로와 야고보와 그 형제 요한을 데리시고 따로 높은 산에 올라가셨더니"라고 하였습니다. 이 동일한 사건을 누가는 "예수께서 베드로와 요한과 야고보를 데리시고 기도하시러 산에 올라가사 기도하실 때에 용모가 변화되고 그 옷이 희어져 광채가 나더라"(눅9:28-29)고 하였습니다. 예수님의 전 생애는 기도로 일관된 삶이었습니다. 히브리서 기자는 "그는 육체에 계실 때에 자기를 죽음에서 능히 구원하실 이에게 심한 통곡과 눈물로 간구와 소원을 올렸고 그의 경외하심을 인하여 들으심을 얻었느니라"(히5:7)고 하였습니다. 예수께서 그러하셨듯이 오직 예수 중심의 삶은 바로 기도의 삶입니다.

"오직 예수 외에는" 예수 중심의 그 삶, 이는

2. 오직 변화의 삶입니다.

본문 2절에 "저희 앞에서 변형되사 그 얼굴이 해 같이 빛나며 옷이 빛과 같이 희어졌더라"라고 하였습니다. 예수 그리스도와 함께 하는 삶에는 반드시 위대한 변화가 이루어지는 법입니다. 변화된 성도들의 마음과 인격, 그리고 그 삶은 해같이 그 옷 또한 빛으로 나타나야 합니다. 사도 바울은 "너희는 이 세대를 본받지 말고 오직 마음을 새롭게 함으로 변화를 받아"(롬12:2)라고 하였습니다. 물이 변하여 포도주가 되었듯이 옛 사람이 새 사람으로 변화 되어야 합니다. 그래서 예수께서는 "너희는 세상의 빛이라"(마5:14)라고 하였고, 사도 바울 역시 "너희가 전에는 어두움이더니 이제는 주 안에서 빛이라 빛의 자녀들처럼 행하라"(엡5:8)라고 하였던 것입니다. 오직 예수 중심의 삶은 곧 전인적 변화의 삶입니다.

"오직 예수 외에는" 예수 중심의 삶, 이는

3. 오직 십자가의 삶입니다.

본문 3절에 "때에 모세와 엘리야가 예수로 더불어 말씀하는 것이 저희에게 보이거늘"이라고 하였습니다. 사도 누가는 이 사실에 대해 "영광 중에 나타나서 장차 예수께서 예루살렘에서 별세하실 것을 말씀할쎄"(눅9:31)라고 하였습니다. 이는 곧 예수 그리스도의 대속적인 죽음을 말합니다. 예수 그리스도의 십자가가 언제나 성도들의 가슴속에서 불같이 타오르는 희생의 불기둥이 되어야 합니다. 바로 그 십자가에서 위대한 용서와 밀알로서의 희생적인 삶이 그 꽃을 피우는 것입니다. 주님의 십자가가 없는 삶이야말로 맛 잃은 소금과 같은 삶입니다. 그 삶에 무슨 의미와 가치가 있겠습니까? 허무한 인생일 뿐일 것입니다. 오직 예수 그리스도의 십자가만이 복된 성도들 삶에 있어 절대가치의 것입니다.

"오직 예수 외에는" 예수 중심의 삶, 이는

4. 오직 말씀의 삶입니다.

본문 5절에 "말할 때에 홀연히 빛난 구름이 저희를 덮으며 구름 속에서 소리가 나서 가로되 이는 내 사랑하는 아들이요 내 기뻐하는 자니 너희는 저의 말을 들으라"고 하셨습니다. 이는 성부 하나님의 말씀입니다. 신비주의자들은 베드로처럼 "우리가 여기 있는 것이 좋사오니"라고 황홀한 그 신비 속에 그대로 머물러 있기를 원합니다. 그러나 하나님께서는 예수생명의 말씀을 들어 영생을 얻기를 원하셨습니다. 그래서 사도들의 신앙을 이어받은 모든 개혁자들은 하나같이 주의 말씀으로 돌아가자고 외쳤던 것입니다. 사도 요한은 "이 예언의 말씀을 읽는 자와 듣는 자들과 그 가운데 기록한 것을 지키는 자들이 복이 있나니 때가 가까움이라"(계1:3)고 하셨습니다. 오직 예수중심의 삶은 말씀인 성경중심의 삶입니다.

사랑하는 성도 여러분!

우리 모든 성도들의 눈에는 오직 예수 외에는 보이는 것이 없어야 합니다. 이 세상의 모든 것은 헛된 것이기 때문입니다. 오직 예수만이 성도 삶에 중심이 되어야 하며 전부가 되어야합니다. 예수 중심의 기도의 삶과 전인적 변화의 삶이 그러하며 십자가 중심의 희생적인 삶과 주의 말씀인 성경 중심의 삶이 그러합니다. "믿음의 주요 또 온전케 하시는 이인 예수를 바라보자"(히12:2)라는 오직 예수 중심의 삶으로 하나님께 영광이 되시기를 축원합니다. 아멘.

우리가 이같이 역사하는데

(느헤미야 4:15-23)

애국충절의 사람, 이스라엘을 홍왕케 하려는 사람, 느헤미야를 통해 펼치시는 하나님의 위대한 역사를 보면서 구국의 길이 무엇인가를 깨닫게 합니다. 느헤미야는 유다의 지도층과 백성들에게 그들이 펼치는 역사가 "크고 넓은 역사"라고 하였고, "우리가 이같이 역사하는데"라고 하였습니다. 사실 느헤미야를 중심한 유대민족의 역사는 당시 위기의 그 민족을 살리는 것이었기에 중대한 역사가 아닐 수 없습니다.

"우리가 이같이 역사하는데" 바로 이 역사는

1. 성벽중건의 역사였습니다.

본문 15절에서 "우리가 다 성에 돌아와서 각각 역사하였는데"라고 하였고, 21절에 "우리가 이같이 역사하는데"라고 하였습니다. 바로 그들의 크고 넓은 역사가 성벽중건의 역사였습니다. 느헤미야가 하나니를 통해 "예루살렘의 성은 훼파되고 성문들은 소화되었다"(느1:3)라는 소식을 듣고 앉아서 울며 금식기도한 후, 아닥사스다 왕에게 "나를 유다 땅 나의 열조의 묘실이 있는 성읍에 보내어 그 성을 중건하게 하옵소서"(느2:5)라고 간청하였던바 성벽중건의 역사였습니다. 그만치 성벽중건의 역사는 그 성격이 중대하였고 그 범위 또한 넓었던 것입니다. 오늘 날, 교회적으로 진리의 성벽과 국가적으로 반공사상의 성벽은 중건되어야 합니다. 이것이 구국의 길입니다.

"우리가 이같이 역사하는데" 바로 이 역사는

2. 하나님을 위한 역사였습니다.

본문 15절에 "하나님이 저희의 꾀를 폐하셨으므로"라고 하였습니다. 하나님을 위한 역사에는 반드시 그 역사를 방해하는 악한 세력이 먼저 나타나고 있음을 봅니다. 여기에 "저희의 꾀"란 4장 1-3절에서 산발랏과 도비야의 선동적인 꾀를 말합니다. 산발랏은 하나님을 위한 이 역사를 비웃었고, 도비야는 "저들의 건축하는 성벽은 여우가 올라가도 곧 무너지리라"(느 4:3)고 빈정거렸습니다. 이에 느헤미야는 4절에서 "하나님이여 들으시옵소서 우리가 업신여김을 당하나이다"라고 탄원의 기도를 드렸고, 14절에서 "너희는 저희를 두려워 말고 지극히 크시고 두려우신 주를 기억하고 너희 형제와 자녀와 아내와 집을 위하여 싸우라"고 외쳤던 것입니다. 결국, 하나님은 악한 저희의 꾀를 폐하심으로 이들의 성벽중건 역사에 승리를 안겨 주셨던 것입니다.

"우리가 이같이 역사하는데" 바로 이 역사는

3. 난국타결의 역사였습니다.

느헤미야를 가리켜 "이스라엘 자손을 흥왕케 하려는 사람"(느2:10)이라고 하였습니다. 느헤미야, 그와 뜻을 함께 한 사람들은 분명 난국타결을 위해 결집된 자들입니다. 그는 20절에서 "너희가 무론 어디서든지 나팔 소리를 듣거든 그리로 모여서 우리에게로 나아오라 우리 하나님이 우리를 위하여 싸우시리라"고 외쳤습니다. 여기에 "나팔"은 비상시국에 백성을 소집하는 나팔입니다. 여호수아의 여리고성 함락 작전 때의 나팔이나 기드온 300명 용사들의 나팔이 다 그러합니다. 느헤미야는 난국타결을 위한 이 크고 넓은 역사를 위해 파수꾼을 세워 나팔을 불도록 명하였습니다.

"우리가 이같이 역사하는데" 바로 이 역사는

4. 전투하는 교회의 역사였습니다.

본문 21절에 "우리가 이같이 역사하는데 무리의 절반은 동틀 때부터 별이 나기까지 창을 잡았었으며"라고 하였고, 22절에는 "밤에는 우리를 위하여 파수하겠고 낮에는 역사하리라"고 하였습니다. 바로 그들은 21절에 "창을 잡았었으며"라고 했으며, 23절에는 "그 옷을 벗지 아니하였으며…기계를 잡았느니라"고 전투하는 지상교회의 모습을 보여 줍니다. 결국 하나님의 의로우신 손의 도우심으로 52일 만에 성벽중건을 끝내고야 맙니다. 이는 지상교회의 승리요, 또한 그리스도의 재림 때 펼쳐질 천상교회의 온전한 승리입니다.

사랑하는 성도 여러분!

어느 개인이나 가정, 국가에도 어려움은 있습니다. 문제는 그 어려움을 어떠한 자세와 방법으로 타개해 나가느냐에 있습니다. 오직 성경에 길이 있음을 알고, 해결책을 찾아야 합니다. 느헤미야의 성벽중건의 역사에서 구국의 길을 보여 줍니다. 하나님의 나라와 민족을 위한 성벽중건의 역사에 최선을 다하면 반드시 승리의 축복을 받게 됩니다. 중세교회처럼 속화되어 가는 한국교회와 하나님의 대적인 공산주의에 대한 반공의 벽이 무너져버린 이 민족의 현실은 안타깝다 못해 위기감을 느끼게 합니다. 느헤미야와 함께한 유다민족처럼 먼저 우리 교회와 성도가 바로 서야 합니다. 그리고 이 크고 넓은 역사에 헌신해야 합니다. 반드시 하나님의 승리로 그의 영광이 한국교회와 이 민족에게 나타날 줄 확신하며 또한 축원합니다. 아멘.

이스라엘의 등불

(사무엘하 21:15-17)

　본문의 내용은 다윗 왕의 치세 초기에 블레셋과의 제2차 전쟁 기사로 블레셋의 장군 이스비브놉이 다윗이 피곤한 상태를 알고 그를 죽이려 하였습니다. 이 때 다윗의 네 장수 중, 아비새가 다윗을 도와 그 블레셋 장수를 쳐 죽였다고 하였습니다. 이렇게 블레셋의 거장 이스비브놉과 삽, 라흐마와 익명의 6손 6발의 다지중 기형 장수들을 쳐 죽인 다윗의 용사들 아비새, 십브개, 엘하난과 요나단이 다윗에게 "왕이여 다시 우리와 함께 전장에 나가지 마옵소서 이스라엘의 등불이 꺼지지 말게 하옵소서"라고 간청하였습니다. 오늘 이 시간 우리는 이들이 다윗에게 간청한바 "이스라엘의 등불"이라는 본문의 말씀에서 함께 은혜 받기를 원합니다.

　"이스라엘의 등불" 이는

1. 여호와 하나님의 등불입니다.

　여호와 하나님은 영원토록 꺼지지 않는 이스라엘의 등불이심을 다윗은 이 전투에서 승리한 후 "여호와여 주는 나의 등불이시니 여호와께서 나의 흑암을 밝히시리이다"(삼하22:29)라고 감사 찬양하였습니다. 이는 바로 이스라엘의 하나님, 곧 선민의 하나님 여호와는 영원히 꺼지지 않는 등불이시라는 말씀입니다. 하나님께서 이스라엘의 꺼지지 않는 등불이셨기에 다윗이 처한바 흑암, 즉 절대절망의 블레셋과의 전투에서 승리케 하셨다는 것입니다. 여호와 하나님이야말로 영원히 꺼지지 않는 승리의 등불이요, 축복의 등불입니다. 바로 이 등불은 큰 빛, 참 빛으로 이 땅에 오셔서 십자가에 죽으시고 부활 승천하신 예수 그리스도 곧 재림하실 그리스도이십니다.

　"이스라엘의 등불" 이는

2. 여호와 하나님 말씀의 등불입니다.

시편의 시인은 노래하기를 "주의 말씀은 내 발에 등이요 내 길에 빛이니이다"(시119:105)라고 하였고, 솔로몬은 "대저 명령은 등불이요 법은 빛이요 훈계와 책망은 곧 생명의 길이라"(잠6:23)고 하였습니다. 사도 베드로는 이 하나님의 말씀에 대해 "또 우리에게 더 확실한 예언이 있어 어두운데 비취는 등불과 같으니 날이 새어 샛별이 너희 마음에 떠오르기까지 너희가 이것을 주의하는 것이 가하니라 먼저 알 것은 경의 모든 예언은 사사로이 풀 것이 아니니 예언은 언제든지 사람의 뜻으로 낸 것이 아니요 오직 성령의 감동하심을 입은 사람들이 하나님께 받아 말한 것임이니라"(벧후1:19-21)고 하였고 "오직 주의 말씀은 세세토록 있도다"(벧전1:25)라고 하였습니다. 여호와 하나님의 말씀은 비추는 등불과 샛별, 그리고 세세토록 꺼지지 않는 이스라엘의 등불입니다.

"이스라엘의 등불" 이는

3. 이스라엘, 곧 교회의 등불입니다.

여기에 "이스라엘"이란 하나님께 선택되어 구원받은 거룩한 선민의 공동체인 교회를 뜻합니다. 즉 "하나님이 자기 피로 사신 교회"(행20:28)요, 예수 그리스도, "그의 몸된 교회"(골1:18)입니다. 영존하신 하나님과 그의 말씀이 영원히 꺼지지 않는 등불이듯이 이스라엘 곧 하나님의 신령한 공동체인 교회 또한 꺼지지 않는 등불이라는 말씀입니다. 그 등불이 꺼지지 아니함이 그리스도의 재림 시까지 전개되는 교회운동과 그의 재림 시, 들림받을 천상의 교회가 이를 말해 줍니다. 교회는 어두운 세상을 밝히는 "세상의 빛"(마5:14)입니다. 교회의 타락은 곧 교회의 등불이 꺼졌다는 것이며 그 결과 비참한 패망임을 성경과 교회사에서 명백하게 보여줍니다.

"이스라엘의 등불" 이는

4. 하나님 자녀의 등불입니다.

본문 17절에 다윗의 용사들이 "이스라엘의 등불이 꺼지지 말게 하옵소서"라고 하였는데 이는 다윗 왕을 두고 한 말입니다. 바로 하나님의 사람 다윗이 이스라엘의 등불이었듯이 하나님의 자녀인 그리스도인 신자 한 사람, 한 사람이 꺼지지 않는 이스라엘의 등불이라는 말입니다. 사실 다윗의 존재는 그의 용사들이 목숨을 걸고 싸워 그의 등불을 꺼지지 않도록 할 만큼 존귀했듯이 하나님의 자녀가 된 우리들 각자의 존재 역시 그러합니다. 이는 우리들 각자가 이스라엘의 등불이기 때문입니다. 오늘 우리는 이 어두운 시대에 꺼지지 않는 등불, 망하지 않는 등불입니다. 언제나 우리 또한 다윗처럼 "주께서 나의 등불을 켜심이여 여호와 내 하나님이 내 흑암을 밝히시리이다"(시18:28)라고 감사하며 찬양해야할 것입니다.

사랑하는 성도 여러분!

블레셋과의 제2차 전투에서 피곤해 지친 다윗을 죽이려고 덤벼들었던 블레셋의 거장인 이스비브놉을 비롯한 적장들이 오늘 날에도 하나님과 그의 말씀인 진리와 하나님의 교회, 그리고 하나님의 자녀 된 우리들 각자의 등불을 끄기 위해 매 순간 여러 형태로 도전해 오고 있다는 사실입니다. 피곤하지만 기드온을 따랐던 3백 명 용사와 죽음도 불사했던 다윗의 용사들처럼 영적인 선한 싸움에 최선을 다하여야 할 것입니다. 바로 하나님 중심, 성경 중심, 교회 중심의 삶이 이 등불이 꺼지지 않도록 하는 경건한 삶입니다. 이스라엘의 등불이 꺼지지 않도록 목숨 걸고 충성했던 다윗의 용사 아비새, 십브개, 엘하난, 요나단의 모습이 오늘 날 우리의 모습이 되었으면 합니다. 항상 우리들 자신과 교회의 등불을 켜주심으로 흑암을 밝혀 주시는 하나님께 큰 영광이 되시기를 축원합니다. 아멘.

인내를 온전히 이루라

(야고보서 1:2-4, 12)

'성도들의 영적인 삶에 있어서 인내가 얼마나 귀하고 아름다운 것인가?' 라는 것은 십자가를 참으신 주님의 모습에서 볼 수 있습니다. 오늘 본문은 당시 예수 그리스도에 대한 믿음과 충절 때문에 수많은 고난을 통과하고 있는 성도들에게 그리스도의 종 야고보는 "인내를 온전히 이루라"라고 권면해 주고 있습니다. "인내"라는 원어 '휘포모네'는 '짓누르는 강압적인 힘을 버티어 내는 것'을 의미합니다. 예수께서도 "십자가를 참으사"(히12:2)라고 하셨습니다. 믿음의 사람은 곧 인내의 사람입니다. 이 같은 자를 가리켜 "세상이 감당치 못하도다"(히11:38)라고 하였습니다. 십자가 중심의 성도는 어떠한 역경 속에서도 그 인내로 믿음의 진가를 나타냅니다.

"인내를 온전히 이루라" 이는 성도들을 향하신

1. 하나님의 온전하신 뜻입니다.

본문 2-3절에 "내 형제들아 너희가 여러 가지 시험을 만나거든 온전히 기쁘게 여기라 이는 너희 믿음의 시련이 인내를 만들어 내는 줄 너희가 앎이라"라고 하였습니다. "여러 가지 시험"이란 당시 복음과 신앙 때문에 당하는 '온갖 형태의 핍박과 환란'을 말합니다. 바로 그 시험들이 하나님께서 성도들에게 주신 "믿음의 시련"이었습니다. "믿음의 시련"을 통해 인내의 사람으로 만드는 것이 하나님의 뜻이었습니다. 사도 베드로는 "너희 믿음의 시련이 불로 연단하여도 없어질 금보다 더 귀하여 예수 그리스도의 나타나실 때에 칭찬과 영광과 존귀를 얻게 하려 함이라"(벧전1:7)라고 시련의 가치에 대해 말하였습니다. "온전히"라는 말 '텔레이온'은 '끝'을 의미하는 '텔로스'에서 유래한 말로 "인내를 온전히 이루라"라는 것은 '끝까지 포기하지 말고 참고 견디라'는 말입니다. "독수리는 제 새끼를 참새로 키우지 않는다."라는 말이 있습니다. 하나님의 선하신 뜻은 성도들을 강인한 하나님의 사람으로 만드는데 있습니다.

"인내를 온전히 이루라" 이는 성도들을 향하신

2. 하나님의 선하신 목적입니다.

본문 4절에 "인내를 온전히 이루라 이는 너희로 온전하고 구비하여 조금도 부족함이 없게 하려 함이라"고 하였습니다. 성도들로 하여금 온전하고 구비하여 조금도 부족함이 없게 하려 하심인바 그리스도를 닮은 성도들의 성화된 인격과 삶에 그 선하신 목적이 있음을 말씀해 주고 있습니다. 구비하여 조금도 부족함 없는 온전한 성화입니다. 여기에 "온전하고"라는 말은 하나님께 드리지는 제물로서의 '흠이 없는' 이른바 '예수 그리스도를 닮은 상태'를 가리킵니다. 인내의 사람 욥이 고통 중에 고백한 "그가 나를 단련하신 후에는 내가 정금 같이 나오리라"(욥23:10)는 말씀이 이를 말해 줍니다. 정금이란 불순물이 거의 제거된 상태의 순금을 말합니다. 정금과 같은 곧 예수 그리스도를 닮은 온전한 성화의 삶은 믿음의 시련을 통해서만 만들어 집니다. 그래서 인내를 만들어 내는 "믿음의 시련"은 성화의 용광로와 같은 것입니다.

"인내를 온전히 이루라" 이는 성도들을 향하신

3. 하나님의 축복된 약속입니다.

예수 그리스도의 종 야고보는 "시험을 참는 자는 복이 있도다 이것에 옳다 인정하심을 받은 후에 주께서 자기를 사랑하는 자들에게 약속하신 생명의 면류관을 얻을 것임이니라"(약1:12)고 하였습니다. 히브리서 기자도 "너희에게 인내가 필요함은 너희가 하나님의 뜻을 행한 후에 약속을 받기 위함이라"(히10:36)고, 인내에 따른 하나님의 약속된 축복에 대해 증거하였습니다. 인내를 온전히 이룰 때에 하나님의 약속된 상이 보장되어 있다는 것입니다. 이는 충성하는 자에게 주어지는 "생명의 면류관"(계2:10)과 같으며 또한 그리스도의 재림 시에 주실 칭찬과 영광과 존귀와 같습니다. 모세의 인내가 그러하였고, 욥의 인내가 그러하였습니다. 인내의 결과는 반드시 하나님의 영광스러운 축복이 약속되어 있습니다. 이미 모든 선진들이 그 약속들을 받았습니다.

사랑하는 성도 여러분!

하나님께서 우리 성도들에게 "너희에게 인내가 필요함은"이라고 하셨고, 또한 그러하기에 "인내를 온전히 이루라"고 명하셨던 것입니다. 인내의 삶, 이는 바로 예수 중심과 십자가 중심의 삶입니다. 히브리서 기자는 오직 십자가를 참으신 예수 그리스도를 바라보며 또 생각할 것을 당부하였습니다. 인내를 온전히 이루어야 합니다. 이는 하나님의 뜻이며, 자신의 영적인 성숙과 아울러 하나님의 축복이 약속되어 있기 때문입니다. 인내하는 자가 복이 있습니다. 예수 그리스도 십자가는 성도들의 인내하는 삶 속에 역사하는 강력한 에너지입니다. 오직 십자가를 참으신 우리 주 예수 그리스도를 바라보고 늘 생각하며, "인내를 온전히 이루라"고 당부하신 말씀대로 모든 일에 참고 견디는 삶을 통해 우리 하나님께서 주시는 축복이 풍성하시기를 축원합니다. 아멘.

히스기야가 여호와께 기도하여

(열왕기하 20:1-7)

유다의 13대 왕 히스기야는 25세에 즉위하여 예루살렘에서 29년 동안 치리했던 그야말로 여호와 보시기에 정직하였고, 뜨거운 열정으로 종교개혁을 단행했던 훌륭한 한 왕이었습니다. 그러므로 하나님께서 그를 형통하게 하셨습니다. 그가 오늘 본문 1절에 "그 때에 히스기야가 병들어 죽게 되매" 하나님께서 "너는 집을 처치하라 네가 죽고 살지 못하리라"고 하였습니다. 그 때 그는 하나님께 기도하였다고 하였습니다.

"히스기야가 여호와께 기도하여" 이는 그의 기도가

1. 간절한 기도였습니다.

본문 1절에 "히스기야가 병들어 죽게 되매"라고 하였습니다. 이에 하나님께서 선지자 이사야를 통해 "너는 집을 처치하라 네가 죽고 살지 못하리라"고 전하였습니다. 절체절명의 위기 가운데 그는 2절에 "낯을 벽으로 향하고 여호와께 기도하여"라고 하였습니다. 그가 그 얼굴을 벽으로 향했다는 것은 그의 기도가 얼마나 절실하고 간절했는가를 보여 줍니다. 사람이 난감한 일을 당할 때, 그 얼굴을 아디로 향하는가는 대단히 중요합니다. 여기에 "벽" 즉 '학키르'는 성전을 향한 그의 기도실 벽이라고 믿어집니다. 이는 그 얼굴을 하나님을 향하였다는 말입니다. 그리고 그 하나님 여호와께 간절하게 기도하였다는 것입니다.

"히스기야가 여호와께 기도하여" 이는 그의 기도가

2. 진실한 기도였습니다.

본문 3절에 "여호와여 구하오니 내가 진실과 전심으로 주 앞에 행하며 주의 보시기에 선하게 행한 것을 기억하옵소서"라고 하였습니다. 마치 자화자천과 같은 기도로 보여 지지만 히스기야 그가 얼마나 하나님께서 명하신 율법을 준행함에 있어 열정적이었으며 진실했는가를 보여 줍니다. 그의 모든 치세가 오직 하나님 중심, 말씀 중심의 치세였기에 그는 "주의 보시기에 선하게 행한 것을 기억하옵소서"라고 기도하였던 것입니다. 히스기야는 평상시 그의 모든 생활이 하나님 앞에서 진실과 전심으로 선을 행하였던 삶이었습니다. 그는 실로 여호와 보시기에 정직했고(왕하18:3), 여호와와 연합하여 떠나지 아니하고 그의 계명을 지켰으므로 그의 선행이 여호와의 기억하신바가 되었던 것입니다. 그러므로 그의 기도는 진실한 기도, 곧 신행일치의 기도였던 것입니다.

"히스기야가 여호와께 기도하여" 이는 그의 기도가

3. 눈물의 기도였습니다.

본문 3절에 "심히 통곡하더라"고 하였습니다. 이를 직역하면 '그리고 히스기야는 큰 울음으로 울었다' 입니다. 히스기야는 죽음을 선고 받고 북받치는 감정을 억누를 없었기에 큰 울음으로 울었다는 것입니다. 이는 결코 더 살고 싶어 몸부림치는 처절함이 아이었습니다. 사도 바울이 "내가 그 두 사이에 끼였으니 떠나서 그리스도와 함께 있을 욕망을 가진 이것이 더욱 좋으나 그러나 내가 육신에 거하는 것이 너희를 위하여 더 유익하리라"(빌1:23-24)고 함에서 히스기야의 눈물의 기도가 이해가 됩니다. 이는 그의 민족 유다의 장래를 염려함에서 흘린 눈물의 기도였기에 그러합니다. 그러므로 하나님은 본문 5-6절에서 "내가 네 기도를 들었고 네 눈물을 보았노라"

고 하시며 "내가 너를 낫게 하리니 네가 삼일만에 여호와의 전에 올라가겠고 내가 네 날을 십 오년을 더할것이며 내가 너와 이 성을 앗수르 왕의 손에서 구원하고 내가 나를 위하고 또 내 종 다윗을 위하므로 이 성을 보호하리라"고 말씀하셨던 것입니다. 그의 눈물의 기도가 하나님의 성전과 그 민족을 위한 기도였기에 하나님은 그의 병을 고쳐 15년 동안 더 살게 하심으로 대적 앗수르 왕의 손에서 구원해 주셨던 것입니다. 하나님은 성도들의 원한 맺힌 눈물의 기도를 좋아하십니다.

사랑하는 성도 여러분!

영국의 스펄전 목사는 "기도 없는 영은 즉 그리스도 없는 영이다. 기도는 신앙의 어린이의 속삭임이요, 싸우고 있는 신자의 울부짖음이요, 임종에 처한 성도가 예수님의 품 안에서 쉬는 때의 만가요, 능력이요, 명예이며 모든 신자의 호흡이다"라고 말했고, 호지는 "기도하는 영혼은 멸망하는 법이 없다."라고 하였습니다. 죽음에 직면하여 그 얼굴을 하나님께로 향하였던 히스기야의 기도야말로 절실하고도 간절한 기도였고, 신행일치의 진실한 기도였으며, 또한 하나님의 성전과 그 나라와 민족의 장래를 염려한 큰 울음으로 부르짖은 눈물의 기도였습니다. 히스기야, 바로 그의 기도가 오늘 날 우리 모두의 기도가 되었으면 합니다. 토리 박사의 말대로 기도는 하나님의 능력과 축복이 가득히 쌓여 있는 보고를 여는 열쇠와 같습니다. 우리 모두 항상 능하신 하나님께 기도하여 응답 받음으로 하나님께 큰 영광을 돌리시기를 축원합니다. 아멘.

그리스도 예수

(빌립보서 2:5-11)

　예수 그리스도! 그는 실로 하나님의 모든 택한 백성들 곧 우리 모든 성도들에게 있어 생명 그 자체이시며 삶의 중심이며 또한 전부임을 고백하지 않을 수 없습니다. 이탈리아의 신학자인 토마스 아퀴나스가 신학대전을 저술하고 난후, 기도하는 가운데 그의 심중에 주님께서 "토마스! 너는 내게 대하여 훌륭하게 저술했다. 내가 무엇으로 갚아주랴?" 라고 했을 때, 그는 "주여! 당신 이외에는 아무것도 원치 않나이다." 라고 하였습니다. 사도 바울이 빌립보 교회 성도들에게 그리스도 예수의 마음을 품을 것을 당부하면서 그리스도 예수, 그가 과연 어떤 분이신가를 분명하게 밝혀 주고 있는 "그리스도 예수"에 대해 생각함으로 함께 은혜 받기를 원합니다.

　"그리스도 예수" 그는

1. 신성을 지니신 하나님이셨습니다.

　본문 5-6절에 "너희 안에 이 마음을 품으라 곧 그리스도 예수의 마음이니 그는 근본 하나님의 본체시냐"라고 하였습니다. 여기에 "본체"는 '본질적인 속성과 성품' 곧 하나님 안에 존재하신 그의 신성을 뜻합니다. 또한 "근본"이란 말은 그리스도 예수께서 세상에 오시기 전의 존재 상태를 두고 하신 말씀입니다. 이는 한마디로 그리스도 예수, 그는 신성을 지니신 하나님이라는 말씀입니다. 하나님이신 그의 신성에서 수많은 기적들이 나타났던 것을 4복음서에 기록해 주었습니다. 사도 요한은 "예수의 행하신 일이 이 외에도 많으니 만일 낱낱이 기록된다면 이 세상이라도 이 기록된 책을 두기에 부족할줄 아노라"(요21:25)라고 하였습니다.

　"그리스도 예수" 그는

2. 인성을 지니신 무죄한 인간이셨습니다.

본문 6-8절에서 "그는 근본 하나님의 본체시나 하나님과 동등됨을 취할 것으로 여기지 아니하시고 오히려 자기를 비어 종의 형체를 가져 사람들과 같이 되었고 사람의 모양으로 나타나셨으매"라고 하였습니다. 이는 그리스도 예수, 그가 사람이 되셨다는 말씀입니다. 여기에 "자기를 비어"라는 말은 '비게 하다', '자신을 낮추다'라는 뜻으로 예수 그리스도의 비하의 신분을 말씀해 주심입니다. 사실 그리스도께서 비하하신 성육신이야말로 신비한 최대의 이적이요 경이로움입니다. 인성을 입으신 그리스도 예수에 대해 히브리서 기자는 "우리에게 있는 대제사장은 우리의 연약함을 체휼하지 아니 하는 자가 아니요 모든 일에 우리와 한결 같이 시험을 받은 자로되 죄는 없으시니라"(히4:15)고 하였습니다.

"그리스도 예수" 그는

3. 구속성취의 대속자이셨습니다.

본문 8절에 "자기를 낮추시고 죽기까지 복종하셨으니 곧 십자가에 죽으심이라"고 하였습니다. 그리스도 예수의 비하 신분의 극치가 바로 대속의 제물로 십자가에 죽으심입니다. 그리스도 예수께서 인간의 몸을 입고 이 땅에 오신 그 목적이 바로 여기에 있습니다. 성부 하나님은 죄로 말미암아 버림받은 우리 인간의 죄를 사하기 위해 그 아들을 십자가에 죽게 하셨던 것입니다. 그래서 구속성취의 대속자 되신 오직 그로 말미암아 우리 모든 성도들이 하나님의 백성이 되었고 천국의 기업을 받게 된 것입니다.

"그리스도 예수" 그는

4. 영광의 주님이셨습니다.

본문 9-11절에서 "하나님이 그를 지극히 높여 모든 이름 위에 뛰어난 이름을 주사 하늘에 있는 자들과 땅에 있는 자들과 땅 아래 있는 자들로 모든 무릎을 예수의 이름에 꿇게 하시고 모든 입으로 예수 그리스도를 주라 시인하여 하나님 아버지께 영광을 돌리게 하셨느니라"고 하였습니다. 이는 예수 그리스도의 영광스러운 승귀의 신분을 표현한 말씀입니다. "지극히 높여"라는 말은 하나님 보좌 우편의 영광을 뜻합니다. 성부 하나님은 그리스도 예수께 주신 뛰어난 이름 앞에 모든 무릎 꿇게 하시고 그를 주라 시인케 하심으로 영광을 하나님께 돌리게 하셨던 것입니다.

사랑하는 성도 여러분!

우리 주 그리스도 예수, 그는 하나님 구속사의 중심이시며 주전과 주후로 갈라놓으신 세계사의 중심이십니다. 오직 그만이 하나님이시며, 사람의 모양으로 오신 죄가 없으신 우리 모두의 구주가 되십니다. 십자가에 죽으시고 부활 승천하시어 하나님 보좌 우편에 계신 영광의 주님이심을 우리는 믿습니다. 결코 그를 통하지 않고는 하나님께로 갈 수 없다는 이 분명한 사실을 또한 믿습니다. 우리를 위해 화목 제물로 십자가에 죽으시고 부활하시어 승천하신 그리고 마지막 날, 영광의 재판장으로 재림하실 그리스도 예수만을 믿고 사랑하며 그의 지극히 높으신 이름만을 찬양하며 오직 성삼위 우리 하나님께 감사와 찬송과 영광을 돌리시는 우리 모두의 복된 삶이 되시기를 축원합니다. 아멘.

나는 부활이요 생명이니

(요한복음 11:23-27)

본문의 사건은 베다니에 살고 있었던 나사로와 마르다, 마리아 이 삼 남매의 가정에 베푸신 기적 즉, 나사로를 살리신 기사입니다. 이 사건으로 45절에 "마리아에게 와서 예수의 하신 일을 본 많은 유대인이 저를 믿었으나"라는 베다니의 복음화와 이를 대적한 대제사장을 중심한 공회의 결정적인 예수살상 모의가 이루어졌음을 47-57절에서 말씀해 주고 있습니다. 요한복음에 예수님께서 자신을 가리켜 '에고 에이미' 즉 "나는…이다"라고 밝히신 말씀이 일곱 번 나오는데 그중에서 "나는 부활이요 생명이니"라고 선언하심이 본문의 말씀입니다. 오늘, 이 시간 "나는 부활이요 생명이니"라고 하신 주님의 말씀을 통해 함께 은혜받기를 원합니다.

"나는 부활이요 생명이니" 이는 주님 자신이

1. 부활의 첫 열매이심을 확증해 주심입니다.

본문 23절에 주님은 마르다에게 "네 오라비가 다시 살리라"고 말씀하셨습니다. 이때 마르다는 24절에 "마지막 날 부활에는 다시 살 줄을 내가 아나이다"라고, 일찍이 예수님께서 "믿는 자마다 영생을 얻는 이것이니 마지막 날에 내가 이를 다시 살리리라"(요6:40)고 하셨던 말씀을 기억하며 대답합니다. 이에 예수님은 자신이 부활의 실체이심을 확증해 주심으로 마르다의 믿음을 더욱 성숙한 단계로 올려 주셨던 것입니다. 복음의 사도인 바울은 "이제 그리스도께서 죽은 자 가운데서 다시 살아 잠자는 자들의 첫 열매가 되셨도다"(고전15:20)라고 하였고, 23절에서는 "각각 자기 차례대로 되리니 먼저는 첫 열매인 그리스도요 다음에는 그리스도 강림하실 때에 그에게 붙은 자요"라고 하였습니다. 마지막 날, 부활의 첫 열매인 그리스도와 같이 "썩지 아니 할 것으로 다시 살고 우리도 변화하리라"(고전15:52)고 신령한 몸으로 변화될 부활을 증거해 주었습니다.

"나는 부활이요 생명이니" 이는 주님 자신이

2. 생명의 근원임을 확증하심입니다.

예수님의 부활과 생명은 불가분의 관계에 있습니다. 이는 곧 '부활'이 없으면 '생명'이 있을 수 없고 '생명'이 없으면 '부활'도 있을 수 없다는 명백한 진리입니다. 예수 그리스도는 생명이시기 때문에 그는 곧 부활이신 것입니다. 예수님은 친히 "내가 곧 길이요 진리요 생명이니"(요14:6)라고 말씀하셨습니다. 오직 예수 그리스도야말로 생명의 근원이십니다. 여기에 "생명"이라는 단어 '조에'는 단순히 한계적이며 썩고 말 육체와 관계한 '목숨'이라는 단어 '프쉬케'와는 본질적으로 다릅니다. 주께서 말씀하신 "생명"인 '조에'는 바로 믿는 자들에게 있을 '생명의 부활' 즉, 천국에서의 영화로운 삶인 '영생'을 말합니다. 이 영원한 생명을 주시기 위해 생명 되신 예수 그리스도께서 이 땅에 육체를 입고 오셨고, 십자가에 죽으심으로 우리의 죄를 사하시고 부활하심으로 영원한 생명을 주신 것입니다. 이것이 사도들이 목숨 걸고 외쳤던 그리스도의 복음입니다.

"나는 부활이요 생명이니" 이는 주님 자신이

3. 믿음의 주이심을 확증해 주심입니다.

본문 25-26절에서 예수님은 "나는 부활이요 생명이니 나를 믿는 자는 죽어도 살겠고 무릇 살아서 나를 믿는 자는 영원히 죽지 아니하리니 이것을 네가 믿느냐"라고 마르다에게 물으셨습니다. 이에 마르다는 27절에서 "주여 그러하외다 주는 그리스도시요 세상에 오시는 하나님의 아들이신줄 내가 믿나이다"라고 고백합니다. 히브리서 기자는 "믿음의 주요 또 온전케 하시는 이인 예수를 바라보자"(히12:2)라고 하였습니다. 오직 주 예수 그리스도만이 모든 믿는 자들에게 영원히 죽지 않을 생명의 부활을 주실 믿음의 주이십니다. "나를 믿는 자는 죽어도 살겠고 무릇 살아서 믿는 자는 영원히 죽지 아니하리니"라고 말씀하신 예수님만이 부활의 첫 열매이시며 생명의 근원이시며 아울러 믿음의 주가 되신 것입니다.

사랑하는 성도 여러분!

2천 년 전 이 땅에 말씀이 육신이 되어 오신 예수님은 성경대로 십자가에 죽으시고 성경대로 죽으신지 삼일 만에 부활하시어 모든 믿는 자들의 구주가 되신 분이십니다. 그는 분명 죽은 자 가운데서 부활하심으로 부활의 첫 열매가 되셨기 때문입니다. 결코, 절망의 무덤이 그를 가두지 못했던 것입니다. 이는 그가 부활이요 생명이시기 때문입니다. 하나님은 택함 받은 우리 모든 성도들에게 구원에 이르는 이 엄청난 믿음의 축복을 선물로 주셨습니다. 그러므로 예수 그리스도의 십자가와 부활 신앙을 가진 성도야말로 복 있는 자가 아닐 수 없습니다. 오직 우리 주 예수 그리스도의 십자가와 그 부활의 능력이 항상 믿는 자 가운데서 역사하시는 성령의 역사로 오직 하나님께 감사와 찬양으로 큰 영광을 돌리는 복 있는 성도들이 되시기를 축원합니다. 아멘.

나의 마시려는 잔

(마태복음 20:20-23)

예수 그리스도께서 예루살렘으로 상경하시면서 자신이 받을 수난과 부활을 세 번째로 예고해 주셨습니다. 그 때에 야고보와 요한의 어머니인 살로메가 "나의 두 아들을 주의 나라에서 하나는 주의 우편에, 하나는 주의 좌편에 앉게 명하소서"(마20:21)라고 청원을 합니다. 이에 주님은 22절에 "너희 구하는 것을 너희가 알지 못하는도다 나의 마시려는 잔을 너희가 마실 수 있느냐"라고 반문하셨습니다. 오늘 우리 주님께서 야고보의 형제에게 말씀해 주신 "나의 마시려는 잔을 마실 수 있느냐"라는 말씀을 통해 "나의 마시려는 잔"에 대한 바른 이해의 은혜가 있기를 바랍니다.

"나의 마시려는 잔" 이는 예수 그리스도의

1. 사명의 잔이었습니다.

본문 28절에서 "인자가 온것은 섬김을 받으려 함이 아니라 도리어 섬기려 하고 자기 목숨을 많은 사람의 대속물로 주려 함이니라"고 말씀하셨습니다. 이는 성자 예수께서 성부 하나님께로부터 받은 사명의 잔임을 말씀해 주심입니다. 주님은 "나의 마시려는 잔" 곧 십자가의 잔을 마시기 위해 이 땅에 오셨기에 겟세마네 동산에서 "내 아버지여 만일 할 만하시거든 이 잔을 내게서 지나가게 하옵소서 그러나 나의 원대로 마옵시고 아버지의 원대로 하옵소서"(마26:39,42)라고 두 번씩이나 고민하시며 기도하셨던 것입니다. 사도 바울은 자신의 사명에 대해 "나의 달려 갈 길과 주 예수께 받은 사명 곧 하나님의 은혜의 복음 증거하는 일을 마치려 함에는 나의 생명을 조금도 귀한 것으로 여기지 아니하노라"(행20:24)고 하였습니다. 우리 주 예수 그리스도께서 마셨던 잔, 이는 하나님의 택한 백성들의 영혼구원을 위한 사명의 잔이었습니다.

"나의 마시려는 잔" 이는 예수 그리스도의

2. 고난의 잔이었습니다.

본문 28절에서 "자기 목숨을 많은 사람의 대속물로 주려 함이라"고 하셨습니다. 이는 주님께서 마셔야 했던 십자가 고난의 잔을 뜻합니다. 여기에 "나의 마시려는 잔"은 여호와 하나님의 손에 있는 진노의 잔이며 심판의 잔이요 죽음의 잔, '포테리온'으로 하나님께서 악인들에게 쏟아 부으시는 진노를 상징합니다. 어찌 당시 야고보와 요한이 이 엄청난 잔의 의미를 깨달았겠습니까? 그들이 이 잔의 의미를 바로 알았다면 "할 수 있나이다"라고는 말하지 못했을 것입니다. 그러나 주님은 "할 수 있나이다"라고 말한 그들에게 23절에서 "너희가 과연 내 잔을 마시려니와"라고 답하시므로 그들이 앞으로 마셔야 고난의 잔을 예고해 주셨던 것입니다.

"나의 마시려는 잔" 이는 예수 그리스도의

3. 영광의 잔이었습니다.

예수 그리스도는 그의 제자들과 함께 예루살렘으로 상경하시면서 세 차례나 그의 십자가의 죽으심과 부활에 대해 예고해 주셨습니다. 그러나 제자들은 주님의 이 말씀을 진지하게 듣지 아니 하였고, 높아지려고만 하였기에 서로의 자리다툼만 일어났던 것입니다. 하지만 성자 예수께 쏟아 부으신 성부 하나님 진노의 잔인 십자가 후에 하나님은 그가 마셨던 잔을 부활과 승천 그리고 하늘 보좌 우편에 앉히시는 영광의 잔으로 빛나게 하셨던 것입니다. 사도 바울은 그리스도의 영광에 대해 "자기를 낮추시고 죽기까지 복종하셨으니 곧 십자가에 죽으심이라 그러므로 하나님이 그를 지극히 높여 모든 이름 위에 뛰어난 이름을 주사…모든 입으로 예수 그리스도를 주라 시인하여 하나님 아버지께 영광을 돌리게 하셨느니라"(빌2:8-11)고 하였고, 히브리서 기자도 "믿음의 주요 또 온전케 하시는 이인 예수를 바라보자 저는 그 앞에 있는 즐거움을 위하여 십자가를 참으사 부끄러움을 개의치 아니하시더니 하나님 보좌 우편에 앉으셨느니라"(히12:2)고 하였습니다. 사도 바울은 "생각건대 현재의 고난은 장차 우리에게 나타날 영광과 족히 비교할 수 없도다"(롬8:18)라고 하였습니다.

사랑하는 성도 여러분!

예수 그리스도께서는 성도된 우리 모두가 그가 마시려고 했던 사명의 산, 고난의 산, 영광의 산을 마시기를 원하십니다. 그러하기에 마누에서는 "아무든지 나를 따라 오려거든 자기를 부인하고 자기 십자가를 지고 나를 좇을 것이니라"(마16:24)고 하셨던 것입니다. 예수 그리스도의 몸 된 교회 안에서 로마의 교황이나 사제처럼 대접받는 화려한 옷이나 계급을 구하는 자가 되어서는 안 됩니다. 오히려 섬김과 희생의 잔, 고난의 십자가를 지고 헌신 봉사하는 자가 되어야 합니다. 눈물과 땀과 희생의 피가 담겨진 헌신의 잔을 마셔야 합니다. 이는 "No Cross, No Crown!" 십자가 없는 영광 없기 때문입니다. 주님께서 마셨던 그 사명의 잔, 고난의 잔, 그리고 영광의 잔을 마시며 오직 그리스도만을 따르는 제자로서 우리 하나님께 큰 기쁨과 영광이 되시기를 축원합니다. 아멘.

내 하나님이여 어찌 나를

(시편 22:1-21)

본 시편에서 우리는 사울 왕의 집요한 박해로 인한 극한 상황 속의 다윗이 장차 오실 메시아, 곧 그리스도의 십자가 수난과 승리의 영광, 그리고 그에게로 돌아오는 열방의 모든 족속인 교회운동을 예언하고 있음을 보게 됩니다. 다윗은 자신에게 임할 절박한 상황을 목격하면서 "내 하나님이여 내 하나님이여 어찌 나를 버리셨나이까 어찌 나를 멀리하여 돕지 아니하옵시며 내 신음하는 소리를 듣지 아니하시나이까"라고 탄식합니다. 이는 그리스도께서 십자가상에서 "내 하나님이여 내 하나님이여 어찌 나를 버리셨나이까"라는 탄성으로 다윗의 예언의 말씀을 그대로 성취하신 것입니다.

"내 하나님이여 어찌 나를" 이는 그리스도의

1. 대속적(代贖的) 아사셀 양의 탄성이었습니다.

본문 1절에 "내 하나님이여 내 하나님이여 어찌 나를 버리셨나이까"라고 하였습니다. 구약에 '아사셀'이란 이스라엘의 죄를 속하기 위하여 속죄일에 광야로 버려지는 숫염소의 이름입니다. 예수 그리스도께서 속죄를 위한 아사셀 숫염소로 이 땅에 오셨기에 성부 하나님은 성자 예수님을 영문 밖 골고다로 버려 십자가에 달려 죽기를 원하셨던 것입니다. 사실 하나님의 본체이신 성자께서 성부 하나님으로부터 버림받았다는 것은 그가 입으신 엄청난 고난으로 비하의 극치입니다. 그래서 주님은 "엘리 엘리 라마 사박다니"라고 절규하며 탄식하셨던 것입니다. 하나님께 버림받은 절망적인 깊은 심연의 탄성이야말로 인간 최악의 비극과 불행이 아닐 수 없습니다. 그리스도의 이 대속적인 버림의 탄성은 죄 때문에 하나님께 버림받은 그의 택한 백성들을 다시 하나님의 품에 끌어안으시기 위해 성자 예수를 버리신바 하나님 자신의 고통입니다. 결국, 그리스도는 하나님께 버림받은 대속적인 아사셀 양으로 이 땅에 오셨고, 십자가에 달려 죽으셨던 것입니다.

"내 하나님이여 어찌 나를" 이는 그리스도의

2. 치욕적 미물(微物)의 탄성이었습니다.

본문 6-8절에서 "나는 벌레요 사람이 아니라 사람의 훼방거리요 백성의 조롱거리니이다 나를 보는 자는 다 비웃으며 입술을 비쭉이고 머리를 흔들며 말하되 저가 여호와께 의탁하니 구원하실걸, 저를 기뻐하시니 건지실걸 하나이다"라고 탄식하였습니다. 십자가에 달린 예수 그리스도, 그는 사람이 아닌 미물에 속한 치욕적 벌레와 같았습니다. 바로 이 치욕적인 모욕에 대해 "지나가는 자들은 자기 머리를 흔들며…모욕하여"(마27:39)라고 하였고, 42-43절에서 대제사장들, 서기관들과 장로들 또한 "저가 남은 구원하였으되 자기는 구원할 수 없도다 저가 이스라엘의 왕이로다 지금 십자가에서 내려올찌어다 그러면 우리가 믿겠노라 저가 하나님을 신뢰하니 하나님이 저를 기뻐하시면 이제 구원하실찌라 제 말이 나는 하나님의 아들이라 하였도다"라고 말함에서 이사야의 예언이 그대로 성취되었던 것입니다.

"내 하나님이여 어찌 나를" 이는 그리스도의

3. 전인적(全人的) 인고의 탄성이었습니다.

본문 14-18절에서 "나는 물같이 쏟아졌으며 내 모든 뼈는 어그러졌으며 내 마음은 촛밀 같아서 내 속에서 녹았으며 내 힘이 말라 질그릇 조각 같고 내 혀가 잇틀에 붙었나이다 주께서 또 나를 사망의 진토에 두셨나이다 개들이 나를 에워쌌으며 악한 무리가 나를 둘러 내 수족을 찔렀나이다 내가 내 모든 뼈를 셀 수 있나이다 저희가 나를 주목하여 보고 내 겉옷을 나누며 속옷을 제비 뽑나이다"라고 하였습니다. 이는 십자가 처형이 그리스도의 전인적 인고의 참혹함이었다는 사실을 말해 줍니다. 다윗이 그렇게 예언했듯이 이사야 예언인 "그가 찔림, 그가 상함, 그가 징계를 받음, 그가 채찍에 맞음"(사53:5)이 그러합니다. 십자가 수난이 그렇게도 참혹했던 것은 악한 영인 사단의 총동원적인 집요한 공격이었기 때문입니다.

사랑하는 성도 여러분!

"내 하나님이여 내 하나님이 어찌 나를 버리셨나이까"라고 그리스도께서 쏟으신바 탄성이 하나님께서 선지자를 통해 "그가 찔림은 우리의 허물을 인함이요 그가 상함은 우리의 죄악을 인함이라 그가 징계를 받음으로 우리가 평화를 누리고 그가 채찍에 맞음으로 우리가 나음을 입었도다 우리는 다 양 같아서 그릇 행하여 각기 제 길로 갔거늘 여호와께서는 우리 무리의 죄악을 그에게 담당시키셨도다"(사53:5-6)라고 하신 예언 성취의 탄성이었습니다. "내 하나님이여 내 하나님이여 어찌 나를 버리셨나이까"라고 하신 예수 그리스도의 탄성이 있었기에 죄로 하나님께 버림받은 우리가 다 하나님과 화목하게 된 것입니다. 그 크신 하나님이 사랑과 구원은총에 감사하며 한평생 주님만을 기쁘시게 하는 헌신적 삶이 있어야 할 줄 압니다. 오직 그리스도의 십자가 중심의 신앙과 경건한 삶으로 성 삼위 우리 하나님께 영광을 돌리는 복 된 삶이되시기를 축원합니다. 아멘.

내가 갈 길을 가야 하리니

(누가복음 13:31-35)

예수 그리스도께서 각 성 각 촌으로 다니시며 천국 복음을 전하시며 예루살렘으로 올라가시던 중에 "좁은 문으로 들어가기를 힘쓰라"(눅13:34)라고 말씀하시면서 마지막 심판 때, 하나님 나라의 잔치 곧 구원의 문 밖에서 슬피 울며 이를 갈이 있을 예루살렘에 대해 "예루살렘아, 예루살렘아"라고 탄식하셨습니다. 그 때, 바리세인들이 예수께 31절에 "나가서 여기를 떠나소서 헤롯이 당신을 죽이고자 하나이다"라고 합니다. 이에 그들에게 여우 헤롯에게 전하라고 하시면서 "내가 갈 길을 가야 하리니"라고 말씀해 주셨습니다.

"내가 갈 길을 가야 하리니" 이는 주께서 가실

1. 구속사 완성을 위한 사명의 길이었습니다.

본문 32절에서 예수께서는 "오늘과 내일 내가 귀신을 쫓아내며 병을 낫게 하다가 제 삼일에는 완전하여지리라"라고 하셨고, 33절에서 "오늘과 내일과 모레는 내가 갈 길을 가야 하리니"라고 말씀하셨습니다. 여기에 '오늘과 내일과 모레', 그리고 '오늘과 내일 제 삼일'의 참된 의미는 예수님의 짧은 공생애 기간 동안의 사명의 길을 상징적으로 말씀해 주심입니다. 즉 예수님께서 가신 길은 "제 삼일에는 완전하여 지리라"라는 하나님 구속사의 완성을 위한 사명성취의 길이었습니다. 여기에 "완전하여 지리라"라는 말은 '내가 완전히 마치다'라는 뜻으로 예수 그리스도의 죽음과 부활을 통해 그의 구속사역의 완수를 뜻합니다. 한마디로 "내가 갈 길을 가야 하리니"라는 말씀은 은혜계약 성취를 위한 필연적인 사명의 길임을 바리세인들에게 밝혀 주셨고 이 분명한 사실을 헤롯에게 전하라고 하신 것입니다. 즉 헤롯이 죽인다고 해서 주님이 가실 길에 변동이 있을 수 없다는 단언이기도 합니다. 우리 모든 성도들은 주 예수께 사명을 받은 자들 입니다. "세상이 감당치 못하도다"(히11:38)라고 하신 믿음의 사람들입니다.

"내가 갈 길을 가야 하리니" 이는 주께서 가실

2. 십자가 고난의 길이었습니다.

본문 33절에서 예수께서는 "오늘과 내일과 모레는 내가 갈 길을 가야 하리니 선지자가 예루살렘 밖에서는 죽는 법이 없느니라"라고 말씀하셨습니다. 이는 바로 예수께서 가셔야 할 길이 성부 하나님께서 정하신 죽음의 길, 십자가의 길, 곧 고난의 길임을 말씀해 주신 것입니다. 우리 주 예수 그리스도께서는 자신이 죽음으로 많은 열매를 맺을 한 알의 밀로 모든 하나님의 백성, 곧 우리 모두의 구원을 위해 이 땅에 오셨던 것입니다. 그의 숭고한 고난이 있으셨기에 모든 성도들이 구원을 얻었고 영원한 천국을 기업으로 받게 된 것입니다.

"내가 갈 길을 가야 하리니" 이는 주님께서 가실

3. 승귀의 신분인 영광의 길이었습니다.

본문 32절에서 예수께서는 "제 삼일에는 완전하여지리라"라고 말씀하셨습니다. 이는 십자가에 죽으시고 제 삼 일만에 다시 사실 그의 부활을 두고 하신 말씀이며 또한 35절 "보라 너희 집이 황폐하여 버린바 되리라 내가 너희에게 이르노니 너희가 주의 이름으로 오시는 이를 찬송하리로다 할 때까지는 나를 보지 못하리라"라고 하심은 그의 영광스러운 재림을 두고 하신 말씀입니다. 사도 바울은 "이러므로 하나님이 그를 지극히 높여 모든 이름 위에 뛰어난 이름을 주사 하늘에 있는 자들과 땅에 있는 자들과 땅 아래 있는 자들로 모든 무릎을 예수의 이름에 꿇게 하시고 모든 입으로 예수 그리스도를 주라 시인하여 하나님 아버지께 영광을 돌리게 하셨느니라" (빌2:9-11)고 하였고, 그리스도의 영광스러운 재림에 대해 "주께서 호령과 천사장의 소리와 하나님의 나팔로 친히 하늘로 좇아 강림하시리니"(살전4:16)라고 증거하였습니다. 히브리서 기자 역시 믿음의 주요 또 온전케 하시는 이인 예수를 바라보자 저는 그 앞에 있는 즐거움을 위하여 십자가를 참으사 부끄러움을 개의치 아니하시더니 하나님 보좌 우편에 앉으셨느니라" (히12:2)고 하였습니다.

사랑하는 성도 여러분!

우리 주 예수 그리스도께서 가신 길은 곧 그리스도의 신부인 시상의 모든 참된 교회와 우리 모든 신자들이 걸어가야 할 길이기도 합니다. 바로 그 길의 본을 주님께서 보여 주신 것입니다. 오직 하나님의 뜻을 이루어드리는 사명자의 길을 우리도 가야 합니다. 이유는 사도 바울의 고백대로 그 사명은 목숨보다 귀하기 때문입니다. 사도바울은 "우리가 그와 함께 영광을 받기 위하여 고난도 함께 받아야 될 것이니라 생각건대 현재의 고난은 장차 우리에게 나타날 영광과 족히 비교할 수 없도다" (롬8:17-18)라고 하였고, 영광의 예수께서 재림하실 그 날 "너희도 그와 함께 영광중에 나타나리라" (골3:4)고 하였습니다. 우리 주님 가신 길 따라가며 오직 하나님께 영광을 돌리는 복된 우리 교회와 성도들 되시기를 축원합니다. 아멘.

사람들을 피로 사서 하나님께 드리시고

(요한계시록 5:7-10)

보좌에 앉으신 하나님의 오른 손에 7인으로 봉해진 책을 받아 펴거나 보거나 그 인을 떼시기에 합당한 자가 없기로 크게 울었던 사도 요한에게 장로 중 하나가 "울지 말라 유대 지파의 사자 다윗의 뿌리가 이기었으니 이 책과 그 일곱 인을 떼시리라"고 일러 주었고 주께서 그 책을 받을 때 네 생물과 24장로들이 "책을 가지시고 그 인봉을 떼기에 합당하시도다 일찍 죽임을 당하사 각 족속과 방언과 백성과 나라 가운데서 사람들을 피로 사서 하나님께 드리시고 저희로 우리 하나님 앞에서 나라와 제사장을 삼으셨으니 저희가 땅에서 왕노릇하리로다"(계5:9-10)라고 찬양을 합니다.

"사람들을 피로 사서 하나님께 드리시고" 이들의 새 노래는

1. 그리스도의 대속을 노래한 찬양입니다.

본문 9절에 "책을 가지시고 그 인봉을 떼기에 합당하시도다 일찍 죽임을 당하사 각 족속과 방언과 백성과 나라 가운데서 사람들을 피로 사서 하나님께 드리시고"라고 하였습니다. 여기에 "각 족속과 방언과 백성과 나라 가운데서 사람들"이라고 하심은 구원의 역사가 차별 없이 모든 사람들에게 적용됨을 나타낸 말입니다. 그러나 "가운데서"라는 말씀이 하나님의 선택을 의미하고 있습니다. 즉 "가운데서 피로 사서"라는 대속의 대상이 하나님께 선택을 받은 사람들임을 보여 줍니다. 그리스도의 대속인 그의 십자가는 단번에 선택받은 백성들을 그의 피로 사서 하나님께 드려진 사건이었다는 말입니다. 사도 바울은 "너희로 감독자를 삼고 하나님이 자기 피로 사신 교회를 치게 하셨느니라"(행20:28)고 하였습니다.

"사람들을 피로 사서 하나님께 드리시고" 이들의 새 노래는

2. 그리스도의 헌신을 노래한 찬양입니다.

본문 9-10절에 "사람들을 피로 사서 하나님께 드리시고 저희로 우리 하나님 앞에서 나라와 제사장을 삼으셨으니"라고 하였습니다. 여기에 "하나님께 드리시고"라는 말씀은 그리스도 자신이 그의 피로 산 모든 사람들을 끌어안고 번제물로 아버지께 드려진 그의 헌신을 보여 줌입니다. 바로 그의 헌신이 성도들로 하여금 그의 나라와 제사장이 되게 하심으로 그 하나님께 헌신하도록 하신 것입니다. 사도 요한은 "우리를 사랑하사 그의 피로 우리 죄에서 우리를 해방하시고 그 아버지 하나님을 위하여 우리를 나라와 제사장으로 삼으신 그에게 영광과 능력이 세세토록 있기를 원하노라"(계 1:5-6)고 하였습니다. 그리스도께서 자신을 번제물로 아버지 하나님께 드리신 그 목적이 그로 말미암아 구원받은 성도들로 하여금 하나님께 나라와 제사장으로써 헌신하도록 함에 있습니다.

"사람들을 피로 사서 하나님께 드리시고" 이들의 새 노래는

3. 그리스도의 은총을 노래한 찬양입니다.

본문 10절 하반 절에 "저희가 땅에서 왕 노릇 하리로다"라고 하였습니다. 이는 그리스도의 피로 사서 하나님께 드림 바 된 성도들이 천국에서 누릴 "왕 노릇" 곧 그리스도의 은총을 찬양함입니다. 이미 그리스도께서 십자가를 지신 후 아버지로부터 받은 승귀의 은총이 그러합니다. 사도 바울은 "하나님이 그를 지극히 높여 모든 이름 위에 뛰어난 이름을 주사 하늘에 있는 자들과 땅에 있는 자들과 땅 아래 있는 자들로 모든 무릎을 예수의 이름에 꿇게 하시고"(빌2:9-10)라고 하였고 사도 요한은 그리스도의 은총을

힘입은 "그들이 하나님과 그리스도의 제사장이 되어 천년 동안 그리스도로 더불어 왕 노릇하리라"(계20:6)고 하였습니다. 그리스도께서 피로 사서 하나님께 드린바 된 성도들이 그리스도와 함께 왕 노릇함이니 이는 우리 성도들이 성삼위 하나님께 받은 최상, 최귀의 축복이 아닐 수 없습니다. 오직 "찬송할지로다" 일뿐입니다.

사랑하는 성도 여러분!

예수 그리스도께서 그의 피로 사서 우리를 하나님께 드린 십자가의 사건이 없었더라면 오늘 우리의 모습은 어떠했겠는가? 생각만 해도 끔찍합니다. 그가 십자가에 죽으심으로 흘리신 보혈의 피로 우리를 사서 하나님께 드리심으로 나라와 제사장으로 삼아주셨기에 우리는 참으로 행복하고 감사할 뿐입니다. 보좌 주위의 네 생물과 이십 사 장로들이 엎드려 노래했던 그들의 찬양이 오늘 우리의 찬양이 되어야 할 것입니다. 성부 하나님의 오른 손에서 책을 취하시고 그 인을 떼시기에 합당하신 우리 주님의 대속을 찬양해야 합니다. 그의 보배로운 피로 우리를 사서 하나님께 드려 나라와 제사장으로 삼으신 그의 대속적인 헌신을 찬양해야 합니다. 또한 만왕의 왕이신 그와 더불어 금생과 내생에 왕 노릇 하게 하신 그의 크신 은총을 찬양해야 마땅합니다. "충성된 증인으로 죽은 자들 가운데서 먼저 나시고 땅의 임금들의 머리가 되신 예수 그리스도로 말미암아 은혜와 평강이 너희에게 있기를 원하노라"(계1:5)고 한 사도 요한의 기원을 담아 항상 우리 하나님께 영광과 찬양을 드리는 복된 삶이되시기를 축원합니다. 아멘.

아들을 낳으리니 이름을 예수라 하라

(마태복음 1:21-23)

영국의 사상가인 웰즈(H.G.Wells)는 그의 저서「세계 문화사 대계」에서 성탄의 주인공이신 예수 그리스도에 대해서 "이 갈릴리 사람은 우리 인간의 작은 가슴으로는 받아 감당하기에는 너무나 위대하였다."라고 하였습니다. 사도 요한의 증언대로 "말씀이 육신이 되어"(요1:14) 이 땅에 성육신 하신 예수 그리스도, 그의 탄생과 33년간의 공생애 그리고 십자가에 죽으심과 부활하심과 승천, 이 모두는 그의 생생한 역사적 사실로 웰즈의 말과 같이 우리의 작은 가슴이 감당하기에는 너무나도 위대한 분이심에 분명합니다. 오늘은 본문에서 주의 천사가 마리아와 정혼한 요셉에게 나타나서 그녀가 성령으로 잉태했다는 신비한 비밀을 알려주며 21절에서 "아들을 낳으리니 이름을 예수라 하라"고 지시를 하며 이는 23절에 "보라 처녀가 잉태하여 아들을 낳을 것이요 그 이름은 임마누엘이라 하리라"고 선지자 이사야의 예언(사7:14)을 상기시켜 주었습니다.

"아들을 낳으리니 이름을 예수라 하라" 그 이름 예수

1. '예수아' 구원입니다.

본문 21절에 "이름을 예수라 하라 이는 그가 자기 백성을 저희 죄에서 구원할 자이심이라"고 하였습니다. "예수"라 함은 '예수아' 즉 '여호와는 구원이시다' 라는 뜻의 이름입니다. 또한 "자기 백성"이란 하나님의 백성으로 구원하시기를 작정해 놓으신 선택받은 자를 말합니다. 이사야 선지자는 하나님이 자기 백성을 가리켜 "내가 너를 구속하였고 내가 너를 지명하여 불렀나니 너는 내 것이라"(사43:1)고 하였습니다. 사도 베드로는 "오직 너희는 택하신 족속이요 왕 같은 제사장들이요 거룩한 나라요 그의 소유된 백성이니"(벧전2:9)라고 하였습니다. 오직 예수로 말미암아 죄에서 구원받은 백성들입니다. "저희의 죄"라고 했는데 '죄' 란 단어 '하타' 는 '표적에서 빗나가다' 를 뜻하며, 본문에서의 '하마르티아' 역시 '하타' 와 같이 '표적(과녁)에서 빗나가는 것' 을 뜻합니다. 이렇게 "저희 죄"로 죽은 하나님 자기 백성을 구원하시기 위해 그의 독생자를 보내셨으니 '구원' 곧 그 이름 '예수' 라 하였습니다.

"아들을 낳으리니 이름을 예수라 하라" 그 이름 예수

2. '로고스' 말씀입니다.

본문 22절에 "이 모든 일의 된 것은 주께서 선지자로 하신 말씀을 이루려 하심이니"라고 하였습니다. 여기에 주께서 "선지자로 하신 말씀"이라는 '프로페투 레곤토스' 에서 '레곤토스' 즉 '말하다' 의 동의어는 '로고스' 입니다. 사도 요한은 "태초에 말씀이 계시니라"(요1:1)라고 하였고, 14절에는 "말씀이 육신이 되어 우리 가운데 거하시매"라고 하였습니다. 주께서 선지자로 하신 말씀 또한 '로고스' 입니다. 천사는 본문 23절에서 이사야의 "보라 처녀가 잉태하여 아들을 낳을 것이요 그 이름은 임마누엘이라 하리라"(사7:14)라는 말씀, 곧 '로고스' 를 인용하고 있습니다. 말씀이 육신이 되신 사건은 하나님의 위대하신 표적입니다. "너희가 가서 강보에 싸여 구유에 누인 아기를 보리니 이것이 너희에게 표적이니라"(눅2:12)고 하신 말씀이 이를 말해 줍니다.

"아들을 낳으리니 이름을 예수라 하라" 그 이름 예수

3. '임마누엘' 화평입니다.

본문 23절에 "그 이름은 임마누엘이라 하리라"고 하였습니다. "임마누엘"이란 이름의 첫 자인 '임'은 '함께, 결합, 친교'를 뜻하는데 이는 바로 '구원' 입니다. 아담 범죄 후 인간은 죄와 허물로 죽었었고(엡2:1), 본질상 진노의 자녀가 되었으며(엡2:3) 또한 하나님과 원수가 되었던 존재였습니다. 이 같은 인간에게 구원이라 이름 한 예수는 그의 십자가로 원수의 담을 헐어 주셨습니다. 사도 바울은 "둘로 하나를 만드사 중간에 막힌 담을 허시고"(엡2:14)라고 하였고 16절에서 "또 십자가로 이 둘을 한 몸으로 하나님과 화목하게 하려 하심이라 원수 된것을 십자가로 소멸하시고"라고 하였습니다. 하나님은 예수 그리스도를 통해 그의 사랑을 확증해 주셨습니다. 사도 요한은 "사랑은 여기 있으니 우리가 하나님을 사랑한 것이 아니요 오직 하나님이 우리를 사랑하사 우리 죄를 위하여 화목제로 그 아들을 보내셨음이니라"(요일4:10)고 증거 해 주었습니다. 화목제로 오신 예수, 그 이름 임마누엘입니다.

사랑하는 성도 여러분!

오늘은 우리 주 예수께서 그 이름 예수와 임마누엘로 이 땅에 성육신하신 역사적인 성탄절입니다. 참으로 신비한 표적의 날이요 축복의 날입니다. 천사들의 노래처럼 "지극히 높은 곳에서는 하나님께 영광이요 땅에서는 기뻐하심을 입은 사람들 중에 평화로다"(눅2:14)입니다. 태초에 있는 말씀이 육체를 입고 우리 가운데 거하신바 그 이름 예수와 임마누엘에 합당한 감사와 찬송과 예물로 영광을 성삼위 우리 하나님께 돌리시기를 축원합니다. 아멘.

예수 그리스도를 주라 시인하여

(빌립보서 2:6-11)

하나님 구속사의 중심이신 예수 그리스도, 그는 실로 우리 모든 성도들의 생명이요 또한 삶의 중심이며 전부가 되신 분이십니다. 사도 바울은 빌립보교회 성도들에게 "너희 안에 이 마음을 품으라 곧 그리스도 예수의 마음이니"(빌2:5)라고 명하며 예수 그리스도가 어떠한 분이신가를 증거하고 있습니다. 예수 그리스도에 대한 바른 인식 곧 바른 신앙관은 대단히 중요합니다. "예수 그리스도를 주라 시인하여"라는 본문의 말씀을 통해 함께 은혜 받기를 원합니다.

"예수 그리스도를 주라 시인하여" 예수 그리스도 그는

1. 하나님 '데오스' 이십니다.

본문 6절에 "그는 근본 하나님의 본체시나"라고 하였습니다. 여기에 "근본"이란 '휩알콘' 은 '존재'를 의미하는바 그리스도께서 육체를 입고 세상에 오시기 전의 존재 상태를 말합니다. 그리고 "본체"인 '몰페'는 '형체'로서 이는 하나님의 성품이나 본질만을 의미하는 것이 아니고 그 모든 것을 포함하는 전체를 가리키는 것으로 예수 그리스도의 신성 곧 하나님이심을 증거하고 있습니다. 예수 그리스도의 신성은 성자의 실존으로서 4복음서에 나타난 모든 초자연적인 이적들이 바로 그의 신성에서 나타난 역사들이였던 것입니다. 그는 하나님, 곧 '데오스' 이십니다.

"예수 그리스도를 주라 시인하여" 예수 그리스도 그는

2. 사람 '안드로포스'이십니다.

본문 7-8절에서 "자기를 비어 종의 형체를 가져 사람들과 같이 되었고 사람의 모양으로 나타나셨으매"라고 하였습니다. 여기에 "자기를 비어"라는 '케노오'는 '비게 하다', '자신을 낮추다'라는 뜻으로 예수 그리스도 자신의 낮추심입니다. 곧 비하의 신분을 뜻합니다. 사실 하나님이신 예수 그리스도께서 자신을 비어 종의 형체인 사람, 곧 우리와 같은 인간의 모습으로 이 땅에 오셨다는 성육신이야말로 경이로운 표적이 아닐 수 없습니다. 히브리서 기자는 "우리에게 있는 대제사장은 우리 연약함을 체휼하지 아니하는 자가 아니요 모든 일에 우리와 한결같이 시험을 받은 자로되 죄는 없으시니라"(히4:15)고 하였습니다.

"예수 그리스도를 주라 시인하여" 예수 그리스도 그는

3. 구속자 '크리스토스'이십니다.

본문 8절에 "자기를 낮추시고 죽기까지 복종하셨으니 곧 십자가에 죽으심이라"고 하였습니다. 이는 그의 비하 신분의 극치입니다. 바로 그가 속죄의 제물로 십자가에 달려 죽으셨다는 말입니다. 하나님이신 그가 이 땅에 오신 그 목적이 "피 흘림이 없은즉 사함이 없느니라"(히9:22)는 속죄에 있었기 때문입니다. 예수께서는 "인자의 온 것은 섬김을 받으려 함이 아니라 도리어 섬기려 하고 자기 목숨을 많은 사람의 대속물로 주려 함이라"(막10:45)고 하셨고 사도 바울은 "그 아들 안에서 우리가 구속 곧 죄 사함을 얻었도다"(골1:14)라고 하였습니다.

"예수 그리스도를 주라 시인하여" 예수 그리스도 그는

4. 영광의 주 '퀴리오스' 이십니다.

본문 9-11절에서 "이러므로 하나님이 그를 지극히 높여 모든 이름 위에 뛰어난 이름을 주사 하늘에 있는 자들과 땅에 있는 자들과 땅 아래 있는 자들로 모든 무릎을 예수의 이름에 꿇게 하시고 모든 입으로 예수 그리스도를 주라 시인하여 하나님 아버지께 영광을 돌리게 하셨느니라"고 하였습니다. 여기에 "지극히 높여"는 보다 더 높은 최상의 승귀, 곧 그의 부활과 승천 그리고 보좌 우편에 앉히심과 의로운 재판장으로 재림하실 그의 영광을 뜻합니다. 또한 그의 뛰어난 이름 앞에 "하늘에 있는 자들"인 천상의 천사들과 "땅에 있는 자들"인 지상에 존재한 모든 사람들 그리고 "땅 아래 있는 자들"인 죽은 자나 마귀와 같은 존재들이 그를 '주' 곧 '퀴리오스'라고 시인케 하신다고 하셨으니 그야말로 영광의 주 '퀴리오스' 입니다.

사랑하는 성도 여러분!

그리스도 예수를 믿는다는 것은 그에 대한 분명한 인식입니다. 그는 근본 하나님의 본체이신 하나님 '데오스', 죄가 없으신 '안드로포스', 십자가에 달려 속죄의 피를 흘려 우리의 죄를 사하여 주신 구속자 '크리스토스' 이시며 부활 승천하시어 보좌에 앉으셨다가 마지막 날 다시 오실 영광의 주 '퀴리오스' 이십니다. 사도 베드로는 "다른 이로서는 구원을 얻을 수 없나니 천하 인간에 구원 얻을 만한 다른 이름을 우리에게 주신 일이 없음이라"(행4:12)고 하였습니다. 이제 지구 종말의 날, 영광의 주 '퀴리오스'로 오실 그의 재림을 기다리면서 끝까지 믿음을 지켜 그리스도 예수의 마음을 품은 거룩한 행실과 성결한 삶으로 오직 하나님께 영광을 돌리는데 최선을 다하는 우리 모두가 되시기를 축원합니다. 아멘.

예수께서 예루살렘에 들어가시니

(마태복음 21:1-11)

이탈리아의 교회 개혁자였던 사보나롤라가 화형으로 순교하기 전 친구에게 한 최후의 말이 "주 예수 그리스도께서는 일찍이 우리보다 더 많은 고난을 받으셨다."라고 합니다. 예수님의 전 생애가 고난이었지만 종려주일로부터 시작하는 이 한 주간은 그가 받으신 수난에 절정을 이루는 고난주간입니다. "개선의 날"이라 일컫는 이 역사적인 예루살렘 입성 사건을 마태, 마가, 누가, 요한은 각자의 복음서에서 매우 중요하게 다루고 있습니다. 이는 하나님의 구속사에 있어 너무나도 중요한 의미를 담고 있기 때문입니다.

"예수께서 예루살렘에 들어가시니" 그의 입성은

1. 왕의 입성이었습니다.

본문 5절에 "시온의 딸에게 이르기를 네 왕이 네게 임하나니"라고 하였습니다. 이는 주전 520년 경, 스가랴 선지자가 "시온의 딸아 크게 기뻐할지어다 예루살렘의 딸아 즐거이 부를지어다 보라 네 왕이 네게 임하나니 그는 공의로우며 구원을 베풀며 겸손하여서 나귀를 타나니 나귀의 작은 것 곧 나귀새끼니라"(슥9:9)고 예언했던 바로 그분이 왕이셨음을 말씀해 주고 있습니다. 바로 그 주님은 공의의 왕이시며, 구원의 왕이심과 아울러 겸손하신 평화의 왕이셨습니다. 그러므로 많은 사람들이 구원과 평화를 상징하는 종려나무 가지를 흔들며 그의 입성을 환영하였던 것입니다.

"예수께서 예루살렘으로 들어가시니" 그의 입성은

2. 종의 입성이었습니다.

본문 5절에서 마태는 스가랴 선지자가 예언한바 "시온 딸에게 이르기를 네 왕이 네게 임하나니 그는 겸손하여 나귀, 곧 멍에 메는 짐승의 새끼를 탔도다 하라 하였느니라"는 말씀을 인용하였습니다. 스가랴 선지자는 분명하게 예수께서 왕이시라고 하였습니다. 그러나 그는 겸손하여 나귀새끼를 타신바 섬기는 종의 신분으로 예루살렘에 입성하셨다는 것입니다. 사도 바울은 종으로 오신 예수님에 대해 그는 근본 하나님의 본체시나 하나님과 동등됨을 취할 것으로 여기지 아니하시고 오히려 자기를 비어 종의 형체를 가져 사람들과 같이 되었고"(빌2:6-7)라고 하였습니다. 예수께서는 친히 "인자의 온 것은 섬김을 받으려 함이 아니라 도리어 섬기려 하고"(막10:45)라고 말씀하셨습니다. 그러므로 우리 주님은 선지자의 예언대로 겸손하여 나귀를 타셨던 것입니다. 당시, 흔하게 볼 수 있는 로마 총독들의 장엄한 입성과는 전혀 다른 입성이었습니다. 예수께서는 자신을 가리켜 "나는 마음이 온유하고 겸손하니"(마11:29)라고 하셨습니다.

"예수께서 예루살렘에 들어가시니" 그의 입성은

3. 구주의 입성입니다.

본문 9절에 "앞에서 가고 뒤에서 따르는 무리가 소리질러 가로되 호산나 다윗의 자손이여 찬송하리로다 주의 이름으로 오시는이여 가장 높은 곳에서 호산나"라고 찬양하며, 환영하였습니다. 종려나무 가지를 흔들며 외친 "호산나"라는 이 말은 '하나님이여 이스라엘을 도우소서' 혹은 '지금 구원하소서' 라는 뜻으로 이 노래는 "여호와여 구하옵나니 이제 구원하소서 여호와여 우리가 구하옵나니 이제 형통케 하소서 여호와의 이름으로 오는 자가 복이 있음이여 우리가 여호와의 집에서 너희를 축복하였도다"(시

118:25-26)라는 말씀에 근거하여 초막절에 불려졌던 메시야에 대한 노래입니다. 그러므로 이 땅에 "호산나"라고 칭송할 분은 오직 한 분, 나귀새끼를 타시고 예루살렘에 입성하신 예수님 밖에는 없다는 사실입니다. 오직 예수 그리스도만이 구주이십니다. "내가 곧 길이요 진리요 생명이니 나로 말미암지 않고는 아버지께로 올 자가 없느니라"(요14:6)라고 예수께서 말씀하셨고, 사도 베드로는 "다른 이로서는 구원 얻을 수 없나니 천하 인간에 구원을 얻을 만한 다른 이름을 우리에게 주신 일이 없음이니라"(행4:12)라고 하였습니다. 우리 모든 성도들은 이 사실을 분명하게 믿고 고백합니다.

사랑하는 성도 여러분!

오늘 종려주일은 고난주간의 첫째 날로 우리 주 예수 그리스도께서 예루살렘성에 나귀새끼 타시고 입성하신 역사적인 날입니다. 십자가에 죽으시고, 부활 승천하시어, 하나님 보좌 우편에 계신 우리 주님을 찬양합시다. 왕이셨지만 섬기는 종으로 이 땅에 오신 그리스도 곧 구주되신 주님을 고백하며 찬양으로 영광을 돌립시다. 우리 주 예수 그리스도께서 당하신 고난의 한 주간을 경건한 마음으로 우리의 잘못된 삶을 통회하면서 기도하셨으면 합니다. 만왕의 왕으로서의 입성과 하나님의 본체시지만 그 동등 됨을 취할 것으로 여기지 아니 하시고, 자신을 비어 섬기는 종으로서 오신 구주의 입성 앞에 우리 또한 "호산나 다윗의 자손이여"라고 찬양해야 할 것입니다. 예루살렘에 입성하신 예수, 그의 이름으로 아버지 하나님께 영광을 돌리시기를 축원합니다. 아멘.

예수는 그 지혜와 그 키가 자라가며

(누가복음 2:40,52)

　5월은 가정의 달로 오늘 첫 주일은 어린이 주일로 지킵니다. 어느 가정이나 어린이에 대한 관심과 기대는 대단합니다. 그 이유는 어린이가 그 가정의 꽃이요 나라와 민족의 밝은 장래를 꽃피울 꿈나무들이기 때문입니다. 예수님의 행적을 기록한 4복음 중에 누가복음에서만 예수님의 짧은 12년 동안의 어린 시절에 대해 "아기가 자라며 강성하여지고"라고 하였고, "예수는 그 지혜와 그 키가 자라가며"라고 언급하였습니다.

　"예수는 그 지혜와 그 키가 자라가며" 이는 그의 성장이

1. 신체적 강건함이었습니다.

　본문 40절에 "아기가 자라며 강하여지고"라고 하였고, 52절에는 "예수는 그 지혜와 그 키가 자라가며"라고 하였습니다. "그 키가 자라가며"라는 말씀과 "강하여지고"라는 말씀은 예수님의 어린 시절의 성장이 신체적으로 아주 활력이 넘치고 건강하였다는 말입니다. 자녀에 대한 모든 부모들이 마음이 그러하겠지만 어린이들은 건강하게 키워야 합니다. 이것이 우리 모두의 책임이라고 봅니다. 마음껏 먹고 자랄 아이들을 굶주림과 학대에 방치해 두어서는 안 됩니다. 모든 어린이들은 "그 키가 자라가며", 또한 "강하여지고"라는 말씀대로 잘 먹이고 마음껏 뛰놀게 하여 어린 시절 예수님처럼 신체적으로 그 키가 자라며 또 강건하게 키워야 합니다.

　"예수는 그 지혜와 그 키가 자라가며" 이는 그의 성장이

2. 지혜의 충족함이었습니다.

"예수는 그 지혜와 그 키가 자라가며"라는 말씀과 "아기가 자라며…지혜가 충족하며"라고 하였습니다. 여기에 "지혜"라고 한 '소피아'는 모든 지식과 특히 하나님의 교훈을 적용하는 능력이 탁월함을 뜻합니다. 즉 예수님는 어릴 때부터 하나님의 교훈이 뜻하는 바를 잘 깨달아서 삶의 지혜가 넘쳤다는 말입니다. 정신적으로 건강했습니다. "지혜" 곧, '소피아'와 관련된 기독교 교육의 위대함이 여기에 있습니다. 사도 바울은 "모든 성경은 하나님의 감동으로 된 것으로 교훈과 책망과 바르게 함과 의로 교육하기에 유익하니 이는 하나님의 사람으로 온전케 하며 모든 선한 일을 행하기에 온전케 하려 함이니라"(딤후3:16-17)고 하였습니다. 솔로몬은 "여호와를 경외하는 것이 지혜의 근본이요"(잠9:10)라고 하였고, 또한 "지혜가 제일이니 지혜를 얻으라"(잠4:7)고 하였습니다. 그러므로 그는 하나님께 일천 번제를 드린 후에, "지혜로운 마음을 종에게 주사"(왕상3:9)라고 지혜를 구하자, 하나님은 그에게 지혜를 주심으로, 그는 열 왕 중에 뛰어난 임금이 되었던 것입니다.

"예수는 그 지혜와 그 키가 자라가며" 이는 그의 성장이

3. 은혜의 충만함이었습니다.

40절에 "아이가 자라며…하나님의 은혜가 그 위에 있더라"고 하였습니다. 여기에 하나님의 "은혜"인 '카리스'는 하나님의 '호의'나 '복'을 뜻합니다. 이는 예수님이 아기 때부터 성장과정에 항상 하나님의 호의가 그 위에 충만하셨다는 것입니다. 즉 영적인 건강을 말합니다. 그러므로 52절에 "예수는 그 지혜와 그 키가 자라가며 하나님과 사람에게 더 사랑스러워 가시더라"라고 말씀하셨던 것입니다. 예수님처럼 하나님의 은혜가 그 위에

있는 자는 그 어느 누구든지 하나님과 사람들 앞에 사랑과 존경을 받게 되어 있음이 사실입니다. 그러므로 모든 어린이들을 하나님의 은혜가 항상 그들 위에 충만하도록 키워야 합니다. 이것이 바로 부모님들과 교회에 주어진 책임이며 또한 사명입니다.

사랑하는 성도 여러분!

오늘 어린이 주일에 본문 말씀을 통해 어린 시절 우리 예수님의 아름다운 성장을 보았습니다. 바로 이 말씀을 통해 우리 교회와 모든 성도들이 어린이들을 어떻게 키워야 하며 또한 그 어린이들이 어떠한 모습으로 성장해야 하는가를 생각해 보았습니다. 예수님처럼 신체적으로 그 키가 크고 강건하게 키워야 하며, 하나님의 지혜로 키워야 합니다. 무엇보다도 하나님의 은혜가 어린이들 위에 충만하도록 항상 주의 말씀과 기도와 본을 보이는 삶으로 키워야 한다는 사실입니다. 이는 어린이들이야말로 하나님께서 주신 기업이요, 영광의 상급이기 때문입니다. 오직 하나님의 교양과 교훈으로 어린들을 양육하는바 하나님과 사람들에게 사랑을 받는 보배로운 인물들로 잘 키워 우리 하나님의 큰 기쁨이 되시기를 축원합니다. 아멘.

종려나무 가지를 가지고

(요한복음 12:12-18)

예수 그리스도의 공생애 마지막인 2000년 전, 만왕의 왕이자 만주의 주가 되신 예수 그리스도께서 어린 나귀 새끼를 타시고 예루살렘에 입성하셨습니다. 이 때, 많은 무리들이 종려나무 가지를 흔들며 "호산나 찬송하리로다 주의 이름으로 오시는이 곧 이스라엘의 왕이시여"라고 외치며 환영하였기에 모든 교회가 이를 기념하여 "종려주일"로 지키는 것입니다. 당시, 로마의 개선장군들이 화려한 전차를 타고 주변 연도에 늘어선 무리들의 환호를 받으며 입성했던 것과는 전혀 다른 그야말로 초라한 입성이었습니다. 그렇지만 "보라 네 왕이 네게 임하나니 그는 공의로우며 구원을 베풀며 겸손하여 나귀를 타나니 나귀의 작은 것 곧 나귀새끼니라"(슥9:9)고 하신 구속사 성취의 위대한 입성이었습니다.

"종려나무 가지를 가지고" 종려나무 가지 이는

1. 그리스도께서 구세주이심을 상징합니다.

본문 13절에 "호산나 찬송하리로다 주의 이름으로 오시는 이 곧 이스라엘의 왕이시여"라고 큰 무리가 그리스도께서 구세주이심을 상징하는 종려나무 가지를 가지고 흔들며 외쳤던 것입니다. 이스라엘 백성들은 구원의 하나님께 찬양을 드릴 때, 종려나무 가지를 손에 들고 흔들며 찬양을 하였기 때문에 구원과 종려나무 가지는 불가분의 관계를 지니고 있습니다. 사도 요한은 "이 일 후에 내가 보니 각 나라와 족속과 백성과 방언에서 아무라도 능히 셀 수 없는 큰 무리가 흰 옷을 입고 손에 종려 가지를 들고 보좌 앞과 어린 양 앞에 서서 큰 소리로 외쳐 가로되 구원하심이 보좌에 앉으신 우리 하나님과 어린 양에게 있도다"(계7:9-10)라고, 종려가지를 손에 들고 찬송하는 모습에서 이를 확증해 줍니다. 그러므로 예수 그리스도의 입성은 바로 "호산나" 곧 구원의 찬양을 받으신 이스라엘 왕, 구세주의 입성이었습니다.

"종려나무 가지를 가지고" 종려나무 가지 이는

2. 그리스도의 승리를 상징합니다.

어린 나귀 새끼를 타시고 예루살렘에 입성하신 예수 그리스도의 입성은 분명 "승리의 입성"이었습니다. 십자가에 달려 죽으심으로 죄와 사망, 곧 악한 영인 사탄의 세력을 꺾으시고 하나님의 백성을 구원해 주신바 구속사 성취의 승리였기에 "호산나"라는 찬양을 받으신 것입니다. 그러므로 그리스도의 십자가는 위대한 승리로 그 승리를 상징하는 종려나무 가지를 들고 찬양함이 너무나도 당연한 것이었습니다. 예수 그리스도께서는 "이것을 너희에게 이름은 너희로 내 안에서 평안을 누리게 하려함이라 세상에서는 너희가 환난을 당하나 담대하라 내가 세상을 이기었노라"(요16:33)고 하셨고, 사도 요한은 주의 환상 가운데 "장로 중에 하나가 내게 말하되 울지 말라 유대 지파의 사자 다윗의 뿌리가 이기었으니 이 책과 그 일곱 인을 떼시리라 하더라"(계5:5)고 그리스도의 승리를 증거하였으며, 사도 바울은 그리스도의 승리에 대해 "정사와 권세를 벗어버려 밝히 드러내시고 십자가로 승리하셨느니라"(골2:15)고 하였습니다.

"종려나무 가지를 가지고" 종려나무 가지 이는

3. 그리스도의 영광을 상징합니다.

본문 16절에 "제자들은 처음에 이 일을 깨닫지 못하였다가 예수께서 영광을 얻으신 후에야 이것이 예수께 대하여 기록된 것임과 사람들이 예수께 이같이 한 것인줄 생각났더라"고 하였습니다. 십자가로 승리하신 그리스도는 부활과 승천, 그리고 하나님 보좌 우편의 영광을 얻으셨고, 그의 영광스러운 재림의 날, 신자와 교회를 영화롭게 하실 것입니다. 히브리서 기자는 "믿음의 주요 또 온전케 하시는 이인 예수를 바라보자 저는 그 앞에 있는 즐거움을 위하여 십자가를 참으사 부끄러움을 개의치 아니하시더니 하나님 보좌 우편에 앉으셨느니라"(히12:2)고 하였고, 사도 바울은 "그가 만물을 자기에게 복종케 하실 수 있는 자의 역사로 우리의 낮은 몸을 자기 영광의 몸의 형체와 같이 변케 하시리라"(빌3:21)고 하였습니다. 그리스도의 영광은 곧 모든 성도들의 영광입니다.

사랑하는 성도 여러분!

예수 그리스도의 예루살렘 입성은 총독이나 개선장군들의 화려한 입성이 아니었습니다. 나귀 새끼를 타시고 "호산나 찬송하리로다. 주의 이름으로 오시는 이 곧 이스라엘의 왕이시여"라는 찬양을 받으시며 입성하신바 구속사적 예언 성취의 입성이었습니다. 오늘, 우리는 역사적인 종려주일을 맞아 그가 받으신 찬양과 승리와 영광을 마음에 새기며 "성경대로" 우리 죄를 위하여 십자가에 죽으시고 사흘 만에 다시 사신 부활주일을 앞두고 그가 당하신 고난주간을 그의 십자가를 생각하며 경건함으로 오직 하나님께 영광을 돌리시기를 축원합니다. 아멘.

한 아들을 우리에게 주신바 되었는데

(이사야 9:1-7)

주전 734년 경, 선지자 이사야는 한 아들로 우리에게 주신바 되신 메시아의 탄생과 통치를 예언하였고, 그 예언이 그대로 성취된 것이 "말씀이 육신이 되어 우리 가운데 거하시매 우리가 그 영광을 보니 아버지의 독생자의 영광이요 은혜와 진리가 충만하더라"(요1:14)고 하신바 예수 그리스도의 성탄입니다. 사도 바울은 예수 그리스도에 대해 "그는 근본 하나님의 본체시나 하나님과 동등됨을 취할 것으로 여기지 아니하시고 오히려 자기를 비어 종의 형체를 가져 사람들과 같이 되었고"(빌2:6-7)라고 하였습니다.

"한 아들을 우리에게 주신바 되었는데" 이 한 아들은

1. 큰 빛으로 오신 예수 그리스도이십니다.

본문 2절에 "흑암에 행하던 백성이 큰 빛을 보고 사망의 그늘진 땅에 거하던 자에게 빛이 비취도다"라고 하였습니다. 사도 요한은 "참빛 곧 세상에 와서 각 사람에게 비취는 빛이 있었나니"(요1:9)라고 하였고 예수께서는 "나는 세상에 빛이니 나를 따르는 자는 어두움에 다니지 아니하고 생명의 빛을 얻으리라"(요8:12)고 하였습니다. 이는 곧, 이 "한 아들"이 말라기 선지자가 예언한바 "의로운 해"(말4:2)로 오신 분이십니다. 죄와 사망의 어두움에 앉은 백성들에게 비췬 '생명의 빛', '치료의 광선' 입니다. 한 아들로 주신바 되신 그 큰 빛이 없었다면 인간은 죄와 사망의 그늘에서 지옥 고통을 당할 수밖에 없었을 것입니다. 바로 그 고통은 4절에 "무겁게 멘 멍에와 그 어깨의 채찍과 그 압제자의 막대기"였습니다. 고통의 멍에와 채찍, 압제자, 곧 사단의 막대기를 꺾어주심으로 택자를 구원해 주신 사건이 큰 빛으로 오신 그리스도의 십자가 사건입니다.

"한 아들을 우리에게 주신바 되었는데" 이 한 아들은

2. 절대 주권자이신 예수그리스도이십니다.

본문 6절 "한 아기가 우리에게 났고 한 아들을 우리에게 주신바 되었는데 그 어깨에는 정사를 메었고"라고 했습니다. 여기에 "정사"로 번역된 '미스라'는 '지도자가 되다' 라는 말로 절대주권의 통치자를 말해 줍니다. "어깨에는 정사를 메었고"라는 말씀은 "한 아들" 바로 그가 절대주권자이신 "만왕의 왕이시며 만주의 주"(딤전6:15)시라는 말씀입니다. 그의 통치는 7절에서 "다윗의 위에 앉아서 그 나라를 굳게 세우고"라고 말씀하신바 공평과 정의, 그리고 평강과 평화가 영원히 보존되는 견고한 다윗왕통의 치세임을 밝혀 주었습니다. 그의 나라는 창성한 나라요 평강의 나라이며 평화의 나라이기에 본문 3절에서 "주께서 이 나라를 창성케 하시며 그 즐거움을 더하게 하셨으므로"라고 하였던 것입니다. 이는 크게 부흥하는 초대교회와 흰 옷 입은 "큰 무리"(계7:9)인 하나님 나라 백성의 충만한 수에서 보여 줍니다. 그리고 이 나라의 "즐거움"이란 구원의 은총을 힘입은 자들의 추수의 즐거움과 승전의 즐거움, 그리고 뛰노는 송아지의 즐거움, 곧 구속은총의 즐거움입니다.

"한 아들을 우리에게 주신바 되었는데" 이 한 아들은

3. 뛰어난 이름의 예수 그리스도이십니다.

본문 6절에 "그 이름은 기묘자라 모사라 전능하신 하나님이라 영존하시는 아버지라 평강의 왕이라 할 것임이라"고 하였습니다. 그의 뛰어난 이름에 대한 네 가지의 호칭이야말로 예수 그리스도의 탁월하심을 나타내 줍니다. 그 이름이 "기묘자, 모사"인바 Wonderful Counselor이시며, "전능하신 하나님" 곧 '엘 사다이' Mighty God이시며, "영존하신 아버지", '아비 아드' 곧 영존하신 후원자이며 수호자이신 Eternal Father이십니다. 또한 "평강의 왕", '사르 샬롬', Prince Peace이시기에 여기에 비할 그 어떤 뛰어난 이름은 없습니다. 이에 사도 바울은 "하나님이 그를 지극히 높여 모든 이름 위에 뛰어난 이름을 주사…모든 무릎을 예수의 이름에 꿇게 하시고"(빌2:9-10)라고 증거 하였던 것입니다.

사랑하는 성도 여러분!

하나님 아버지께서 이사야 선지자를 통해 예언해 주신 대로 우리에게 주신바 되신 그 한 아들이 마리아의 몸에 성령으로 잉태하시어 흑암 가운데 "큰 빛"과 "참 빛" 그리고 치료하는 광선을 발하는 "의로운 해"로 우리 가운데 거하신 그 날이 바로 성탄절입니다. 평강과 평화의 왕이신 예수 그리스도, 그가 흑암에 앉은 우리에게 생명의 큰 빛을 비춰주시기 위해 성육신하셨습니다. 평강과 평화의 왕으로서의 그의 통치 안에서 우리 모두가 구원의 은총을 받아 추수의 즐거움과 승전하여 탈취물을 나누는 때의 즐거움, 외양간에서 나와 뛰노는 송아지의 즐거움과 같은 희락을 누리게 된 것입니다. "한 아들"로 우리에게 나시고 또한 거하신바 되신 그의 뛰어난 이름에 합당한 예배와 찬양과 감사로 성 삼위 우리 하나님께 큰 영광을 돌리시기를 축원합니다. 아멘.

그 큰 사랑을 인하여

(에베소서 2:4-10)

사도 바울은 "허물과 죄로 죽었던 너희를 살리셨도다"(엡2:1)라고 예수 그리스도로 말미암은 구원을 전하였습니다. 바로 이 구원이 긍휼의 풍성하신 하나님의 큰 사랑에 근거하고 있음을 본문에서 확증해 주었습니다. 하나님의 긍휼의 풍성함이란 그의 자비하심이 다함이 없음을 뜻합니다. 사도 요한은 "하나님은 사랑이심이라"(요일4:8)고 하였습니다. 바로 이 사랑은 친구간의 사랑인 '필리아'나 이성간의 사랑인 '에로스'나 자식에 대한 부모의 사랑인 '스톨게'가 아닌 하나님의 사랑인 '아가페'입니다. 절대적이며, 무한계적이며, 또한 무조건적이고 완전하신 하나님의 사랑입니다.

"그 큰 사랑을 인하여" 그 큰 사랑 아가페는

1. 구원하심의 사랑입니다.

본문 4절에 "긍휼에 풍성하신 하나님이 우리를 사랑하신 그 큰 사랑을 인하여"라고 하였고, 5절에는 "허물로 죽은 우리를 그리스도와 함께 살리셨고 너희가 은혜로 구원을 얻은 것이라"고 하셨습니다. 또한 6절에 "또 함께 일으키사 그리스도 예수 안에서 함께 하늘에 앉히시니"라고 하였습니다. 본문에서의 "살리셨고"라는 동사 '쉬네조포이에센'은 영적인 중생과 아울러 예수 그리스도의 재림 때 변형될 몸의 부활을 의미합니다. 그 날, 그리스도와 함께 일으킴과 하늘에 앉히심은 신자들의 부활과 승천 그리고 천국에서의 영화를 말씀하심이니 이는 한마디로 구원입니다. 본문에서의 "우리"는 바로 "영생을 주시기로 작정된 자"(행13:48)들의 총수입니다. 하나님의 그 큰 사랑으로 구원받은 하나님의 자녀들입니다.

"그 큰 사랑을 인하여" 그 큰 사랑 아가페는

2. 믿음을 선물로 주신 사랑입니다.

본문 8-9절에서 "너희가 그 은혜를 인하여 믿음으로 말미암아 구원을 얻었나니 이것이 너희에게서 난 것이 아니요 하나님의 선물이라 행위에서 난 것이 아니니 이는 누구든지 자랑치 못하게 함이니라"고 하였습니다. 이는 곧 구원의 절대적 요소인 믿음이 하나님의 그 크신 사랑의 선물로 성도들에게 주어졌다는 말씀입니다. 불가항력적이며, 일방적인 은총의 선물이며, 절대적이며 무조건적인 은혜의 선물입니다. 너무나도 분명한 구원은총의 확증인 것입니다. 이에 사도 바울은 "너희가 믿음에 있는가 너희 자신을 시험하고 너희 자신을 확증하라 예수 그리스도께서 너희 안에 계신 줄을 너희가 스스로 알지 못하느냐 그렇지 않으면 너희가 버리운 자니라"(고후 13:5)고 하였던 것입니다. 믿음은 하나님의 그 큰 사랑에 대한 확증으로 구원받은 성도들의 마음속에서 불타오르는 아가페의 불기둥입니다. 그러므로 사도 바울은 "오직 의인은 믿음으로 말미암아 살리라"(롬1:17)고 증거하였던 것입니다.

"그 큰 사랑을 인하여" 그 큰 사랑 아가페는

3. 선행에 기인한 사랑입니다.

본문 10절에 "우리는 그의 만드신 바라 그리스도 예수 안에서 선한 일을 위하여 지으심을 받은 자니 이 일은 하나님이 전에 예비하사 우리로 그 가운데 행하게 하심이라"라고 하였습니다. 하나님의 그 큰 사랑이 성도들의 선행을 꽃을 피우고 열매를 맺게 합니다. '선한 일' 곧 '엘곤 아가도스' 란 영혼구원을 위한 선행입니다. 때문에 하나님 앞에서 성도들의 가장 큰 선행은 바로 영혼을 구원하는 전도와 선교입니다. 사실 영혼구원을 위한 사랑만큼 큰 사랑, 최대 최선의 사랑은 없습니다. 사도 바울이 "우리에게 주신 성령으로 말미암아 하나님의 사랑이 우리 마음에 부은바 됨이니"(롬5:5)라고 하신바 그 하나님의 사랑이 우리의 마음에 부음 바 되어 나오는 선행이기에 은혜가 아닐 수 없습니다.

사랑하는 성도 여러분!

사도 요한은 "사랑은 여기 있으니 우리가 하나님을 사랑한 것이 아니요 오직 하나님이 우리를 사랑하사 우리 죄를 위하여 화목제로 그 아들을 보내셨음이라"(요일4:10)고 하였고, 사도 바울은 "우리가 아직 연약할 때에 기약대로 그리스도께서 경건치 않은 자를 위하여 죽으셨도다"(롬5:6)라고 하였고, 8절에서 "우리가 아직 죄인 되었을 때에 그리스도께서 우리를 위하여 죽으심으로 하나님께서 우리에게 대한 자기의 사랑을 확증하셨느니라"(롬5:8)고 하였습니다. 예수 그리스도의 대속의 죽으심은 하나님 그 큰 사랑의 확증입니다. 바로 그 큰 사랑으로 예수 그리스도께서 십자가에 달려 속죄의 보혈을 흘리셨고, 이를 믿게 하는 선물을 하나님께서 주심으로 우리 모두가 구원을 받게 된 것입니다. 이 큰 사랑으로 우리를 구원하신 하나님은 우리들이 그 하나님의 사랑을 실천하는바 영혼구원의 선행을 꽃피우고 열매 맺도록 항상 은혜를 주시는 것입니다. 예수 그리스도께서 재림하실 그 날까지 하나님 그 큰 사랑을 실천하는 복 된 삶으로 우리 하나님께 큰 영광이 되시기를 축원합니다. 아멘.

그가 네게 복을 주실 것이라

(창세기 49:22-26)

　야곱의 열한 번째 아들인 요셉은 야곱의 마음에 가장 큰 기쁨이요, 보람과 자랑의 대상이었습니다. 어릴 때 채색 옷을 지어 입힌 것은 그가 장자로서의 자리를 잡고 있었던 것입니다. 요셉이 어릴 때, 꿈 이야기를 했을 때도 "그 형들은 시기하되 그 아비는 그 말을 마음에 두었더라"(창37:11)고 하였습니다. 오늘 본문은 야곱이 임종을 앞두고 열두 아들들에게 남긴 유언적인 축복 가운데 요셉에 대한 축복의 내용입니다. 그가 요셉에게 "무성한 가지 곧 샘 곁의 무성한 가지라 그 가지가 담을 넘었도다"라고 하며, "그가 네게 복을 주실 것이라"고 축복한 말씀을 통해 은혜 받기를 원합니다.
　"그가 네게 복을 주실 것이라" 이는

1. 번창의 축복입니다.

　본문 22절에 "요셉은 무성한 가지 곧 샘 곁의 무성한 가지라 그 가지가 담을 넘었도다"라고 하였습니다. 샘 곁에 무성한 가지는 번창의 축복을 상징합니다. 샘 곁에 있기에 가뭄을 염려하거나 두려워할 이유가 없습니다. 그리고 그 축복의 가지가 "담을 넘었다"라고 했습니다. 사실 요셉의 가지는 담을 넘어 애굽에서 총리가 되어 그의 70인 가족을 흉년에서 구원했듯이 앞으로 그 자손인 에브라임과 므낫세 두 지파가 그렇게 될 것임을 예언한 축복입니다. 뻗쳐 나가는 축복입니다. 담을 넘는 세계화의 축복입니다.
　"그가 네게 복을 주실 것이라" 이는

2. 승리의 축복입니다.

본문 23-24절에 "활쏘는 자가 그를 학대하며 그를 쏘며 그를 군박하였으나 요셉의 활이 도리어 견강하며 그의 팔이 힘이 있으니 야곱의 전능자의 손을 힘입음이라 그로부터 이스라엘의 반석인 목자가 나도다"라고 하였습니다. 여기에 "활 쏘는 자"는 요셉을 구박한 적대 세력을 뜻합니다. 과거 그의 형들이 그러했지만 그는 결국 승리하여 총리가 되었던 것입니다. 아울러 그의 자손들 역시, 대적들의 도전에서 승리할 것을 예언한 축복입니다. 요셉의 활이 이렇게 견강함은 바로 "야곱의 전능자의 손을 힘입음이라"에 있었기 때문입니다. 그가 능하신 하나님의 손을 힘입어 애굽의 총리가 되어 이스라엘의 반석이 된 목자로서의 역할을 수행하였던 것입니다.

"그가 네게 복을 주실 것이라" 이는

3. 물질의 축복입니다.

본문 25절에 "위로 하늘의 복과 아래로 원천의 복"이라고 하였습니다. 이는 물질적인 축복을 뜻하는 말씀입니다. 이유는 고대 농경 유목생활에 있어 하늘의 복인 비나 이슬, 그리고 햇빛은 결실과 축산에 있어 절대필요의 축복이기 때문입니다. 하나님은 모세에게 "여호와께서 너를 위하여 하늘의 아름다운 보고를 열으사 네 땅에 때를 따라 비를 내리시고 네 손으로 하는 모든 일에 복을 주시리니"(신28:12)라고 말씀하셨습니다. 또한 "아래로 원천의 복"이라고 하였습니다. 이는 샘들과 지하수와 같은 물의 근원을 가리킵니다. 하나님께서 이삭에게 복을 주시므로 블레셋 땅에서 농사하여 백배로 얻게 하셨고, 가축을 떼를 이루게 하시므로 거부가 되게 하셨던 것도 그 곳에 우물의 풍성함을 주셨기 때문이었습니다.

"그가 네게 복을 주실 것이라" 이는

4. 자손의 축복입니다.

본문 25절 하반 절에 "젖 먹이는 복과 태의 복이로다"라고 하였습니다. 이는 바로 자손의 축복을 말합니다. 고대 사회에 있어 자손은 그 가문의 기업이요 화살과 같기에 솔로몬은 "자식은 여호와의 기업이요…젊은 자의 자식은 장사의 수중의 화살 같으니 이것이 그 전통에 가득한 자는 복되도다. 저희가 성문에서 그 원수와 말할 때에 수치를 당치 아니하리로다"(시 127:3-5)라고 노래하였던 것입니다. 요셉의 두 아들 에브라임과 므낫세 지파의 막강한 세력의 영향력이 사사시대 미디안과의 전투에서 므낫세 지파의 용장 기드온의 전승에서 보여 줍니다. 본문 26절에 "아비의 축복이 내 부여조(父與祖)의 축복보다 나아서 영원한 산이 한 없음 같이 이 축복이 요셉의 머리로 돌아오며 그 형제중 뛰어난 자의 정수리로 돌아오리로다"라고 축복한 말씀 그대로입니다.

사랑하는 성도 여러분!

전능자 여호와께서 아브라함과 이삭과 야곱, 그리고 요셉에게 복을 주셨듯이 오늘날, 우리들에게도 복주시기를 원하십니다. 요셉에게 주었던 '야곱의 축복'이 우리의 축복이 되었으면 합니다. 전능자 하나님의 축복권을 행사했던 아비 이삭을 속이면서까지 하나님의 축복을 사모하여 받았던 야곱처럼 우리의 가정과 기업이 그렇게 되었으면 합니다. 요셉이 하나님께 받았던 샘물 곁의 무성한 가지의 축복, 위로 하늘의 복과 아래로 원천의 복인 물질의 축복, 그리고 탁월한 자손의 축복을 통해 전능자 하나님께 큰 영광이 되고 우리 교회와 가문에 기쁨과 자랑이 되시기를 축원합니다. 아멘.

내가 너와 함께 있어 네게 복을 주어

(창세기 26:23-25)

믿음의 조상 아브라함이 가나안에 흉년이 들어 애굽으로 잠시 이주하였던 것과 같이 그의 독자 이삭에게도 그 땅에 흉년이 들어 블레셋으로 이주하였음을 "아브라함 때에 첫 흉년이 들었더니 그 땅에 또 흉년이 들매 이삭이 그랄로 가서 블레셋왕 아비멜렉에게 이르렀더니"(창26:1)라고 기록해 주고 있습니다. 이 어려운 때, "이삭이 그 땅에서 농사하여 그 해에 백배나 얻었고 여호와께서 복을 주시므로 그 사람이 창대하고 왕성하여 마침내 거부가 되어"(창26:12-13)라고 하였습니다. 이 시간, 브엘세바에서 이삭에게 주셨던 "내가 너와 함께 있어 네게 복을 주어"라는 말씀을 오늘 우리들에게 주시는 말씀으로 확신하며 은혜 받기를 원합니다.

"내가 너와 함께 있어 네게 복을 주어" 이는 하나님의

1. 임마누엘의 약속이었습니다.

본문에 "내가 너와 함께 있어"라는 말씀은 하나님께서 함께 하신다는 '임마누엘'의 약속입니다. 하나님께서 함께하시지 않는 모든 것이 헛됩니다. 이에 솔로몬은 "헛되고 헛되며 헛되고 헛되니 모든 것이 헛되도다"(전1:2)라고 하였던 것입니다. 인간의 진정한 행복은 바로 하나님께서 함께하심에 있습니다. 이삭이 하나님께 받은 풍성한 축복을 시기하여 쫓아내었던 블레셋 왕 아비멜렉이 그를 찾아와 "여호와께서 너와 함께 계심을 우리가 분명히 보았으므로 우리의 사이 곧 우리와 너의 사이에 맹세를 세워 너와 계약을 맺으리라"(창26:28)고 하였음에서 이를 보여 줍니다. 어떠한 상황 속에서도 전능하신 하나님께서 함께하신다는 '임마누엘'의 약속만큼 위로

와 힘과 그리고 용기가 되는 것은 없다고 생각합니다.

"내가 너와 함께 있어 네게 복을 주어" 이는 하나님의

2. 복주심의 약속이었습니다.

본문 24절에서 "나는 네 아비 아브라함의 하나님이니 두려워 말라 내 종 아브라함을 위하여 내가 너와 함께 있어 네게 복을 주어 네 자손으로 번성케 하리라"고 약속하셨습니다. 아브라함을 위하여 이삭과 함께하시고 또 복을 주시겠다는 사실에서 아브라함의 위치가 돋보입니다. 이는 하나님께서 이미 아브라함과 언약을 맺으셨기 때문입니다. "아브라함을 위하여"라는 말씀에서 신앙적인 부모의 위치가 매우 중요함을 일깨워 줍니다. 하나님은 아브라함을 위하여 아들인 이삭에게 복을 주어 블레셋 땅에서 거부가 되게 하셨던 것입니다. 이삭은 그 아버지 아브라함을 위하여 주신바 그가 받은 축복에 교만하지도 않았고, 또 빼앗겼다고 해서 좌절하거나 원망 불평치 않았습니다. 이는 그의 초연한 영적인 삶의 자세를 보여 줍니다. 우수 땅의 의인 욥의 경우 자신의 모든 것이 한 순간에 떨어져 나가는 상황에서 "주신 자도 여호와시요 취하신 자도 여호와시오니 여호와의 이름이 찬송을 받으실지니이다"(욥1:21)라고 했음이 그러합니다. 하나님은 이삭에게 "네게 복을 주어 네 자손으로 번성케 하리라"라고, 믿음의 계대적인 자손들의 번창을 약속해 주셨습니다.

"내가 너와 함께 있어 네게 복을 주어" 이는 그 목적이

3. 하나님 이름의 영광이었습니다.

본문 25절에서 이삭은 "이삭이 그곳에 단을 쌓아 여호와의 이름을 부르고 거기 장막을 쳤더니"라고 하였습니다. 이삭이 단을 쌓고 여호와의 이름

을 부르며 그에게 영광을 돌리는 것에서 우리는 하나님께서 복 주시는 선하신 목적이 무엇인가를 알 수 있습니다. 이는 바로 '오직 하나님께 영광을' (Soli Deo Gloria!)입니다. 그리스도의 속죄은총으로 구원 받은 성도들이 여호와의 영광을 위하여 단을 쌓고 그의 이름을 부른다는 것이야말로 축복된 최선의 예배적인 자세이며 행위라 하겠습니다. 바로 예배중심의 삶입니다. 바로 이것이 복되고 성공적인 삶의 정도(正道)이기 때문입니다. 예수께서는 "아버지께 참으로 예배하는 자들은 신령과 진정으로 예배할 때가 오나니 곧 이때라 아버지께서는 이렇게 자기에게 예배하는 자들을 찾으시느니라"(요4:23)고 하셨습니다. 하나님께서 찾으시는 자, 곧 진정한 예배를 통하여 그에게 영광을 돌리는 자는 복 있는 자입니다.

사랑하는 성도 여러분!

블레셋 땅에서 이삭을 거부가 되게 하셨던 것은 "여호와께서 복을" 주셨기 때문입니다. 이는 이삭에게 임마누엘 은총으로 주셨던바 그의 축복이었습니다. 이삭에게 주신 이 엄청난 축복이 오늘 우리들에게 예수 그리스도의 속죄 은총으로, 참 생명으로 주어졌습니다. 오직 그에게 "찬송하리로다"로 그 이름을 찬양하며 영광을 돌려야만 합니다. 아브라함의 독자 이삭에게 복을 주셨듯이 하나님은 우리들에게도 풍성한 복을 주실 것을 확신합니다. 아브라함을 위하여 그 사랑하는 독자 이삭에게 주셨던 임마누엘 은총에 따른 그 모든 풍성한 축복이 오늘 우리들 자신과 가정, 그리고 우리 교회 위에 함께 하시므로 하나님께 단을 쌓아 드리는 예배적인 삶을 통하여 우리 하나님께 큰 영광이 되시기를 축원합니다. 아멘.

내가 네게 지시할 땅으로 가라

(창세기 12:1-4)

선민 이스라엘 민족의 출범인 아브라함의 사적이 본문 1절에 "여호와께서 아브람에게 이르시되 너는 너의 본토 친척 아비 집을 떠나 내가 네게 지시할 땅으로 가라" 입니다. 이는 그가 출생하고 살았던 갈대아 우르를 떠나 약속의 땅 가나안으로 가서 "내가 너로 큰 민족을 이루고"라고 약속하신 말씀에 따라 한 민족의 기원을 말합니다. 그러므로 아브라함은 민족 출범의 인물로 하나님께 소명을 받았었기에 축복의 사람이 되었던 것입니다. 이 시간, 하나님께서 아브람에게 "내가 네게 지시할 땅으로 가라"고 명하신바 본문의 말씀을 통해 함께 은혜 받기를 원합니다.

"내가 네게 지시할 땅으로 가라" 이는 아브람의

1. 여호와 말씀의 시작이었습니다.

본문 1절에 "여호와께서 아브람에게 이르시되 너는 너의 본토 친척 아비 집을 떠나 내가 네게 지시할 땅으로 가라"고 하셨습니다. 즉 아브라함의 시작이 여호와의 말씀으로부터였다는 사실입니다. 천지창조도 "여호와께서 가라사대"(창1:3) 즉 '와요메르 엘로힘' 으로 시작했듯이 아브람 역시 "여호와께서 아브람에게 이르시되", '와요메르 여호와' 였습니다. 하나님 말씀의 시작이 얼마나 영광스럽고 복된 것인가를 보여 줍니다. 그 말씀이 우리 인생을 끌고 가신다면 참으로 행복할 것입니다. 시인은 "주의 말씀은 내 발에 등이요 내 길에 빛이니이다"(시119:105)라고 노래하였습니다.

"내가 네게 지시할 땅으로 가라" 이는, 아브람의

2. 믿음과 순종, 헌신의 시작이었습니다.

본문 4절에서 "이에 아브람이 여호와의 말씀을 좇아갔고"라고 하였습니다. 이는 여호와 말씀을 절대의존한 아브람의 확고한 믿음과 절대순종과 헌신을 뜻합니다. 또한 아브람의 시작이 믿음과 순종, 헌신의 시작이었음을 보여 줍니다. "믿음으로 아브라함은 부르심을 받았을 때에 순종하여 장래 기업으로 받을 땅에 나갈쌔 갈 바를 알지 못하고 나갔으며"(히11:8)라고 하였습니다. 여기 "좇아갔고"는 '전진하다, 떠나가다' 라는 행동을 뜻하는데 "갈 바를 알지 못하고 나갔으며"라는 말씀이 그의 믿음과 순종, 그리고 헌신을 말해줍니다. 그러므로 그는 민족 기원의 사람이 되었던 것입니다.

"내가 네게 지시할 땅으로 가라" 이는 아브람의

3. 축복의 시작이었습니다.

본문 2절에 "내가 너로 큰 민족을 이루고 네게 복을 주어 네 이름을 창대케 하리니 너는 복의 근원이 될지라"고 하였습니다.

첫째, 큰 민족의 축복이었습니다.

여기에 "큰 민족", '레고이 가돌'은 크고 위대한 국가를 뜻합니다. 이는 하나님께서 그를 통해 큰 민족을 이루어 주시겠다는 축복의 약속입니다. 이는 그가 하나님께 받은 엄청난 축복이었습니다. 바로 선민 이스라엘 나라가 그에게서부터 태어난 것입니다. 그가 "민족의 조상"(롬4:18)이 되었음이 그러합니다.

둘째, 창대의 축복이었습니다.

본문 2절에 "네 이름을 창대케 하리니 너는 복의 근원이 될지라"고 하였습니다. 여기에 "창대케 하리니"는 '크고 위대하게 만들 것이다' 라는 말입니다. 바로 아브람에게서 "하나님이 그를 지극히 높여 모든 이름 위에 뛰어난 이름을 주사"(빌2:9)라고 하신바 예수 그리스도의 이름이 나왔던 것입니다. "네 하나님 여호와께서 너를 세계 모든 민족 위에 뛰어나게 하실 것이라"(신28:1)라는 축복, 또한 그러합니다. 하나님께서 그 이름을 창대케 하심으로 '복의 근원' 이 되게 하셨고, "그에게 복을 주어 창성케 하였느니라"(사51:2)라고 말씀하신 것과 같이 그 이름이 하나님의 축복으로 창대케 된 것입니다.

사랑하는 성도 여러분!

하나님께 소명되어 하나님의 자녀가 된 우리 모든 성도들의 앞과 곧 시작은 언제나 하나님의 말씀이 되어야 함을 아브람을 통해 보여 주셨습니다. 이는 그 하나님의 말씀이 곧 축복이기 때문입니다. 한 가지 분명한 것은 반드시 하나님께서 말씀으로 축복해 주셔야만 한다는 사실입니다. 하나님께서 아브람을 말씀으로 소명하시고, 또 말씀으로 삶의 방향을 제시하시고 그 말씀으로 복의 근원이 되게 하시고 창대케 하셨기 때문입니다. 하나님의 말씀 없는 인생은 한마디로 비참합니다. 우리의 인격과 삶을 지배하는 것이 바로 하나님의 말씀이어야 합니다. 그 말씀이 사고의 시작이요 행동의 동력이 되어야 합니다. 그 말씀에서 온전한 믿음과 순종 그리고 아낌없는 헌신이 나오기 때문입니다. "내가 네게 지시할 땅으로 가라"고 아브람에게 명하신 그 말씀이 오늘의 우리들 자신과 가정, 기업과 교회에 축복의 꽃과 향기, 그리고 풍성한 열매가 되어 우리 하나님께 큰 기쁨과 영광이 되시기를 축원합니다. 아멘.

내게 은혜를 베푸시옵소서

(느헤미야 5:14-19)

유다의 해방 후, 난국을 해결하고 그 민족을 부흥시킨 구국충절의 사람 느헤미야, 바로 그가 있었기에 성벽중건의 역사와 학사 에스라와 함께 펼친 수문 앞 광장의 대각성 운동을 비롯한 언약갱신의 개혁에 성공을 거둔 것입니다. 그가 백성들과 더불어 성벽을 중건할 때, 힘에 겨운 세금에다 흉년까지 겹쳐 심각한 경제난을 겪게 됩니다. 이에 그는 백성들의 고통을 가슴에 안고 유다 민족의 지도층들을 설득하여 경제난을 해결하는 가운데 하나님께 "내게 은혜를 베푸소서"라고 기도함으로 결국 난 문제를 해결합니다.

"내게 은혜를 베푸시옵소서" 이는 느헤미야의

1. 믿음의 불길이었습니다.

본문 15절에서 그는 "나는 하나님을 경외하므로 이같이 행치 아니하고"라고 백성들을 설득합니다. 그리고 19절에서 "내 하나님이여 내가 이 백성을 위하여 행한 모든 일을 생각하시고 내게 은혜를 베푸시옵소서"라고 기도하였습니다. 오직 하나님의 은혜만이 모든 어려운 문제들을 해결 하는 길이라는 것을 믿었기 때문입니다. 타오르는 믿음의 불길이었습니다. 하나님의 은혜에 절대의존의 사람 사도 바울은 "주께서 허락하시면 내가 너희에게 속히 나아가서 교만한 자의 말을 알아 볼 것이 아니라 오직 그 능력을 알아 보겠노니 하나님의 나라는 말에 있지 아니하고 오직 능력에 있음이라"(고전4:19-20)라고 하였습니다. 하나님의 은혜는 곧 하나님의 능력입니다. 오직 하나님을 경외함에서 얻어지는 믿음의 불길이 바로 "내게 은혜를 베푸소서" 이었습니다.

"내게 은혜를 베푸시옵소서" 이는 느헤미야의

2. 기도의 불길이었습니다.

본문 19절에서 느헤미야는 "내 하나님이여 내가 이 백성을 위하여 행한 모든 일을 생각하시고 내게 은혜를 베푸시옵소서"라고 기도하였습니다. 그는 매사에 기도의 사람이었습니다. 고국의 어려운 소식을 들었을 때도 "앉아서 울고 수일 동안 슬퍼하며 하늘의 하나님 앞에 금식하며 기도하여"(느1:4)라고 하였고, 성벽 중건의 역사를 방해하며 대적하는 산발랏과 도비야가 비웃으며 훼방하는 소리를 들을 때도 4장 4-5절에서 "우리 하나님이여 들으시옵소서 우리가 업신여김을 당하나이다 원컨대 저희의 욕하는 것으로 자기의 머리에 돌리사 노략거리가 되어 이방에 사로잡히게 하시고 주의 앞에서 그 악을 덮어 두지 마옵시며…저희가 건축하는 자 앞에서 주의 노를 격동하였음이니이다"라고 기도하였으며, 본문 19절에서도 "내 하나님이여 내가 이 백성을 위하여 행한 모든 일을 생각하시고 내게 은혜를 베푸시옵소서"라고 기도하였던 것입니다. 사실 기도란 하나님의 능하신 손을 움직이는 위대한 불길입니다.

"내가 은혜를 베푸시옵소서" 이는 느헤미야의

3. 희생의 불길이었습니다.

본문 15절에서 그는 "이전 총독들은 백성에게 토색하여 양식과 포도주와 또 은 사십 세겔을 취하였고 그 종자들도 백성을 압제하였으나 나는 하나님을 경외하므로 이같이 행치 아니하고"라고 하였습니다. 이렇게 하나님의 은혜만을 간구하는 기도의 사람은 불신 총독과는 너무나도 구별된 모범적 헌신의 불길임을 입증해 주고 있습니다. 영적인 지도자는 모범적인 헌신의 불길이 되어야 합니다. 그의 희생적이며 청빈한 삶의 모범이 백성들에게 큰 희망과 용기가 되었던 것입니다. 이것이 바로 성령 안에서 펼쳐지는 교회운동인 것입니다. 이와 같은 희생의 불길은 결국, 하나님의 뜻을 성취한 개혁의 불길이 되었던 것입니다. 위대한 개혁은 오직 하나님의 은혜에서 비롯됩니다. 선지자 호세아는 "너희 묵은 땅을 기경하라 마침내 여호와께서 임하사 의를 비처럼 너희에게 내리시리라"(호10:12)라고 하였습니다. 묵은 땅을 기경하는 것이 바로 개혁입니다.

사랑하는 성도 여러분!

성도들의 영적인 삶에 있어 그 원동력은 바로 하나님의 은혜입니다. "오직 의인은 믿음으로 말미암아 살리라"(롬1:17)고 한, 믿음 그 자체가 바로 하나님 은혜의 선물이기 때문입니다. 바로 느헤미야가 "내게 은혜를 배푸시옵소서"라고 간구함 속에 그의 하나님에 대한 절대적 신뢰의 믿음과 뜨겁고 간절한 기도, 그리고 자신을 하나님과 나라와 민족을 위해 제물로 드린 값진 희생적 의지와 결단이 그에게서 타올랐던 위대한 영적인 불길이었습니다. 오늘 날 우리 모두도 느헤미야와 같이 오직 하나님 중심의 신앙과 기도와 희생적인 삶으로 오직 하나님께 영광이 되었으면 합니다. 반드시 느헤미야와 함께 하셨던 그 하나님의 의로우신 손이 우리들 자신과 가정과 교회와 이 민족을 도우실 것입니다. "내게 은혜를 베푸시옵소서"라는 기도로 항상 승리하시기를 축원합니다. 아멘.

아무라도 능히 셀 수 없는 큰 무리

(요한계시록 7:9-14)

주후 95년 경, 예수 그리스도의 사도 중 마지막으로 남은 사도 요한은 위 배지인 밧모섬에서 주의 환상을 통해 천상세계의 모습을 봅니다. 그는 오늘 본문에서 "각 나라와 족속과 백성과 방언에서 아무라도 능히 셀 수 없는 큰 무리"를 보고 있습니다. 바로 이들은 모든 천사와 보좌와 장로들과 네 생물들과 함께 어울려 하나님의 보좌 앞과 어린양 앞에 서서 큰 소리로 외치며 "구원하심이 보좌에 앉으신 우리 하나님과 어린양에게 있도다"라고 찬송하는 영광스러운 무리들이었습니다. 바로 이 무리들은 그리스도의 피로 죄 씻음을 받은 하나님의 백성들, 곧 교회를 말합니다.

"아무라도 능히 셀 수 없는 큰 무리" 이들은

1. 그리스도의 신부입니다.

본문 9절에 "큰 무리가 흰 옷을 입고"라고 하였습니다. 또한 13절에는 "흰 옷 입은 자들이"라고 증거하고 있습니다. 바로 이들이 입은 흰옷은 14절에 "어린양의 피에 그 옷을 씻어 희게 하였느니라"고 하셨습니다. 여기에 "흰 옷"인 '스톨라스 류카스'는 그리스도의 피로 죄 씻음을 받은 '칭의의 옷' 곧 '구원의 옷'을 뜻합니다. 그래서 그들은 본문 10절에 "큰 소리로 외쳐 가로되 구원하심이 보좌에 앉으신 우리 하나님과 어린 양에게 있도다"라고 찬송을 하고 있는 것입니다. 이 찬송은 아무라도 능히 셀 수 없는 큰 무리만이 부를 수 있는 찬송입니다. 이는 그리스도의 신부된 자들만의 특권이기도 합니다. 영원한 유황불 못인 지옥에서 터져 나오는 무리들의 탄식과는 대조를 이룹니다. 여기에 흰옷은 또한 그리스도께서 "그에게 허락하사 빛나고 깨끗한 세마포를 입게 하셨은즉 이 세마포는 성도들의 옳은 행실이로다"(계19:8)라고 하신바 그리스도의 신부된 성도들의 순결한 삶을 상징하기도 합니다.

"아무라도 능히 셀 수 없는 큰 무리" 이들은

2. 영적 전투의 승자입니다.

본문 9절에서 이들에 대해 "손에 종려 가지를 들고"라고 하였습니다. 그들의 손에 종려가지가 들려져 있음이 특이합니다. 바로 이 "종려가지" 즉 '포이니케스'는 종려나무 가지를 말하는데, 이는 승리를 상징합니다. 만왕의 왕이요 만 주의 주가 되신 예수 그리스도께서 예루살렘 성에 입성하실 때, 많은 무리들이 종려나무 가지를 흔들며 찬송하기를 "호산나 찬송하리로다 주의 이름으로 오시는 이 곧 이스라엘의 왕이시여"(요12:13)라고 하였던 사건을 우리는 기억합니다. 당시, 경주자들에게 있어 오직 한 사람의 승자에게만 그 머리에 월계관이 씌워졌듯이 영적싸움에서 승자의 손에 종려나무가 들려 진 것입니다. 예수께서는 "세상에서는 너희가 환난을 당하나 담대하라 내가 세상을 이기었노라"(요16:33)고 하셨고, 사도 바울은 "이 모든 일에 우리를 사랑하시는 이로 말미암아 우리가 넉넉히 이기느니라"(롬8:37)고 하였으며, 사도요한 역시 "대저 하나님께로서 난 자마다 세상을 이기느니라 세상을 이긴 이김은 이것이니 우리의 믿음이니라"(요일5:4)고 하였습니다.

"아무라도 능히 셀 수 없는 큰 무리" 이들은

3. 그리스도 고난의 증인입니다.

본분 14절에서 천상의 장로 중 하나가 지상에서의 장로인 사도 요한에게 아무라도 능히 셀 수 없는 큰 무리에 대해 대답하기를 "이는 큰 환난에서 나오는 자들"이라고 하였습니다. 여기에 "큰 환난"이란 장엄한 압박, 고통, 시련을 뜻하는 말로 바로 십자가의 고난을 뜻합니다. 기독교에 대한 바른 신앙은 반드시 그리스도의 십자가를 통해서만 이해되어야 합니다. 그리스도의 사도인 바울은 "우리가 그와 함께 영광을 받기 위하여 고난도 함께 받아야 될 것이니라 생각건대 현재의 고난은 장차 우리에게 나타날 영광과 족히 비교할 수 없도다"(롬8:17-18)라고, 성도들의 영적인 삶에 있어 십자가 고난의 필연성과 그 가치에 대해 말하였습니다. 그러므로 그의 제자 디모데에게 "네가 그리스도 예수의 좋은 군사로 나와 함께 고난을 받을지니"(딤후2:3)라고 권하였던 것입니다.

사랑하는 성도 여러분!

사도 요한이 보았던 "아무라도 능히 셀 수 없는 큰 무리"를 보면서 우리들 자신의 모습을 확인해야 합니다. 이유는 바로 그 큰 무리들 속에 오늘 우리 모두가 포함되어 있기 때문입니다. 그리스도께서 입혀주신 '칭의의 흰 옷'을 더럽혀서는 안 됩니다. 사대교회에 "그 옷을 더럽히지 아니한 자 몇 명"(계3:4)과 같이 말입니다. 그리스도의 신부로서의 순결을 목숨 걸고 지켜야 합니다. "그리스도 예수의 좋은 군사"(딤후2:3)로서 십자가의 고난을 감수하며 영적 싸움에서의 승자가 되어야 합니다. 이미 우리 주 예수 그리스도께서 그의 십자가로 이기셨고, 또 우리로 하여금 오직 말씀과 성령의 능력을 힘입은바 믿음으로 이기게 하시는 성삼위 우리 하나님께 영광과 찬송을 돌리시기를 축원합니다. 아멘.

당신이 네게 축복하지 아니하면

(창세기 32: 24-32)

　이삭의 아들, 야곱의 생애야말로 그의 고백대로 파란만장한 삶이었습니다. 태어날 때부터 형, 에서의 발꿈치를 붙들고 나온 필사적인 몸부림으로 시작하여 에서의 장자권을 팥죽 한 그릇으로 빼앗은 후, 홀로 외삼촌 라반이 사는 하란으로 피하게 되었고, 그 곳에서 20년 동안의 노동 끝에 거부가 되어 망명길 벧엘에서 하나님께서 그에게 약속하신 대로 귀향길에 오릅니다. 그 때, 에서가 가군 400명을 거느리고 온다는 소식을 듣고 그는 모든 가족과 가축들을 앞서 보내고 얍복 나루에서 온 밤을 새며 "당신이 내게 축복하지 아니하면 가게 하지 않겠나이다" 라고 천사와 씨름을 합니다. 그만치 하나님의 축복이 그에게 절실하였던 것입니다. 이 시간, 야곱이 환도 뼈가 위골되면서 까지 몸부림치며 갈구하였던 하나님 축복의 특성을 살펴봄으로 우리 함께 은혜 받기를 원합니다.

　"당신이 내게 축복하지 아니하면" 이는

1. 하나님 축복의 절대성(絕對性)입니다.

　우리가 믿는 하나님은 천지만물을 말씀으로 창조하신 축복의 하나님이십니다. 그 말씀이 절대적이며 또한 그의 축복이 절대적입니다. 야곱은 이 사실을 분명하게 알았고 또 믿었습니다. 하나님은 "보라 내가 오늘날 생명과 복과 사망과 화를 네 앞에 두었나니곧 내가 오늘날 너를 명하여 네 하나님 여호와를 사랑하고 그 모든 길로 행하며 그 명령과 규례와 법도를 지키라 하는 것이라 그리하면 네가 생존하며 번성할 것이요 또 네 하나님 여호와께서 네가 가서 얻을 땅에서 네게 복을 주실 것임이니라" (신30:15-16)라고 명하심에서 하나님 축복의 절대성을 보여 줍니다. 상대가치는 상황에 따라 변하지만 절대가치는 변하지 않습니다. 야곱은 생사를 가름 하는 절대 절명의 위기 상황에서 "당신이 내게 축복하지 아니하면 가지 아니하겠나이다"라고, 하나님 축복의 절대성을 붙잡았던 것입니다. 사실 인간은 죽음의 한계 앞에서 야곱이 그러했듯이 모든 것을 내려놓아야 합니다. 결국 붙잡아야하는 것은 하나님의 축복 밖에는 없다는 사실입니다. 마침내 하나님은 28절에서 "네 이름을 다시는 야곱이라 부를 것이 아니요 이스라엘이라 부를 것이니 이는 네가 하나님과 사람으로 더불어 겨루어 이기었음이니라"라고 하시며 이스라엘의 축복을 주셨던 것입니다. 이는 바로 예수 십자가 생명의 축복이요, 복음과 믿음의 축복입니다. 이는 예수 생명, 구원의 축복과 믿음만이 절대가치의 것이기 때문입니다.

"당신이 내게 축복하지 아니하면" 이는

2. 하나님 축복의 충족성(充足性)입니다.

하나님의 축복은 절대성을 지닐 뿐 아니라 충족성을 지니고 있음을 야곱은 확신하였습니다. 오직 하나님의 축복만이 난제를 해결하시기에 충분하다는 확신입니다. 죄와 사망과 지옥형벌의 피할 수 없는 난제들을 해결함은 오직 하나님의 축복 밖에는 없다는 사실입니다. 야곱에게 주셨던 그 많은 자녀들과 재산도 에서의 칼날 앞에는 전혀 힘이 없음을 알았기에 그 모든 것을 앞서 보내고 그는 홀로 얍복 나루에 남아 환도 뼈가 부서지면서까지 하나님의 축복만을 간구하였던 것입니다. 그 만치 하나님의 축복은 그 대가를 치러야 함을 보여 줍니다. 이유는 하나님 축복의 가치가 대단히 중하고 크기 때문입니다. 예수께서는 "나를 믿는 자는 성경에 이름과 같이 그 배에서 생수의 강이 흘러나리라"(요7:38)라고 하셨고, 이는 이미 에스겔에게 보여 주셨던바 "사람이 능히 건너지 못할 강"(겔47:5)에서 그 축복의 충족성을 보여 주셨습니다. 예수 생명의 말씀과 성령의 충만한 은혜가 그러합니다. 이 세상의 모든 것은 채워도, 채워도 차지 아니하고 오히려 갈증을 더할 것들이기에 만족이 없습니다. 그러나 하나님의 축복은 그 자체로 충족합니다. 야곱에게 주셨던 이스라엘의 축복이 그러합니다. 사도 바울은 "우리가 먹을 것과 입을 것이 있은즉 족한 줄로 알 것이니라"(딤전6:8)라고 하였습니다. 바로 하나님 축복의 충족성은 만족 그 자체입니다.

"당신이 내게 축복하지 아니하면" 이는

3. 하나님 축복의 효능성(效能性)입니다.

하나님의 축복을 놓고 하나님의 천사와 싸워 이김으로 받은 이스라엘 축복이 33장 4절에서 "에서가 달려와서 그를 맞아서 안고 목을 어긋맞기고 그와 입맞추고 피차 우니라"라고 하였고, 9절에서 "내 동생아 내게 있는 것이 족하니 네 소유는 네게 두라"라고 할뿐만 아니라 12절에서는 "우리가 떠나가자 내가 너의 앞잡이가 되리라", 즉 야곱 길의 안내자가 될 것을 자청한 것에서 그 효능성을 보게 됩니다. 욥은 주께서는 무소불능하시오며 무슨 경영이든지 못 이루실 것이 없는줄 아오니"(욥42:2)라고 하였고, 하나님은 "내가 말하였은즉 정녕 이룰 것이요 경영하였은즉 정녕 행하리라"(사46:11)라고, 그의 경영, 곧 축복의 말씀은 반드시 그 효능을 나타내고야 만다는 것입니다. 이는 오직 그리스도의 십자가와 부활을 믿는 자들에게 주시는 구원 은총의 효능이 그러합니다.

사랑하는 성도 여러분!

우리가 살아가면서 한계를 절감하는 위급한 상황들을 야곱처럼 만날 때가 있습니다. 이러한 때, 우리는 야곱처럼 하나님을 붙잡아야 합니다. 그래서 하나님은 방백들을 의지하지 말며 도울 힘이 없는 인생도 의지하지 말지니 그 호흡이 끊어지면 흙으로 돌아가서 당일에 그 도모가 소멸하리로다 야곱의 하나님으로 자기 도움을 삼으며 여호와 자기 하나님에게 그 소망을 두는 자는 복이 있도다"(시146:3-5)라고 하였습니다. 예레미야 역시 "무릇 여호와를 의지하며 여호와를 의뢰하는 그 사람은 복을 받을 것이라 그는 물가에 심기운 나무가 그 뿌리를 강변에 뻗치고 더위가 올찌라도 두려워 아니하며 그 잎이 청청하며 가무는 해에도 걱정이 없고 결실이 그치지 아니함 같으리라"(렘17:7-8)라고 하였습니다. 야곱은 오직 하나님 축복의 절대성과 충족성, 그리고 효능성을 확신하였기에 밤새도록 천사와 씨름, 곧 기도하여 이스라엘의 축복을 받고야 말았습니다. 야곱이 받았던 이스라엘의 이 축복이 오늘 우리 모두의 축복이 되어 하나님께 큰 영광을 돌리시기를 축원합니다. 아멘.

믿음으로 노아는

(히브리서11:7)

첫 사람 아담의 제 10대 손인 노아에 대해 "노아는 의인이요 당세에 완전한 자라 그가 하나님과 동행하였으며"(창6:9)라고 소개하고 있습니다. 노아가 하나님과 동행했던 그 시대에 대해 "여호와께서 사람의 죄악이 세상에 관영함과 그 마음의 생각의 모든 계획이 항상 악할 뿐임을 보시고"(창6:5)라고 하였고, "때에 온 땅이 하나님 앞에 패괴하여 강포가 땅에 충만한지라"(창6:11)고 하였습니다. 이에 공의의 하나님은 홍수심판을 작정하시고 노아로 하여금 새로운 시대를 펼칠 자로 은혜를 주셨기에 "노아는 여호와께 은혜를 입었더라"(창6:8)고 하셨던 것입니다. 이 시간 히브리서 기자의 "믿음으로 노아는"라고 하신 말씀을 통해 은혜를 받기를 원합니다.

"믿음으로 노아는" 하나님께서 경고하신 바

1. 말씀의 은혜를 받았습니다.

본문에 "믿음으로 노아는 아직 보지 못하는 일에 경고하심을 받아"라고 하였습니다. 여기에 "경고하심"이란 '크레마티스데이스'는 '신적인 소통' 혹은 '하나님으로부터의 응답' 또는 '신탁' 등의 의미로 하나님으로부터의 음성, 곧 말씀의 은혜를 노아가 받았다는 말입니다. 이는 심판경고에 대한 말씀입니다. 이 처럼 오늘 날, 우리 성도들도 예수께서 "노아의 때와 같이 인자의 임함도 그러하리라"(마24:37)는 말씀을 받았으며, "이제 하늘과 땅은 그 동일한 말씀으로 불사르기 위하여 간수하신바 되어 경건치 아니한 사람들의 심판과 멸망의 날까지 보존하여 두신 것이니라"(벧후3:7)고 하신 말씀을 노아와 같이 은혜로 받았다는 사실입니다.

"믿음으로 노아는" 하나님을 경외함으로

2. 방주를 예비한 은혜를 받았습니다.

하나님은 노아에게 "너는 잣나무로 너를 위하여 방주를 짓되 그 안에 간들을 막고 역청으로 안팎에 칠하라"(창6:14)고 명하셨고, 이에 "노아가 여호와께서 자기에게 명하신 대로 다 준행하였더라"(창7:5)고 하였습니다. 여기에 "경외함으로"라는 '율라베데이스'는 문자적으로 '거룩한 두려움' 을 뜻합니다. 그는 하나님을 거룩한 두려움으로 120년 동안 방주를 예비하는 큰 은혜를 받았습니다. 방주를 만든 그와 그의 가족의 헌신이야말로 오늘날 우리 성도들의 가슴에서 불타는 그리스도의 십자가 정신에서 꽃피우는 헌신과 그 맥을 같이합니다. 노아가 홍수심판을 대비한 방주는 바로 하나님께서 당신의 피로 사신바 그리스도의 몸 된 교회임을 보여 줍니다. 그러므로 지상 교회는 반드시 도래할 불 심판을 대비한 방주입니다.

"믿음으로 노아는" 하나님께서 주신

3. 구원의 은혜를 받았습니다.

본문에 "그 집을 구원하였으니"라고 하였습니다. 여기에 "구원"이란 '소테리아'는 '그리스도의 구원'을 가리킵니다. 노아 가족의 구원이 바로 "주 예수를 믿으라 그리하면 너와 네 집이 구원을 얻으리라"(행16:31)고 하신 빌립보 옥의 간수 가정에 주신 구원과 같습니다. 이 믿음, 곧 "이로 말미암아 세상을 정죄하고"라고 했듯이 하나님의 말씀을 떠난 믿음은 결코 구원이 없기에 천주교나 모든 이단들에게는 구원은 없다고 정죄하는 것입니다. 온갖 비진리나 세상의 모든 불신적 사상과 철학 등은 하나님께 심판을 받을 수밖에 없는 죄악이라고 교회로부터 정죄를 받는 것입니다. 이 같은 정죄 때문에 교회와 신자는 불신 세상이나 어용종교로부터 수많은 고난을 당해 왔고, 또한 예수 그리스도의 재림 때까지 당할 것입니다.

"믿음으로 노아는" 하나님으로부터

4. 의의 후사가 된 은혜를 받았습니다.

본문은 "믿음을 좇는 의의 후사가 되었느니라"고 하였습니다. 즉 노아는 믿음을 따라 의로운 사람으로 인정되었고, 오직 믿음으로 하나님의 말씀에 순종함으로 자신의 믿음을 확증하였던 것입니다. 그러므로 그는 하나님께서 수여하신 믿음의 상속자가 되는 은혜를 받은 것입니다. 하나님께서 홍수심판 후, 노아에게 의의 후사로 새 시대를 여셨듯이 그리스도의 재림으로 천국의 기업을 의의 후사인 우리 성도들에게 펼쳐 주실 것입니다. 어찌 이 비밀한 사실을 불신 세상 사람들이 알겠습니까? 그래서 예수님은 "홍수 전에 노아가 방주에 들어가던 날까지 사람들이 먹고 마시고 장가 들고 시집 가고 있으면서 홍수가 나서 저희를 다 멸하기까지 깨닫지 못하였으니 인자의 임함도 이와 같으리라"(마24:38-39)라고 말씀하셨던 것입니다.

사랑하는 성도 여러분!

믿음으로 노아의 가족이 홍수심판에서 구원의 은혜를 받았듯이 우리 또한 그리스도를 믿어 구원을 받았습니다. 그의 재림 시 전개될 유황불 심판에서 완전한 구원을 받을 것이며, 노아가 믿음을 좇아 의의 후사가 된 하나님의 크신 은혜를 받았듯이 우리 또한 천국 백성의 은혜를 그 하나님께 받게 된 것입니다. 오직 성삼위 우리 하나님께 "찬송하리로다"(엡1:3)라고 찬양할 뿐입니다. 오직 믿음으로 당대의 노아가 여호와 하나님을 경외함으로 120년 동안의 긴긴 세월을 잣나무 방주를 예비했듯이 우리 모두 오직 하나님의 영광과 그리스도 예수의 생명 복음, 그리고 그리스도의 몸 된 교회의 부흥을 위하여 온전한 헌신과 봉사함으로 성삼위 우리 하나님께 찬양과 존귀와 감사와 큰 영광을 돌리는 복된 삶이되시기를 축원합니다. 아멘.

여호와께서 그를 생각하신지라

(사무엘상 1:12-20)

　가나안 정복의 지도자 여호수아가 죽은 후, 이스라엘의 범죄로 숱한 이방인들의 압제와 도덕적 부패 그리고 동족 간의 갈등과 싸움 등 근 350년 동안의 긴 고통의 터널을 지내온바 사사시대가 끝나갈 무렵 하나님은 이스라엘을 위하여 엘가나의 아내 한나에게 위대한 지도자 사무엘을 주셨습니다. 본문 19절에서 한나를 보시며 "여호와께서 그를 생각하신지라"고 하셨습니다. 여기에 "생각하다"라는 '자카르'는 '표시하다', '기억하다' 라는 뜻으로 항상 마음 속 깊이 담겨져 있는 상태를 가리킵니다.
　"여호와께서 그를 생각하신지라" 이는 한나의

1. 서원기도를 담아 두심입니다.

　본문 12절에 "그가 여호와 앞에 오래 기도하는 동안에"라고 하였습니다. 1장 2절에 "브닌나는 자식이 있고 한나는 무자하더라"고 하였고, 7절에 "브닌나가 그를 격동시키므로 그가 울고 먹지 아니하니"라고 하였습니다. 그래서 10절에 "한나가 마음이 괴로와서 여호와께 기도하고 통곡하며"라고 하였습니다. 그의 기도는 식음을 전폐한 통곡, 곧 눈물의 기도였습니다. 중요한 것은 그녀의 기도가 여호와의 마음에 담겨졌던 것은 11절에 "서원하여 가로되"라는 서원의 기도였다는 것입니다. 그러기에 그의 기도가 하나님의 마음에 새겨진 것입니다. 시편의 시인은 "저희가 그 근심 중에서 여호와께 부르짖으매 그 고통에서 인도하여 내시고…저희를 소원의 항구로 인도하시는도다"(시107:28,30)라고 노래하였습니다. 사도 요한은 "향이 가득한 금 대접을 가졌으니 이 향은 성도의 기도들이라"(계5:8)고 하였습니다. 하나님은 하나의 서원기도를 생각하셨던 것입니다.

"여호와께서 그를 생각하신지라" 이는 한나의

2. 믿음의 헌신을 담아 두심입니다.

본문 18절에 "가로되 당신의 여종이 당신께 은혜 입기를 원하나이다 하고 가서 먹고 얼굴에 다시는 수색이 없으니라"고 하였습니다. 이는 17절에 엘리 제사장이 "평안히 가라 이스라엘의 하나님이 너의 기도하여 구한 것을 허락하시기를 원하노라"고 한 그 말씀에 뿌리를 둔 믿음입니다. 바로 그 믿음이 그녀로 하여금 평안의 얼굴로 바꾸어 놓았던 것입니다. 하박국 선지자는 "의인은 그 믿음으로 말미암아 살리라"(합2:4)고 하였고 "비록 무화과나무가 무성치 못하며 포도나무에 열매가 없으며 감람나무에 소출이 없으며 밭에 식물이 없으며 우리에 양이 없으며 외양간에 소가 없을찌라도 나는 여호와를 인하여 즐거워하며 나의 구원의 하나님을 인하여 기뻐하리로다"(합3:17-18)라고 노래하였던 것입니다. 한나는 "내가 그의 평생에 그를 여호와께 드리고"라는 서원대로 본문 21절에 "서원제를 드리려 올라갈 때" 28절에 "나도 그를 여호와께 드리되 그의 평생을 여호와께 드리나이다"라고 기꺼이 헌신하였던 것입니다. 바로 그 믿음의 헌신을 하나님은 생각하셨던 것입니다.

"여호와께서 그를 생각하신지라" 이는 한나에게 주실

3. 크신 축복을 담아 두심입니다.

본문 20절에 "한한나가 잉태하고 때가 이르매 아들을 낳아 사무엘이라 이름하였으니 이는 내가 여호와께 그를 구하였다 함이더라"고 하였습니다. 여호와 하나님은 한나의 간절한 서원기도와 그 믿음을 마음에 깊이 새겨 담아 두셨고 이에 그에게 주실 놀라운 축복을 담아두셨다가 잉태케 하시고 역사적인 인물인 사무엘을 그녀 품에 안겨 주셨던 것입니다. 사무엘은 위대한 하나님의 지도자로 40년 동안의 치세 중 당시 블레셋으로부터 가드까지의 국토를 확장하여 신정정치의 기반을 구축하는 크나큰 역사에 공헌을 하도록 하셨을 뿐만 아니라, 통일왕국을 출범케 하였던 것입니다. 이는 한나의 서원기도 그리고 믿음의 헌신을 하나님의 마음에 새겨 드린 그 열매로 주어진 축복이었습니다. 이 엄청난 축복은 한나에게만 주어진 것이 아닙니다. 한나와 함께 하신 축복의 하나님은 우리와도 함께 하신다는 사실입니다.

사랑하는 성도 여러분!

"여호와께서 그를 생각하신지라"는 말씀은 대단한 축복입니다. 이는 하나님 마음에 깊게 새겨져 있으면 언젠가는 축복의 역사가 이루어지기 때문입니다. 너무나도 중요한 것은 하나님 보좌 금단에 드려지는 서원기도의 향 그리고 믿음과 헌신이 하나님의 마음에 깊이 담겨져야 한다는 사실입니다. 이렇게 하나님께서 한나의 서원기도와 믿음의 헌신을 그의 마음에 새겨 담아 두셨기에 그에게 사무엘을 축복으로 주신 것입니다. 그러므로 서원의 기도, 믿음의 헌신 그 자체는 축복입니다. 한나가 받은 그 축복은 그 가정과 그 민족 전체에 미친 크나 큰 영광이요, 자랑이었고, 나아가 하나님 구속사의 현장인 인류에게 미친 영광과 자랑이었습니다. "여호와께서 그를 생각하신지라"는 이 말씀이 우리 모두의 기도와 믿음과 헌신이 되어 하나님께 큰 영광이 되시기를 축원합니다. 아멘.

여호와께서 복을 주시므로

(창세기 26:12-33)

여호와 하나님께서 모세를 통하여 "여호와께서 너를 위하여 하늘의 아름다운 보고를 열으사 네 땅에 때를 따라 비를 내리시고 네 손으로 하는 모든 일에 복을 주시리니"(신28:12)라고 하셨습니다. 하나님은 아브라함에게 그렇게 복을 주셨고 또한 본문에 이삭에게도 그렇게 복을 주셨던 것입니다. 중요한 것은 바로 "여호와께서 복을 주시므로"입니다. 이 말씀으로 은혜받기를 원합니다.

"여호와께서 복을 주시므로" 이는

1. 이삭에게 주셨던 축복입니다.

본문 12-13절에 "이삭이 그 땅에서 농사하여 그 해에 백배나 얻었고 여호와께서 복을 주시므로 그 사람이 창대하고"라고 하였습니다. 이삭 그는 하나님이 아브라함과 언약을 맺고 허락하신 축복의 자손입니다. 그러나 가나안에 흉년이 닥치자 그는 그랄 땅으로 이주함으로 환경에 열악한 인간이었음을 보여 줍니다. 그럼에도 불구하고 여호와 하나님은 이삭에게 큰 복을 주셨습니다. 이는 언약에 신실하신 하나님의 크신 사랑 때문입니다. 그 불변하신 하나님의 사랑은 어떤 환경이든지 또 어느 곳에 있든지 언약의 자손에게 복을 주신다는 사실을 아브라함과 야곱과 이삭을 통해 보여 줍니다. 이러한 이삭의 나그네 시련의 여정에 여호와 하나님은 언약의 자손인 그에게 풍성한 축복을 주셨던 것입니다.

"여호와께서 복을 주시므로" 이는 그 축복이

2. 물질의 축복이었습니다.

본문 12절에 "그 땅에서 농사하여 그 해에 백배나 얻었고"라고 하였고, 13-14절에 "그 사람이 창대하고 왕성하여 마침내 거부가 되어 양과 소가 떼를 이루고 노복이 심히 많으므로"라고 하였습니다. 하나님은 절대빈곤에서 절대부요의 축복으로 언약의 자손 이삭에게 채워주셨던 것입니다. 대체로 사람들은 가난이라는 환경 앞에 마음도 몸도 약해 질 수 있습니다. 아브라함도 이삭도 그러했습니다. 우리는 가난을 극복하고 성공하였던 위대한 신앙위인들을 많이 봅니다. 문제는 가난 그 자체가 아니고 그 가난을 기회로 삼지 못한다는데 있습니다. 이삭에게 그 환경은 역경이었지만 하나님께 대한 믿음과 소망이 그의 가슴 속에 있었습니다. 그의 이 같은 믿음은 블레셋 사람들의 시기로 계속 쫓기면서도 그들과 다투지 아니하였음에서 보여줍니다. 우리 교회와 성도들의 가정에도 여호와 우리 하나님께서 주시는 이러한 풍성한 물질적인 축복이 있을 것을 믿고 기도합니다. 전능하신 우리 하나님은 모든 문제를 해결해 주시는 분이십니다. 이는 그가 축복의 하나님이시기 때문입니다. 오직 여호와 하나님만이 이 나라와 민족을 그리고 하나님의 자녀인 우리 모두에게 물질의 복을 주실 것입니다.

"여호와께서 복을 주시므로" 이는 그 축복이

3. 형통과 승리의 축복이었습니다.

본문 14절에 "블레셋 사람이 시기하여"라고 하였고 그들은 16절에 "네가 우리보다 크게 강성한즉 우리를 떠나가라"고 하였습니다. 이에 이삭은 17절에 "이삭이 그 곳을 떠나"라고 하였고 가는 곳마다 샘 근원을 얻었다고 하였습니다. 이는 하나님께서 그에게 주신 형통의 축복입니다. 결국 본문 22절에 "이제는 여호와께서 우리의 장소를 넓게 하셨으니 이 땅에서 우리가 번성하리로다"라고 칭한 "르호봇"의 축복을 받았던 것입니다. 이는 형통의 축복입니다. 뿐만 아니라 여호와 하나님은 그에게 승리의 축복을 안겨 주셨습니다. 본문 28절에 아비멜렉은 "여호와께서 너와 함께 계심을 우리가 분명히 보았으므로 우리의 사이 곧 우리와 너의 사이에 맹세를 세워 너와 계약을 맺으리라"고 하였고, 이에 이삭은 30-31절에서 "그들을 위하여 잔치를 베풀매 그들이 먹고 마시고 아침에 일찌기 일어나 서로 맹세한 후에 이삭이 그들을 보내매 그들이 평안히 갔더라"고 하였습니다. 이는 여호와 하나님께서 언약의 자손 이삭에게 주신 승리의 축복이었습니다.

사랑하는 성도 여러분!

이 나라와 민족, 그리고 한국교회와 우리 성도들에게 "여호와께서 복을 주시므로"라고 한 물질의 축복과 형통함 그리고 승리의 축복이 있을 줄 믿습니다. 분명한 것은 여호와께서 복을 주셔야 한다는 사실입니다. 하나님 없는 축복은 진정한 축복이 아닙니다. 악인의 형통은 꺼지는 등불에 불과한 것이기 때문입니다. 장로 대통령의 5년 동안의 치세 속에 이삭에게 주셨던 이 모든 축복이 있을 것을 확신해 봅니다. 이는 여호와께서 우리나라를 세계선교를 위한 제사장의 나라로 삼아주셨음을 믿기 때문입니다. 분명히 우리나라를 세계적인 거부의 나라로 축복해 주실 것이고 형통함과 열국 중에 뛰어난 승리의 나라로 축복해 주실 것입니다. 여호와로 인한 "르호봇" 축복의 강이 언약의 자손인 우리들 모두에게 넘쳐흘러 오직 우리 하나님께 영광이 되시기를 축원합니다. 아멘.

여호와께서 요셉과 함께 하심이라

(창세기 39:19-23)

아브라함을 불러 축복하신 하나님은 그의 아들 이삭과 손자인 야곱 그리고 증손자인 요셉에게 엄청난 복을 주셨습니다. 이는 언약에 신실하신 여호와께서 주신바 계대적인 축복입니다. 이 시간 "여호와께서 요셉과 함께 하심이라 여호와께서 그의 범사에 형통케 하셨더라"고 하신 말씀을 우리 자신들에게 주시는 말씀으로 믿고 받으며 은혜 받기를 원합니다.

"여호와께서 요셉과 함께 하심이라" 이는

1. 하나님의 절대 주권적 선택 섭리의 축복입니다.

하나님과 아브라함으로 출범한 이스라엘과의 관계는 언약관계입니다. 이 언약관계로 불리어진 하나님의 성호가 여호와입니다. 그 언약의 하나님께서 요셉과 함께 하셨다는 것입니다. 요셉 나이 17세 때 형들의 시기로 애굽에 팔려와 시위 대장 보디발 집에서 종살이를 할 때, "여호와께서 요셉과 함께하시므로 그가 형통한 자가 되어"(창39:2)라고 하였고, 이에 보디발은 4절에 "요셉으로 가정 총무를 삼고 자기 소유를 다 그 손에 위임하니"라고 하였습니다. 이성적 유혹의 누명을 쓰고 왕의 죄수를 가두는 감옥에 수감되었을 때도 본문 21-22절에 "여호와께서 요셉과 함께 하시고…전옥이 옥중 죄수를 다 요셉의 손에 맡기므로 그 제반 사무를 요셉이 처리하고"라고 하였으니 23절에 "이는 여호와께서 요셉과 함께하심이라 여호와께서 그의 범사에 형통케 하셨더라" 이었습니다. 이것이 요셉을 향한 하나님의 절대 주권적 선택 섭리의 축복이었습니다. 중요한 것은 하나님께서 함께 하셨다는 사실입니다.

"여호와께서 요셉과 함께 하심이라" 이는

2. 요셉으로 하여금 형통케 하신 축복입니다.

본문 23절에 "여호와께서 그의 범사에 형통케 하셨더라"고 하였습니다. 여기에 "형통케 하셨더라"는 '찰라흐'는 '성공하다' 또는 '번성하다' 라는 뜻으로 구약에서 65번이나 사용되었습니다. 그 중에 40번은 사역형으로 그 성공과 번성의 근원이 유일하신 여호와 하나님이심을 밝혀 줍니다. 이삭의 경우 "여호와께서 복을 주시므로 그 사람이 창대하고 왕성하여 마침내 거부가 되어"(창26:12-13)라고 하심과 야곱 또한 얍복 나루에서 천사와 씨름하여 얻은 이스라엘의 축복이 그러합니다. 분명한 것은 하나님께서 우리와 함께 하실 때 나타나는 역동적인 축복이 형통, 곧 성공과 번성입니다. 결국, 요셉이 하나님께서 그와 함께 하시므로 받았던 형통의 축복이 보디발 가정에서 가정 총무로, 감옥에서 죄수들을 총괄하는 책임자로 그리고 마침내 애굽 왕 바로의 꿈을 해몽해 줌으로 나이 30세에 바로로부터 "너는 내 집을 치리하라 내 백성이 다 네 명을 복종하리니 나는 너보다 높음이 보좌뿐이니라"(창41:40)라고 하며 43절에서 "바로가 그로 애굽 전국을 총리하게 하였더라"고 한 국가의 총리가 되게 하였던 것입니다. 그의 직위가 종에서 총리로 그의 옷이 죄수의 복장에서 총리의 영광스러운 세마포를 바뀌어졌던 것입니다. 이는 그리스도 재림의 날, 고난 받는 지상 교회가 천상에서 누릴 영광스러운 모습을 보여 줍니다. "여호와께서 요셉과 함께 하심이라" 이는

3. 요셉으로 하여금 큰 그릇되게 하신 축복입니다.

요셉, 그의 인격과 삶은 예수 그리스도의 모습을 보여 주는 큰 그릇의 인물이었습니다. 그는

첫째, 꿈의 사람이었습니다. 그의 꿈은 하나님께서 17세 소년 그에게 주

신 구속사적 꿈이었습니다. '알룸마티' 곧 '곡식 단'의 꿈(창37:7)과 해와 달과 열 한 별이 자신에게 절하는 천계의 꿈이었습니다. 흉년 중에 풍성한 그의 창고인 물권과 70인 가족 구원인 영권의 꿈이었습니다. 바로 예수 그리스도의 꿈이며, 복음전파로 인한 교회운동의 꿈입니다. 요셉 그는

둘째, 고난의 사람이었습니다. 채색 옷으로 단장한 17세에 형들의 시기로 애굽에 팔려간 후 종살이 13년 동안은 그에게 있어 고난의 삶, 바로 십자가의 삶이었습니다. 요셉 그는

셋째, 순결의 사람이었습니다. 보디발 아네의 집요한 이성적 유혹 앞에 "내가 어찌 이 큰 악을 행하여 하나님께 득죄하리이까"(창39:9)라고 하며, 자신의 순결을 지켰습니다. 바벨론의 포로민 "다니엘이 뜻을 정하여…자기를 더럽히지 아니하리라"(단1:8)고 하였음이 그러합니다. 요셉 그는

넷째, 사랑의 사람이었습니다. 이는 그의 눈물과 용서에서 보여 줍니다. 그는 그를 팔았던 형들을 만나 "그 정을 억제하지 못하여…방성대곡하니"(창45:1-2)라고 하였고, "당신들이 나를 이곳에 팔았으므로 근심하지 마소서 한탄하지 마소서 하나님이 생명을 구원하시려고 나를 당신들 앞서 보내셨나이다…그런즉 나를 이리로 보낸 자는 당신들이 아니요 하나님이시라"(창45:5-8)고 하며 그 형들의 큰 잘못을 오직 믿음과 사랑으로 용서합니다.

사랑하는 성도 여러분!

"여호와께서 요셉과 함께 하심이라" 이처럼 복되고 귀한 말씀은 없습니다. 예수 그리스도의 십자가와 부활은 영원히 꺼지지 않는 하나님이 우리

와 함께 하신다는 임마누엘의 불기둥입니다. 우리의 삶이 이 불변의 예수 십자가와 부활 신앙으로 하나님께서 형통케 하시는 축복의 역사를 항상 체험하는 산 믿음의 삶이 되었으면 합니다. 요셉처럼 영적인 큰 꿈을 가지고 예수 십자가 중심의 고난을 감수하면서 우리들 자신의 순결을 지키며 그리스도의 사랑을 실천하는 오늘의 요셉이 되었으면 합니다. 우리 모두 오직 하나님이 함께 하신다는 임마누엘 신앙으로 승리하여 우리 하나님께 큰 영광을 돌리는 하나님의 사람이 되시기를 축원합니다. 아멘.

유다야 너는

(창세기 49:8-12)

본 창세기 49장은 야곱이 110세로 생애를 마감하는 임종에 앞서 열두 아들에게 각인의 분량대로 축복해 주는 일명 '야곱의 축복' 내용을 기록한 장입니다. 모계서열로 장자인 르우벤으로 시작하여 레아의 소생인 넷째 아들 유다에 대한 축복이 본문의 내용입니다. 그의 축복에서 특이한 것은 장자인 르우벤의 혈통적 장자권은 요셉에게로 그리고 제사장적 구속계승의 장자권은 유다에게로 옮겨 갔음입니다. 그래서 야곱은 "유다야 너는 네 형제의 찬송이 될지라"고 하였고, 그를 "유다는 사자"라고 호칭하였으며, 그러하기에 유다가 남조의 국명이 되었던 것입니다.

"유다야 너는" 유다 그가 받은 축복은

1. 최대 영예의 축복입니다.

본문 8절에 "유다야 너는 네 형제의 찬송이 될지라…네 아비의 아들들이 네 앞에 절하리로다"라고 하였습니다. 이는 장자가 받아 누릴 "위광이 초등하고 권능이 탁월하도다"(창49:3)라고한 최대 영예의 축복입니다. 족장시대에 장자는 하나님의 것으로 한 가족의 가장이 제사장직을 수행하였으며 그의 권능은 전시(戰時)에는 그 가군(家軍)을 총 지휘하는 권리가 주어진 것이기 때문에 장자의 영예는 형제들 중에 찬송이 되기에 충분하였던 것입니다. 사도 베드로는 우리 모든 성도들의 영예로운 명분에 대해 "왕 같은 제사장들이요"(벧전2:9)라고 하였습니다.

"유다야 너는" 유다 그가 받은 축복은

2. 절대 승리의 축복입니다.

본문 8절에 "네 손이 네 원수의 목을 잡을 것이요"라고 하였고, 9절에서 "유다는 사자 새끼로다 내 아들아 너는 움킨 것을 찢고…웅크림이 수사자 같고 암사자 같으니 누가 그를 범할 수 있으랴"라고 하였습니다. 이는 유다의 혈통에서 태어날 다윗 왕국의 확장과 그 혈통에서 태어날 예수 그리스도의 구속사 성취에서 이룬 절대 승리의 축복을 상징적으로 예지해 주신 축복입니다. 그러므로 신자와 교회는 반드시 승리하게 되어 있습니다. 예수 그리스도는 "세상에서는 너희가 환난을 당하나 담대하라 내가 세상을 이기었노라"(요16:33)고 하셨습니다.

"유다야 너는" 유다 그가 받은 축복은

3. 신적 통치권의 축복입니다.

본문 10절에 "홀이 유다를 떠나지 아니하며 치리자의 지팡이가 그 발 사이에서 떠나지 아니하시기를 실로가 오시기까지 미치리니 그에게 모든 백성이 복종하리로다"라고 하였습니다. 여기에 "홀"이나 "치리자의 지팡이"는 유다의 혈통으로 계승될 다윗 왕통의 통치권을 말해 줍니다. 이는 당시, 이스라엘의 한 지파에 불과했던 유다가 하나님 구속사의 중심부에 출현한 것은 신적 통치권자인 예수 그리스도의 씨를 내포하고 있었기 때문입니다. 사실 혈통적인 다윗 왕통의 통치는 1세기를 못 넘기고 분열하였고, 결국 주전 586년에 바벨론에 멸망하였지만 메시야이신 예수 그리스도의 신적인 통치권은 "하늘에 있는 자들과 땅에 있는 자들과 땅 아래 있는 자들로 모든 무릎을 예수의 이름에 꿇게 하시고"(빌2:10)로 이어졌습니다.

"유다야 너는" 유다 그가 받은 축복은

4. 평화와 풍요의 축복입니다.

본문 11-12절에서 "그의 나귀를 포도나무에 매며 그 암나귀 새끼를 아름다운 포도나무에 맬 것이며 또 그 옷을 포도주에 빨며 그 복장을 포도즙에 빨리로다 그 눈은 포도주로 인하여 붉겠고 그 이는 우유로 인하여 희리로다"라고 하였습니다. 여기에 나귀는 평화를 상징하는 짐승입니다. 그래서 예수님께서도 평화의 왕으로 예루살렘에 입성하실 때 어린 나귀새끼를 타신 것입니다. 또한 포도주로 그 옷과 복장을 빤다는 것은 포도의 풍성한 수확인 풍요함을, 그리고 그 눈이 포도주로 인하여 붉고 그 이가 우유로 인하여 희어진 다는 것은 풍요와 아울러 평화로운 삶을 상징적으로 표현한 것입니다. 오순절 날, 성령의 충만함을 받은 사도와 성도들이 새 술에 취한 것 같은 모습에서 보여주며, 그로부터 시작된 하나님 나라의 확장인 교회운동과 세계 선교운동에서 분명하게 보여 줍니다.

사랑하는 성도 여러분!

야곱의 축복은 하나님 공의와 사랑의 저울에 달린 "각 인의 분량대로"(창49:28)의 축복이었습니다. 유다의 분량대로 그와 그 자손들에게 주신바 제사장적 최대 영예의 축복과 절대 승리의 축복, 그리고 신적 통치권의 축복, 평화와 풍요의 축복이 오늘날 하나님 앞에 왕 같은 제사장이 된 우리 모두의 축복임을 확신합니다. 우리들 자신과 가정과 자손, 기업과 우리 교회가 그러함을 믿습니다. 이유는 우리가 오직 그리스도로 말미암은 "왕 같은 제사장"(벧전2:9)들이기 때문입니다. 유다가 받은 이 영광스러운 축복이 오늘 우리 모두의 축복이 되어 하나님께 큰 영광이 되시기를 축원합니다. 아멘.

이같이 복을 얻으리로다

(시편128:1-4)

본 시편은 여호와 하나님께서 시온에서 주시는 바, 개인이 누리는 노동의 축복(2절)과 가정 행복의 축복(3절) 그리고 이스라엘 평강의 축복(5-6절)인 국가의 안녕으로 나누어 노래하고 있습니다. 시인이 노래한 본문의 "이같이 복을 얻으리로다"라고 하신 말씀을 통해 어떠한 가정이 복 받은 행복한 가정이며, 그 복의 내용이 무엇인가를 살펴보므로 함께 은혜를 받기를 원합니다. 사실 믿음으로 구원받은 우리 모든 성도의 가정은 하나님께서 주시는 영육간에 풍성한 축복으로 늘 행복해야 한다고 생각합니다. 이는 하나님께서 이스라엘, 곧 모든 성도들의 행복을 원하시기 때문입니다.

"이같이 복을 얻으리로다" 행복한 가정 이는

1. 하나님 중심의 가정입니다.

본문 1절에 "여호와를 경외하며"라고 하였고, 4절에서 또한 "여호와를 경외하는 자는"이라고 하였습니다. 이렇게 여호와를 경외하는 자에게 "복이 있도다"라고 하였고 "이같이 복을 얻으리로다"라고 하였습니다. 참된 복은 오직 여호와를 경외하는 하나님 중심의 사람과 그 가정에 주시는 복입니다. 하나님을 떠난 그 어떠한 것도 참된 복이 될 수 없습니다. 그래서 솔로몬은 "헛되고 헛되며 헛되고 헛되니 모든 것이 헛되도다"(전1:2)라고 하였던 것입니다. 오직 여호와 중심의 가정이 행복한 가정입니다.

"이같이 복을 얻으리로다" 행복한 가정 이는

2. 말씀 중심의 가정입니다.

본문 1절에 "그 도에 행하는 자마다 복이 있도다"라고 하였습니다. 여기에 "도"는 하나님의 말씀을 말합니다. 하나님의 말씀은 우리 영혼의 양식이며, 또한 생수입니다. 예수께서는 "사람이 떡으로만 살 것이 아니요 하나님의 입으로 나오는 모든 말씀으로 살 것이라"(마4:4)고 하셨고, 사도 베드로는 "너희가 거듭난 것이 썩어질 씨로 된 것이 아니요 썩지 아니할 씨로 된 것이니 하나님의 살아 있고 항상 있는 말씀으로 되었느니라"(벧전1:23)고 하였습니다. 시인은 "주의 법을 사랑하는 자에게는 큰 평안이 있으니 저희에게 장애물이 없으리이다"(시119:165)고 하였습니다.

"이같이 복을 얻으리로다" 행복한 가정 이는

3. 교회 중심의 가정입니다.

5절에 "여호와께서 시온에서 네게 복을 주실 지어다 너는 평생에 예루살렘의 복을 보며"라고 하였습니다. 여기에 "시온"이나 "예루살렘"은 그리스도의 몸 된 교회와 천국을 뜻합니다. 교회 중심의 삶은 언제나 영원한 천국인 예루살렘을 사모하는 삶이기 때문에 행복한 것입니다. 사도 요한은 "내가 보매 거룩한 성 새 예루살렘이 하나님께로부터 하늘에서 내려오니 그 예비한 것이 신부가 남편을 위하여 단장한 것 같더라"(계21:2)고 하였습니다.

"이같이 복을 얻으리로다" 행복한 가정 이는

4. 하나님 축복의 가정입니다.

첫째, 노동과 형통의 축복입니다.

본문 2절에 "네가 네 손이 수고한대로 먹을 것이라 네가 복되고 형통하리로다"라고 하였습니다. 하나님께서는 "엿새 동안은 힘써 네 모든 일을 행할 것이나"(출20:9)라고 하셨습니다. 사도 요한은 "사랑하는 자여 네 영혼이 잘 됨같이 네가 범사에 잘되고 강건하기를 내가 간구하노라"(요삼 1:2)고 하였습니다.

둘째, 예루살렘의 축복입니다.

본문 5절에 "너는 평생에 예루살렘의 복을 보며"라고 하였습니다. 이는 지상 교회와 아울러 천상에서의 영원한 천국의 복을 뜻합니다. 평생에 예루살렘의 복을 본다는 것은 오직 성도만의 축복입니다. 교회 중심의 삶이 그러합니다.

셋째, 평강의 축복입니다.

본문 6절에 "이스라엘에게 평강이 있을지로다"라고 하였습니다. 그리스도께서 "평안을 너희에게 끼치노니 곧 나의 평안을 너희에게 주노라"(요 14:27) 고 하신 평안의 축복입니다. 이 땅에 사는 동안 성도들만이 누리는 마음의 천국이 바로 평강입니다.

사랑하는 성도 여러분!

하나님께서 주시는 노동과 아울러 형통의 축복 그리고 교회와 저 영원한 천국의 축복, 또한 하나님의 평강의 축복이 하나님의 백성 된 우리들 자신과 가정에 함께 하시기를 소원합니다. 오직 하나님 중심, 말씀 중심, 교회 중심의 삶으로 행복을 꽃피우는 가정이야말로 행복한 가정입니다. "네 집 내실에 있는 네 아내는 결실한 포도나무 같으며 네 상에 둘린 자식은 어린 감람나무 같으리로다"(시128:3)라고 하신 행복한 가정을 예수 그리스도 안에서 가꾸어 나가야 할 것입니다. 오늘 본문 시편128편에서 약속한 크신 복이 우리 교회와 자신과 가정, 그리고 기업에 충만하여 늘 행복하기를 원하시는 우리 하나님께 큰 기쁨이 되시기를 축원합니다. 아멘.

일어나서 함께 가자

(아가 2:10-13)

선민 이스라엘의 역사상 최고의 번영을 누렸던 시대가 바로 솔로몬 왕의 시대였습니다. 본 아가서는 "노래 중의 노래"(The song of songs)로 술람미 향촌의 여인과의 지순한 사랑을 담은 솔로몬의 노래입니다. 유대인의 랍비였던 아키바(Akiba)는 "모든 성경은 다 거룩한 책이지만 아가서는 그 중에서도 가장 거룩한 책이다."라고 평가할 만큼 아가서는 아가페의 진한 향기를 풍겨줍니다. 솔로몬 왕이 술람미 여인에게 "나의 사랑 나의 어여쁜 자야"라고 부르며 "일어나서 함께 가자"라고 한 말씀으로 은혜받기를 원합니다.

"일어나서 함께 가자" 이는

1. 하나님의 사랑 "아가페"의 요청입니다.

본문 10절에 "나의 사랑 나의 어여쁜 자야"라고 하였습니다. 이는 술람미 여인을 향한 솔로몬의 불타는 사랑 고백의 노래입니다. 그의 사랑, 곧 아가페는 무조건적이며, 일방적입니다. 사랑하기에 견디지 못하며 찾아와 안아 주시는 사랑입니다. 사도 바울은 "긍휼에 풍성하신 하나님이 우리를 사랑하신 그 큰 사랑을 인하여"(엡2:4)라고 하였습니다. 지금도 그 사랑은 우리들을 향해 "나의 사랑 나의 어여쁜 자야"라고 부르고 계십니다. 그리고 "일어나서 함께 가자"라고 그리스도와의 동행을 요청하고 계십니다.

"일어나서 함께 가자" 이는

2. 하나님의 소망 "엘피스"의 요청입니다.

본문 11절에 "겨울도 지나고 비도 그쳤고"라고 하였고, 12절에서 "지면에는 꽃이 피고 새의 노래할 때가 이르렀는데"라고 하였습니다. 여기에 "겨울"과 "비"는 인생 삶에서 겪는 모든 역경을 상징한 시적 표현입니다. 모세는 그의 기도에서 "우리의 년수가 칠십이요 강건하면 팔십이라도 그 년수의 자랑은 수고와 슬픔 뿐이요"(시90:10)라고 했음이 이를 말해 줍니다. 바로 이 "겨울"과 "비"의 극치를 우리는 예수 그리스도의 생애, 특히 그의 십자가에서 보게 됩니다. 이러한 겨울과 비를 그치게 하신 하나님은 "지면"인 우리의 교회와 자신과 가정, 그리고 기업에 "꽃이 피고 새의 노래할 때"의 벅찬 소망의 때가 이르도록 하셨습니다. 이는 십자가 후에 부활의 영광입니다. 지면에 꽃이 피고 새가 노래하는 '산 소망', '엘피다 조산'(Living hope)을 우리에게 주셨고, "일어나서 함께 가자"라고 그리스도와의 동행을 요청하신 것입니다.

"일어나서 함께 가자" 이는

3. 하나님의 교회 "에클레시아"의 요청입니다.

본문 13절에 "무화과나무에는 푸른 열매가 익었고 포도나무는 꽃이 피어 향기를 토하는구나"라고 노래하였습니다. 이는 축복받은 교회, '에클레시아'를 상징합니다. 여기에 "무화과나무"와 "포도나무"는 이스라엘을 상징하는 축복의 나무입니다. 무화과나무의 익어가는 "푸른 열매" 포도나무의 꽃에서 토해내는 "향기"는 그리스도의 향기로 가득한 믿음의 가정과 기업, 그리고 그리스도의 몸 된 교회의 아름다움을 상징적으로 보여 줍니다. 10절에 이어 13절에서도 솔로몬 되신 주님은 술람미 여인 같은 우리들에게 "나의 사랑 나의 어여쁜 자야 일어나서 함께 가자"라고 동행을 요청하고 계십니다. "함께 가자"라는 '울레키 라크'(come with me)는 그리스도와의 동행을 뜻하는 '에클레시아'의 요청이요, 또한 명령입니다. 오직 그리스도와 함께한 우리 교회와 자신과 가정, 기업에 꽃이 피고 새가 노래하며, 무화과나무에 푸른 열매, 포도나무에 꽃이 피어 향기를 토하는 놀라운 은총이 바로 교회 '에클레시아' 와 맞물려 주어지는 축복이기에 값지고 귀한 것입니다.

사랑하는 성도 여러분!

그리스도와 함께한 겨울과 비는 그의 십자가를 체험케 하는 의미 있는 고통으로 값진 것입니다. 이는 그의 십자가가 생명의 부활로 꽃을 피웠기 때문입니다. 주님을 믿고 따르는 우리 모든 성도들의 삶 속에 주어지는 겨울과 비는 지나고 보면 아름다운 축복이었음을 깨닫게 됩니다. 이유는 그 겨울과 비가 있었기에 지면의 풍성한 축복을 만끽하기 때문입니다. 그리스도와 함께 동행 하는 삶의 특징이 그러합니다. 그 삶 속에 "나의 사랑 나의 어여쁜 자야" 라는 하나님의 사랑 곧 아가페의 음성이 항상 들립니다. 그 삶 속에 꽃이 피고 새가 노래하는바 금세 내세에 '소망' 곧 '엘피조' 가 그 날개를 펴고 위엣 것을 향한 비상이 있습니다. 또한 그 삶 속에 무화과의 풍성한 결실과 포도의 향기로 가득한 동산인 교회, 곧 '에클레시아' 의 축복이 풍성하게 있습니다. 그리스도와 함께한 바로 거기에 하나님 사랑과 벅찬 희망과 축복이 있다는 분명한 사실 앞에 우리 모든 성도는 겨울과 비의 때나 꽃이 피고 새가 노래하는 그 어느 때든지 "일어나서 함께 가자" 라고 하시는 동행 요청에 아멘으로 화답하며 살아가는 것입니다. 오직 그리스도 예수 안에서 하나님께 영광을 돌리는 삶이되기를 축원합니다 아멘.

# 진동치 못할 나라를 받았으니 은혜를 받자

(히브리서 12:28-29)

성도들의 참된 생명과 축복의 근원은 바로 하나님의 은혜, 곧 "카리스"에 있습니다. "그러므로 우리가…은혜를 받자"라고 하였습니다. 하나님은 그의 예정 속에 구원받기로 택정된 백성들에게 그의 절대 주권적 의지로 은혜를 주시는데 이를 가리켜 개혁자 칼빈은 "불가항력적 은총"이란 말로 표현하였습니다. 하나님의 은혜는 그의 특별하신 은총으로 주어진 "구원의 은혜"와 "때를 따라 돕는 은혜"가 있습니다. 본문에서 말씀해 주고 있는 "은혜를 받자"라는 원어 '에코멘 카린'은 '은혜를 계속 유지하자'라는 의미의 말로, '계속 충전이 되어 채워져야만 하는 은혜'를 뜻합니다.

"진동치 못할 나라를 받았으니 은혜를 받자" 이는

1. 천국을 기업으로 받았기 때문입니다.

본문 28절에 "그러므로 우리가 진동치 못할 나라를 받았은즉 은혜를 받자"라고 하였습니다. 이 세상의 모든 불신적인 역사는 어쩔 수 없이 하나님을 대적하는 역사이기 때문에 결국 우리 주님께서 재림하시는 그 날, 하나님의 진동하심으로 산산이 깨어지고 말 것이고(삼상2:10), 그의 불심판으로 모든 체질이 뜨거운 불에 녹아지고 말 것입니다(벧후3:10). 바로 그날이야말로 우리 성도들에겐 환희가 넘치는 대망의 날이 될 것입니다. 이유는 영원히 진동치 못할 천국을 기업으로 받아 누리는 영화의 날이기 때문입니다. 이미 하나님은 그 크신 사랑과 은혜로 그리스도의 복음을 듣고 믿은 우리 모든 신자들에게 천국 시민권을 주셨습니다.

"진동치 못할 나라를 받았으니 은혜를 받자" 이는 하나님을

2. 기쁘시게 섬길 수 있기 때문입니다.

본문 28절에 "은혜를 받자 이로 말미암아 경건함과 두려움으로 하나님을 기쁘시게 섬길지니"라고 하였습니다. 솔로몬은 "하나님을 경외하고 그 명령을 지킬지어다 이것이 사람의 본분이니라"(전12:13)고 하였습니다. 하나님을 기쁘시게 섬기는 것이 인간을 창조하신 그의 목적이기에 그를 거룩한 두려움으로 기쁘시게 섬긴다는 것은 대단히 중요합니다. 그러므로 여호수아는 "너희 섬길 자를 오늘날 택하라 오직 나와 내 집은 여호와를 섬기겠노라"(수24:15)고 하였던 것입니다.

"경건함과 두려움으로 하나님을 기쁘시게 섬길지니"에서 "경건함"이란 '좋은 예배'를 뜻하며, "두려움"이란 '하나님의 거룩함에 대한 경외'를 뜻합니다. 이는 기본적인 영적 자세입니다. 사도 바울은 "너희 몸을 하나님이 기뻐하시는 거룩한 산 제사로 드리라 이는 너희의 드릴 영적 예배니라"(롬12:1)고 하였습니다. 진동치 못할 나라, 곧 천국을 기업으로 받은 우리 모든 성도들은 매 순간, 순간마다 충전되는 은혜를 받아야만 합니다. 이유는 은혜 없이는 결코 하나님을 경건함과 두려움으로 기쁘시게 섬길 수 없기 때문입니다.

"진동치 못할 나라를 받았으니 은혜를 받자" 이는 하나님의

3. 불 심판이 있기 때문입니다.

본문 29절에 "우리 하나님은 소멸하는 불이심이니라"고 하였습니다. 여기에 "소멸하는 불"이란 은혜 없는 곳에 임하실 하나님의 진노하신 불 심판을 뜻합니다. 하나님의 불은 한 순간에 모든 것을 태워 버리십니다. 지구 종말의 날에 반드시 그러할 것입니다. 하늘로서 쏟아진 유황불에 소멸된 소돔과 고모라 성(창19:24-25)이 하나님의 불 심판을 보여준 것처럼 또한

지구 종말의 날인 우리 주 예수 그리스도께서 재림하실 그 날에 임할 불 심판이 그러할 것입니다. 사도 베드로는 "이제 하늘과 땅은 그 동일한 말씀으로 불사르기 위하여 간수하신바 되어 경건치 아니한 사람들의 심판과 멸망의 날까지 보존하여 두신 것이니라"(벧후3:7)고 경고하였습니다.

사랑하는 성도 여러분!

반드시 진동치 못할 나라인 천국을 기업으로 받은 우리 성도들은 계속 충전되는 은혜를 받아야만 합니다. 매 순간, 순간마다 주의 말씀과 성령의 역사로 채워지는 하나님의 은혜를 받지 아니하면 경건함과 두려움으로 하나님을 기쁘시게 섬길 수 없기 때문입니다. 그러므로 우리 모든 성도들은 계속 채워져야 하는 하나님의 은혜를 받아야 합니다. 그 은혜를 목마른 사슴이 시냇물을 사모하듯이 간절하게 사모하여야 합니다(시42:1). 겸손한 마음으로 그 은혜를 받을 그릇을 준비해야 합니다. 이유는 하나님은 겸손한 자에게 은혜를 주시기 때문입니다(벧전5:5). 또한 그 은혜 받을 때를 놓치지 말고(고후6:2), 은혜의 보좌로 담대히 나아가야 합니다(히4:16). 그 동안 하나님께 받은 모든 은혜도 감사하겠지만 앞으로 더욱 충만하게 받을 은혜를 소원하고, 또한 확신하며, 뜨거운 감사를 하나님께 드려야 할 것입니다. 오직 그 하나님의 은혜의 충만으로 성삼위 우리 하나님을 경건함과 두려움으로 기쁘시게 섬기는 우리의 복된 삶이되시기를 축원합니다. 아멘.

큰 비의 소리가 있나이다

(열왕기상18:41-46)

여호와 하나님께서 그의 선지자 엘리야로 하여금 갈멜 산상에서 오랜 세월 우상숭배로 무너졌던 여호와의 단을 수축케 하였고 그 번제단 위에 불로 응답하심으로 백성들과 함께 바알과 아세라 선지자들 모두를 섬멸하는 대승을 거두게 하신바 하나님의 위대하신 구속사적 통치를 보게 됩니다. 그 후 하나님은 엘리야에게 큰 비의 소리를 들려주셨고 결국 "큰 비가 내리는지라"는 엄청난 축복을 주셨습니다. 이 시간 본문에서 엘리야가 폭군 아합에게 전한바 "올라가서 먹고 마시소서 큰 비의 소리가 있나이다"라고 하신 말씀을 상고함으로 함께 은혜 받기를 원합니다.

"큰 비의 소리가 있나이다" 큰 빗소리 이는

1. 여호와께서 약속하신바 큰 빗소리입니다.

열왕기상 18장 1절에 "많은 날을 지내고 제 삼년에 여호와의 말씀이 엘리야에게 임하여 가라사대 너는 가서 아합에게 보이라 내가 비를 지면에 내리리라"고 여호와께서 엘리야에게 말씀하셨습니다. 그 약속하신바 큰 비의 소리가 엘리야에게 들려졌던 것입니다. 실로 엄청난 큰 축복의 소리입니다. 한마디로 예수 생명의 복음입니다. 죄악으로 인한 당시의 극심한 기근은 바로 죽음과 직결된 무서운 재앙이었습니다. 근원적으로 인간의 죄로 인한 고통과 죽임이 그러합니다. 이는 죄악으로 죽음을 당한 이 참담한 세상에 예수 그리스도께서 생명의 큰 비로 오셔서 죄 사함의 은총을 주셨고 영원한 생명을 주셨음이 그러합니다. 사도 바울은 "너희의 허물과 죄로 죽었던 너희를 살리셨도다"(엡2:1)라고 하였습니다. 또한 이 큰 축복의 비가 오순절 날 하늘로서 내려온 성령 강림의 역사로 출범한 교회운동으로 나타난 것입니다. 그러므로 예수 그리스도께서 승천하시기 전 제자들에게 "예루살렘을 떠나지 말고 내게 들은 바 아버지의 약속하신 것을 기다리라 요한은 물로 세례를 베풀었으나 너희는 몇 날이 못되어 성령으로 세례를 받으리라"(행1:4-5) 말씀하셨던 것입니다. 물과 성령으로 거듭난 자, 곧 귀 있는 자가 항상 들어야 할 복음의 소리가 곧 큰 빗소리입니다.

"큰 비의 소리가 있나이다" 큰 빗소리 이는

2. 악의 축을 숙청(肅淸)한 후의 큰 빗소리입니다,

불의 응답을 받은 엘리야는 그 백성들에게 "바알의 선지자를 잡되 하나도 도망하지 못하게 하라 하매 곧 잡은지라 엘리야가 저희를 기손 시내로 내려다가 거기서 죽이니라"(왕상 18:40)고 하였습니나. 이는 당시 익의 축이었던 바알과 아세라 선지자들을 숙청하는 역사를 단행함이었습니다. 우리는 이 사건에서 예수 그리스도께서 십자가에 달려 죽으심으로 옛 뱀 곧 사단의 머리를 상하게 하신 위대한 구속사를 보게 됩니다. 이는 또한 종말의 날, 의의 재판장이신 그리스도의 재림의 그 날에 악에 대한 불 심판으로 나타날 것입니다. 사도 베드로는 "주의 날이 도적 같이 오리니 그 날에는 하늘이 큰 소리로 떠나가고 체질이 뜨거운 불에 풀어지리니 땅과 그 중에 있는 모든 일이 드러나리로다"(벧후3:10)고 하였습니다. 그러므로 죄악은 그리스도의 십자가에 달아 여지없이 숙청해야 합니다. 사도 바울은 "그리스도 예수의 사람들은 육체와 함께 그 정과 욕심을 십자가에 못 박았느니라"(갈 5:24)고 하였습니다. 죄악을 죽이는 성화의 삶 속에 하나님의 복된 음성이 들리기 때문입니다. 그래서 예수께서는 제자들에게 "귀 있는 자는 들으라"(막4:9)고 하셨고 "너희 눈은 봄으로 너희 귀는 들음으로 복이 있도다"(마13:16)라고 말씀하셨던 것입니다.

"큰 비의 소리가 있나이다" 큰 빗소리 이는

3. 남은 자들 곧 성도를 위한 빗소리입니다.

갈멜 산상에서의 엘리야의 승전 소식을 들은 아합의 부인 이세벨은 엘리야를 죽이려고 하였습니다. 이에 엘리야가 광야로 도망하여 하나님의 산 호렙에 이르러 한 굴에 은신하였습니다. 그 곳에서 여호와 하나님은 세미한 소리 가운데 임하시어 그를 불러 "엘리야야 네가 어찌하여 여기 있느냐"(왕상19:13)고 하셨고, 이에 엘리야는 "내가 만군의 하나님 여호와를 위하여 열심이 특심하오니 이는 이스라엘 자손이 주의 언약을 버리고 주의 단을 헐며 칼로 주의 선지자들을 죽였음이오며 오직 나만 남았거늘 저희가 내 생명을 찾아 취하려 하나이다"(왕상19:14)라고 대답합니다. 이에 하나님은 "내가 이스라엘 가운데 칠천인을 남기리니 다 무릎을 바알에게 꿇지 아니하고 다 그 입을 바알에게 맞추지 아니한 자니라"(왕상19:18)고 당시 믿음의 정절을 굳게 지킨 자 칠천이 남아 있음을 알려 주었습니다. 이는 곧 그 남은 자의 생명 보존을 위하여 큰 비를 여호와께서 준비하셨고 그 큰 빗소리를 엘리야의 귀에 들려주셨던 것이며, 그 큰 비의 축복을 주신 것입니다. 이는 오늘 여호와께서 남겨둔 자, 곧 우리 모든 성도의 확신이며 또한 소망입니다.

사랑하는 성도 여러분!

여호와 하나님은 엘리야에게 약속하신바 큰 비의 소리를 듣게 하셨고, 그로 하여금 42절에서 "갈멜산 꼭대기로 올라가서 땅에 꿇어 엎드려 그 얼굴을 무릎 사이에 넣고" 기도하도록 역사 하셨습니다. 그의 기도에 대해 야고보는 "엘리야는 우리와 성정이 같은 사람이로되 저가 비 오지 않기를 간절히 기도한즉 삼년 육개월 동안 땅에 비가 아니오고 다시 기도한즉 하늘이 비를 주고 땅이 열매를 내었느니라"(약5:17-18)고 하였습니다. 엘리야의 기도는 빗소리를 들은바 확신의 기도였으며, 또한 간절한 기도였습니다. 그의 사환에게 "일곱 번까지 다시 가라"고 말하며 끝까지 포기하지 않는 인내의 기도였습니다. 그러므로 이 마지막 종말 시대 남은 자로 살아가는 우리 성도들은 항상 깨어 기도해야 합니다. 엘리야처럼 큰 축복의 빗소리를 듣고 간절히 기도함으로 큰 비의 축복을 항상 체험하는 삶으로 하나님께 큰 영광이 되시기를 축원합니다. 아멘.

하늘에 속한 자의 영광

(고린도전서 15:35-41)

고린도 전서 15장을 일컬어 "부활 장"이라고 합니다. 예수 그리스도께서는 "나는 부활이요 생명이니 나를 믿는 자는 죽어도 살겠고 무릇 살아서 나를 믿는 자는 영원히 죽지 아니하리니 이것을 네가 믿느냐"(요11:25-26)라고 하시며 마르다의 부활신앙을 더욱 확고히 해 주셨습니다. 기독교의 탁월함과 그 위대함이 바로 그리스도의 대속적인 죽음과 부활에 있습니다. 이것이 바로 복음입니다. 유감스럽게도 대다수의 현대 교인들 중에 내세 곧 부활을 믿지 않는 사람들이 많다는 통계를 봅니다. 예수님은 지금 마르다에게 물으셨던 것처럼 우리들 각자에게 "이것을 네가 믿느냐"라는 질문 앞에 마르다처럼 "주여 그러하외다 주는 그리스도시요 세상에 오시는 하나님의 아들이신줄 내가 믿나이다" 확실하게 고백할 수 있어야 합니다. 이것이 옛 선지들과 같은 "믿음으로"의 사람입니다.

오늘 본문에서 사도 바울은 부활을 입증하면서 "하늘에 속한 자의 영광"을 각기 다른 해와 달과 별과 별들의 영광에 비유하였습니다.

"하늘에 속한 자의 영광" 이는 각기 다른

1. 천상에서 누릴 영광의 상급을 뜻합니다.

본문 35절에서 "누가 묻기를 죽은 자들이 어떻게 다시 살며 어떠한 몸으로 오느냐"라는 의문에 대해 장래의 형체를 뿌려 살아 날 각 종의 "알갱이" 곧 "씨"를 비유로 40-41절에서 "하늘에 속한 형체도 있고 땅에 속한 형체도 있으나 하늘에 속한 자의 영광이 따로 있고 땅에 속한 자의 영광이 따로 있으니 해의 영광도 다르며 달의 영광도 다르며 별의 영광도 다른데 별과 별의 영광이 다르도다"라고 대답합니다. 그리고 본문 42절에서 "죽은 자의 부활도 이와 같으니" 라고 하시며 부활 후의 천상에서의 영광이 각각 다름을 밝혀 주었습니다. 이는 예수 그리스도를 믿어 구원받은 자들이 천상에서 받아 누릴 영광의 상급이 각각 다르다는 비밀의 말씀입니다. 해와 달, 그리고 별과 별들의 빛의 광도가 각각 다르듯이 우리 성도들이 믿어 구원은 받지만 저 천상에서 빛날 영광의 상급은 각각 다르다는 사실 앞에 우리들 삶의 자세가 어떠해야 하는가를 일깨워 줍니다. 모세가 바라보며 모든 것을 버렸던 것이 애굽과는 비교가 될 수 없는 천상에서의 영광의 상급이었던 것입니다.(히11:24-26) 사도 바울 또한 "생각건대 현재의 고난은 장차 우리에게 나타날 영광과 족히 비교할 수 없도다"(롬8:18)라고 그 영광의 절대가치를 밝혔습니다. 부활신앙이 없거나 희미한 자들에게서는 생각지도 못할 일들이었음을 모세가 사도 바울이 그리고 모든 개혁자들과 선교사들의 희생적인 삶에서 보여 줍니다.

"하늘에 속한 영광" 이는

2. 사명 수행에 따른 부활체의 영광입니다.

같은 별들이라고 해도 그 별들이 광도가 다르듯이 믿음 또한 그러합니다. 바로 그 믿음에 의한 소명의식과 사명수행의 열정 또한 각자의 차이가 있음을 부정치 못합니다. 사도 바울의 경우 "나의 달려갈 길과 주 예수께 받은 사명 곧 하나님의 은혜의 복음을 증거 하는 일을 마치려 함에는 나의 생명을 조금도 귀한 것으로 여기지 아니하노라"(행20:24)라고 하였고 전도자 빌립의 가정에서 그의 예루살렘 행을 만류하는 자들에게 "나는 주 예수의 이름을 위하여 결박을 받을 뿐 아니라 예루살렘에서 죽을 것도 각오하였노라"(행21:13)고 하여 결국 예루살렘에서 체포되어 주후 64년 경 로마

옥에서 순교의 제물이 되었던 것입니다. 그의 사명감에 불타는 열정을 그 어느 누가 막을 수 있겠는가! 주를 위해 순교하며 미전도 지역에 복음을 전했던 모든 선교사들이 다 그러했습니다. 그러므로 그들에게 주어질 천상의 영광 곧 상급이 각각 다를 것임에 분명합니다. 이는 하나님께서 정하신 추수의 법칙(고후9:6; 갈6:7)입니다. 복음전파와 선교의 사명에 얼마나 열정적이었나에 따라서 "하늘에 속한 자의 영광"인 상급이 주어진다는 사실입니다.

"하늘에 속한 영광" 이는

3. 성화와 희생에 따른 부활체의 영광입니다.

기독교는 위대한 변화의 종교입니다. 성도들은 날마다 주의 말씀과 성령의 능력을 힘입어 생각이 변하고 인격이 변하고 삶이 변해야 합니다. 그 성화만큼 천상에서의 영광이 나타날 것입니다. 그래서 사도 바울은 "내가 내 몸을 쳐 복종하게 함은"(고전9:27)이라고 하였고 "나는 날마다 죽노라"(고전15:31)고 고백하였던 것입니다. 성화란 그리스도의 십자가에 그 정과 욕심을 달아 죽이는 죄 죽임에서 그 꽃을 피우는 것입니다. 오늘 날 가장 심각한 문제가 교인은 많은데 신자가 적다는 세상 사람들의 지적입니다. 성화되지 못하는 죄 된 삶은 하나님의 영광을 나타내지 못하고 오히려 "하나님의 이름이 너희로 인하여 이방인 중에서 모독을 받는도다"(롬2:24)로 나타나기 때문입니다. 그래서 성도들의 성화된 삶의 책임이 중요합니다. 그리고 그 하늘에 속한 영광을 위하여 교회생활 가운데 희생의 꽃을 피워야 합니다. 시간적인 희생, 몸의 희생, 재능의 희생, 그리고 물질적인 희생의 꽃이 하늘에 속한 영광의 열매를 하나님께로부터 주어지는 것입니다. 이 사실에 대한 믿음과 소망이 미온적이거나 부재에서 하나님과 교회를 감동시키는 삶이 나타나지를 아니 하는 것입니다.

사랑하는 성도 여러분!

우리는 부활신앙을 가지고 있는 복 된 자들입니다. 사도 바울이 본문 36절에서 지적한 대로 결코 "어리석은 자"가 아닙니다. "하늘에 속한 영광"인 천상에서의 영화와 영광의 상급이 있기에 오늘 날 우리들에게 주어진 삶의 현장에서 오직 하나님의 영광과 그리스도의 복음과 그의 몸 된 교회를 위하여 희생 봉사하여야합니다. 무엇보다도 날마다 죄악 된 자신의 모든 탐욕을 냉정하게 십자가에 못 박아 죽임으로 예수 그리스도의 마음과 인격과 그 삶을 본받는 성화의 삶에 최선을 다하여야 할 것입니다. 우리의 이 같은 삶에 대하여 우리 하나님은 "하늘에 속한 자의 영광"인 상급으로 예비하고 계신다는 분명한 믿음과 소망을 가서야힙니다. 그래서 이 땅에서도 하나님의 풍성한 축복으로 그에게 오직 영광을 돌림과 아울러 "하늘에 속한 자의 영광"을 확신하며 예비하시는 복된 삶이되시기를 축원합니다. 아멘.

그 물을 여호와께 부어 드리며

(사무엘하 23:13-17)

본 사무엘하 23장은 다윗의 용사들의 이름과 그들이 펼친 혁혁한 영웅적인 전승의 역사를 기록해 주고 있습니다. 그 첫 3인의 용사에 이어 본문에서는 둘째 3인 용사의 필사적인 용맹을 기록한 사건으로 실로 깊은 감동을 줍니다. 블레셋과 대치하고 있던 상황에서 다윗은 베들레헴 성문 곁 우물물을 사모하며 "누가 나로 마시게 할꼬"라고 합니다. 이에 다윗의 세 용사가 블레셋 군대를 충돌하고 지나가서 그 우물물을 길어 가지고 와서 다윗에게 줍니다. 그러나 다윗은 그 물을 마시지 아니 하고 여호와께 부어드렸다고 하였습니다. 이 시간, 다윗의 "그 물을 여호와께 부어 드리며"라고 하신 말씀을 통해 영적인 교훈을 받기 원합니다.

"그 물을 여호와께 부어 드리며" 이는 그 물이

1. 생명의 피였기 때문입니다.

본문 17절에서 다윗은 "여호와여 내가 결단코 이런 일을 하지 아니하리이다 이는 생명을 돌아보지 아니하고 갔던 사람들의 피니이다"라고 합니다. 다윗이 베들레헴 우물물을 사모하여 '누가 나로 그 물을 마시게 할까?'라고 했을 때, 이들 세 용사는 곧바로 블레셋 부대를 정면으로 꿰뚫고 지나가 물을 길어 왔습니다. 그들은 자신의 생명을 돌아보지 아니했다고 하였습니다. 그래서 다윗은 그 물을 생명의 피로 여겨 "피를 먹지 말라"(레 17:12)고 명하신 율법의 조항을 기억하였기 때문에 그 물을 여호와께 부어 드렸던 것입니다. 다윗의 이 같은 모습에서 오직 하나님 중심, 말씀 중심의 확고한 그의 신앙을 보게 됩니다.

"그 물을 여호와께 부어 드리며" 이는 그 물이

2. 희생제물의 피였기 때문입니다.

여호와 하나님은 "네가 번제를 드릴 때에는 그 고기와 피를 네 하나님 여호와의 단에 드릴 것이요 다른 제 희생을 드릴 때에는 그 피를 하나님 여호와의 단에 붓고 그 고기는 먹을 지니라"(신 12:27)고 명하셨습니다. 여호와께 드리는 모든 희생제물의 중심은 바로 "피"입니다. 다윗은 이들 세용사가 베들레헴에서 길어 온 물을 여호와의 단에 드려질 희생제물의 피로 여겼기에 그 물을 마시지 아니하고 여호와께 관제로 부어드렸던 것입니다. 이들, 세용사의 희생과 물을 통해 다윗은 장차 오실 어린 양, 예수 그리스도의 십자가 희생과 대속의 피를 보았을 것입니다. 이는 바로 희생제물 되신 예수 그리스도께서 십자가에 달려 그의 보배로운 피로 하나님의 택한 우리 모든 성도들의 죄를 사하셨기 때문입니다. 이에 예수님은 "인자의 살을 먹지 아니하고 인자의 피를 마시지 아니하면 너희 속에 생명이 없느니라 내 살을 먹고 내 피를 마시는 자는 영생을 가졌고 마지막 날에 내가 그를 다시 살리리니 내 살은 참된 양식이요 내 피는 참된 음료로다"(요6:53-55)라고 하셨습니다. 히브리서 기자는 "염소와 송아지의 피로 아니 하고 오직 자기 피로 영원한 속죄를 이루사 단번에 성소에 들어가셨느니라"(히 9:12)고 하였습니다. 생명을 돌아보지 아니하고 그들이 길어 온 물이 바로 하나님께 드려진 희생제물로서의 피로 여겨졌기에 믿음의 사람, 다윗은 그 물을 여호와께 부어드린 것입니다.

"그 물을 여호와께 부어 드리며" 이는, 그 물이

3. 충성과 헌신의 피였기 때문입니다.

다윗의 세용사의 모습에서 우리는 다윗에 대한 그들의 충성과 헌신을 보게 됩니다. 그들이 블레셋 진영을 충돌하며 길어 온 물이 바로 그들의 충성과 헌신을 확증해 줍니다. 사실 하나님 앞에서 충성과 헌신처럼 아름다운 것은 없습니다. 우리 주 예수 그리스도께서 그의 삶과 십자가에서 이를 보여 주셨고, 그를 본받은 사도 바울이 삶이 그러했습니다. 그러므로 성도들의 충성과 헌신, 그 자체는 바로 하나님께 드려지는 피로서 가치를 지닌 것입니다. 그리스도와 복음과 교회를 향한 충성과 헌신에서 쏟아지는 땀과 눈물, 그리고 그의 나라와 의를 위해 드려지는 모든 헌금의 성격이 그러하기 때문입니다. 다윗에 대한 이들 세용사의 충성과 헌신의 모습에서 그리스도와 그의 몸 된 교회에 대한 성도들의 영적인 바른 자세의 삶을 보여 줍니다. 마지막 날, 그리스도께서 재림하실 때, "잘하였도다. 착하고 충성된 종아"(마25:21)라고 하실 칭찬과 상급이 바로 충성과 헌신적 피에 대한 보상으로 주어질 것임에 분명합니다.

사랑하는 성도 여러분!

오늘, 우리는 본문의 말씀에서 다윗의 30인 두목 중 둘째 세용사의 필사적인 충성과 희생적인 헌신의 모습에서 진한 감동을 받습니다. 그들이 베들레헴에 진을 친 블레셋 군대의 진영을 정면으로 꿰뚫고 지나가 길어 온 물, 그 물이야말로 생명의 피였습니다. 다윗은 생명을 아끼지 아니하고 길어 온바 베들레헴 성문 곁 우물물을 그의 신앙 양심에서 마실 수가 없었습니다. 이유는 그 물이 목숨을 건 생명의 피였기 때문입니다. 그래서 그는 "여호와여 내가 결단코 이런 일을 하지 아니하리이다. 이는 생명을 돌아보지 아니하고 갔던 사람들의 피니다"라고 하며 떨리는 손으로 그 물을 여호와께 부어드렸던 것입니다. 여기에서 성도들이 그리스도와 복음과 교회를 위하여 충성 헌신의 결정체인 땀과 눈물과 그리고 헌금의 진가를 깨닫게 됩니다. "여호와께 향기로운 냄새"(레1:9)인바 하나님이 기뻐 받으실 "향기로운 제물"(빌4:18)임에 분명합니다. 모든 것이 다 하나님께서 우리 모두에게 주신 은혜요 축복의 산물입니다. 시간이나 재능이나 몸이나 물질이 다 그러합니다. 하나님께 제물로 드려져야 할 피로서의 가치를 지닌 것들이기에 실로 소중한 것들입니다. 주님 오실 그 날까지 하나님께서 우리들에게 축복으로 주신 이 모든 것들이 물이 아닌 피가 되어 하나님께 부음이 되는 우리의 삶이 되었으면 합니다. 다윗의 세용사, 그들의 충성과 헌신, 그리고 성군 다윗의 오직 하나님과 말씀 중심의 신앙을 거울로 삼아 우리를 거룩한 제물로 삼으신 그 하나님께 큰 영광을 돌리는 삶이되시기를 축원합니다. 아멘.

그의 말씀하시던 대로 살아났느니라

(마태복음 28:1-17)

사도 바울은 "내가 받은 것을 먼저 너희에게 전하였노니 이는 성경대로 그리스도께서 우리 죄를 위하여 죽으시고 장사 지낸바 되었다가 성경대로 사흘만에 다시 살아나사"(고전15:3-4)라고 전하였으며, 14절에서 "그리스도께서 만일 다시 살지 못하셨으면 우리의 전파하는 것도 헛것이요 또 너희 믿음도 헛것이며"라고 하였습니다. 예수께서는 "나는 부활이요 생명이니"(요11:25)라고 하셨습니다. 안식 후 첫 날인 주일, 새벽 미명에 무덤에 찾아 온 막달라 마리아와 다른 마리아에게 천사가 "너희는 무서워 말라 십자가에 못 박히신 예수를 너희가 찾는 줄을 내가 아노라 그가 여기에 계시지 않고 그의 말씀하신 대로 살아나셨느니라"(마28:5-6)라고 하였습니다. 오늘 우리는 예수께서 부활하신 이 사건을 중심으로 예수 부활에 대한 세 분류의 사람들을 보면서 은혜받기를 원합니다.

"그의 말씀하신 대로 살아나셨느니라" 예수 부활에 대한

1. 신앙적(信仰的)증인들입니다.

본문 1-10절에서의 여인들, 이들은 본문 1절에서 "안식일이 다하여가고 안식 후 첫날이 되려는 미명에 막달라 마리아와 다른 마리아가 무덤을 보려고 왔더니"라고 한 여인들이었습니다. 이들이 무덤을 찾아 왔을 때, 엄청난 사건이 벌어졌습니다. 2-3절에 "큰 지진이 나며 주의 천사가 하늘로서 내려와 돌을 굴려 내고 그 위에 앉았는데 그 형상이 번개 같고 그 옷은 눈 같이 희거늘"이라고 하였고, 이에 4절에 "수직하던 자들이 저를 무서워하여 떨며 죽은 사람과 같이 되었더라"고 하였습니다. 천사가 무서워 떨고 있

는 여인들에게 5-6절에 "천사가 여자들에게 일러 가로되 너희는 무서워 말라 십자가에 못 박히신 예수를 너희가 찾는 줄을 내가 아노라 그가 여기 계시지 않고 그의 말씀하시던대로 살아나셨느니라 와서 그의 누우셨던 곳을 보라"고 예수께서 부활하셨음을 일러주었습니다. 그리고 평안을 기원하는 부활의 주님을 만나게 되었고, 그 주님으로부터 갈릴리로 가라는 명을 받았던 것입니다. 바로 이 여인들이 예수 부활의 신앙적 증인들이었습니다. 이는 그들이 받은 너무나도 큰 축복이었습니다. 오늘 우리 성도들도 이 여인들과 같이 예수 부활의 신앙적 증인들임에 분명합니다. 이는 "성경대로" 우리 죄를 위하여 죽으시고 부활하신 그리스도의 역사적, 신체적 부활을 그대로 믿기 때문입니다.

"그의 말씀하시던 대로 '살아나셨느니라'" 예수 부활에 대한

2. 적대적(敵對的)악인들입니다.

본문 11-15절에서, 당시 대제사장들과 백성의 장로들이 그러했습니다. 이들은 예수 부활의 사실을 고한 병정들에게 많은 돈을 주고 13-14절에 "너희는 말하기를 그의 제자들이 밤에 와서 우리가 잘 때에 그를 도적질하여 갔다 하라 만일 이 말이 총독에게 들리면 우리가 권하여 너희로 근심되지 않게 하리라"고 거짓을 날조하여 유포토록 하였던 것입니다. 이는 예수 부활의 사실을 정면으로 대적하는 적대적 악인들이었음을 보여 줍니다. 이는 그 당시의 종교지도자뿐만 아니라 오늘 날에도 '도적설' 과 '환상설', '기절설' 또는 '사상적 부활설' 등으로 하나님과 교회와 신자들을 대적하는 사탄의 무리가 많음이 사실입니다. 그리스도의 대속적인 십자가도 그러하지만 그의 부활을 부정한다면 기독교는 그 존재의 의미와 가치, 그리고 믿음 또한 상실되고 말기 때문에 사탄은 복음의 핵심인 그리스도의 십자가와

부활을 받아들이지 못하도록 온갖 이설들로 유혹하고 있는 것입니다. 이들 모두는 예수 부활에 대한 적대적 악인들입니다.

"그의 말씀하시던 대로 살아나셨느니라" 예수 부활에 대한

3. 이성적(理性的) 회의자들입니다.

본문 16-17절에 "열 한 제자가 갈릴리에 가서 예수의 명하시던 산에 이르러 예수를 뵈옵고 경배하나 오히려 의심하는 자도 있더라"고 하였습니다. 예수 그리스도의 그 역사적, 신체적 부활을 목격하면서도 그의 부활을 의심하는 자들도 있었다는 말입니다. 부활하신 주님은 제자들을 찾아오셔서 "예수께서 가라사대 어찌하여 두려워하며 어찌하여 마음에 의심이 일어나느냐 내 손과 발을 보고 나인줄 알라 또 나를 만져보라 영은 살과 뼈가 없으되 너희 보는 바와 같이 나는 있느니라"(눅24:38-39)라고 하실 때, 41절에서 "저희가 너무 기쁘므로 오히려 믿지 못하고"라고 하였습니다. 열한 제자들 중 도마가 그러했습니다. 그는 "내가 그 손의 못자국을 보며 내 손가락을 그 못자국에 넣으며 내 손을 그 옆구리에 넣어보지 않고는 믿지 아니하겠노라"(요20:25)라고 했을 때, 부활의 주님은 그에게도 오셔서 27절에서 "네 손가락을 이리 내밀어 내 손을 보고 네 손을 내밀어 내 옆구리에 넣어보라 그리하고 믿음 없는 자가 되지 말고 믿는 자가 되라"라고 하셨음을 봅니다. 오늘 날, 교회 안에서도 예수의 부활에 대해 이성적 회의로 그의 부활을 이성적 차원에서 찾으려고 하는 데서 앞서 말씀드린 온갖 이설들이 난무한 것입니다. 그러기 때문에 예수님은 40일 동안 제자들에게 십여 차례 나타나시어 그의 부활을 각인시켜 주심으로 증인되게 하신 것입니다.

사랑하는 성도 여러분!

예수 그리스도의 부활 사건을 기록한 본문의 말씀 가운데 세 분류의 사람 중, 과연 오늘 우리들 자신은 어떤 유에 속해 있는가를 살펴봄이 매우 중요하다고 생각합니다. 물론 우리는 예수 부활에 대한 적대적 악인들은 결코 아닙니다. 또한 이성적 회의자들도 아닐 것입니다. 부활하신 주님의 빈 무덤을 찾아갔던 여인들처럼 예수 부활에 대한 신앙적 증인들임에 분명합니다. 이에 사도 바울은 "그러므로 내 사랑하는 형제들아 견고하여 흔들리지 말며 항상 주의 일에 더욱 힘쓰는 자들이 되라 이는 너희의 수고가 주 안에서 헛되지 않을 줄 앎이니라"(고전15:58)고 권면하였던 것입니다. 부활의 첫 열매가 되신 오직 예수 그리스도를 바라보며, 그의 부활에 대한 참된 증인으로서 복음을 증거하며 성삼위 우리 하나님께 영광을 돌리는 복된 삶이 되시기를 축원합니다. 이멘.

내가 내 몸에 예수의 흔적을 가졌노라

(갈라디아서 6:11-17)

　본문의 내용은 그리스도의 신실한 종, 사도 바울이 갈라디아 여러 교회들에게 보낸 최후의 권면으로 당시, 갈라디아교회 안에 율법주의자들의 이행득구, 즉 할례를 받아야 구원을 받는다는 유혹에 빠진 심각한 상황에서 그는 격한 어조로 "다른 복음은 없나니"(갈1:7)라고 전하며 8절에서 "우리나 혹 하늘로부터 온 천사라도 우리가 너희에게 전한 복음 외에 다른 복음을 전하면 저주를 받을지어다"라고 경고합니다. 이어 본문 17절에서 "이 후로는 누구든지 나를 괴롭게 말라 내가 내 몸에 예수의 흔적을 가졌노라"고 하였습니다. 이 시간, 사도 바울이 "내가 내 몸에 예수의 흔적을 가졌노라"고 하신 본문의 말씀을 통해 은혜 받기를 원합니다.

　"내가 내 몸에 예수의 흔적을 가졌노라" 예수의 흔적, 이는

1. 십자가 고난(苦難)의 흔적입니다.

　사도 바울은 본문 17절에서 "이 후로는 누구든지 나를 괴롭게 말라 내가 내 몸에 예수의 흔적을 가졌노라"고 하였습니다. 예수를 만나기 전, 그는 엄격한 율법주의자였으며, 사도들을 중심한 초대교회를 박해하는데 아주 위협적인 인물이었습니다. 그러한 그가 그리스도를 만난 뒤, 개종하여 숱한 박해를 받으면서 이방 땅 여러 곳에 교회들을 설립하였고, 끝내 로마 감옥에서 순교의 제물이 되었습니다. "나를 괴롭게 말라"고 했던 그의 괴로움은 갈라디아교회 안에 그가 목숨 걸고 전한 복음을 대적하는 율법주의자들의 이단교리에 미혹되는 자들로 인한 고통이었습니다. 그러므로 그는 이런 일이 없기를 갈망하며 "이 후로는 누구든지 나를 괴롭게 말라"고 권하였고,

이에 그는 "내 몸에 예수의 흔적을 가졌노라"고 하였습니다. 여기에 "흔적"이란 '스티그마타'는 '자국' 또는 '소인'을 뜻하는바 사도 바울의 전인적 삶에 깊이 새겨진 그리스도의 십자가, 곧 고난의 흔적을 말합니다.

"내가 내 몸에 예수의 흔적을 가졌노라" 예수의 흔적, 이는

2. 전인적 변화의 흔적입니다.

예수를 만나기 전, 사도 바울은 육체적으로 자랑할 것이 심히 많은 오만한 자였습니다. 그래서 그는 "나도 육체를 신뢰할만하니"(빌3:4)라고 말하며 5-6절에서 "내가 팔일만에 할례를 받고 이스라엘의 족속이요 베냐민의 지파요 히브리인 중의 히브리인이요 율법으로는 바리새인이요 열심으로는 교회를 핍박하고 율법의 의로는 흠이 없는 자로라"라고 하였습니다. 그러한 그가 예수 그리스도를 만난 후 그의 모든 것이 다 깨어지고 말았습니다. 그리스도의 십자가가 역사한 전인적 놀라운 변화였습니다. 그는 본문 14절에서 "내게는 우리 주 예수 그리스도의 십자가 외에 결코 자랑할 것이 없으니 그리스도로 말미암아 세상이 나를 대하여 십자가에 못 박히고 내가 또한 세상을 대하여 그러하니라"고 세상과 결별된 전인적 변화를 고백합니다. 그는 단언하기를 "그리스도 예수의 사람들은 육체와 함께 그 정과 욕심을 십자가에 못 박았느니라"(갈5:24)라고 하였습니다. 바로 이 변화의 흔적이 "구원 얻는 자들에게나 망하는 자들에게나 하나님 앞에서 그리스도의 향기"(고후2:15)로 나타나기에 그 진면목을 감출 수 없는 것입니다.

"내가 내 몸에 예수의 흔적을 가졌노라." 예수의 흔적, 이는

3. 헌신적 희생(犧牲)의 흔적입니다.

사도 바울의 생애는 오직 그리스도와 복음과 교회를 위한 헌신적 희생

의 삶이었습니다. 그는 그리스도와 복음을 위해서라면 "나의 생명을 조금도 귀한 것으로 여기지 아니하노라"(행20:24)고 하였고 "주 예수의 이름을 위하여 결박 받을 뿐 아니라 예루살렘에서 죽을 것도 각오하였노라"(행21:13)고 고백하였습니다. 그리고 교회를 향한 열정에 대해 "그리스도의 남은 고난을 그의 몸된 교회를 위하여 내 육체에 채우노라"(골1:24)고 하였습니다. 바로 그의 몸에 새겨진 예수의 흔적은 오직 예수, 오직 복음, 그리고 오직 교회였고 이를 위하여 자신을 불태워 드린 헌신적 희생의 흔적이었습니다. 예수 그리스도와 복음과 교회를 위해서 그 어떤 역경도 감수하였기에 그 몸에 새겨진 희생의 흔적이었습니다. 아까울 것이 없이 비우고 쏟아 부은 희생이었습니다.

"내가 내 몸에 예수의 흔적을 가졌노라" 예수의 흔적, 이는

4. 신령한 영광(榮光)의 흔적입니다.

사실 예수의 흔적만큼 영광스럽고 신령한 흔적은 없습니다. 이유는 하나님 구속사의 영광이기 때문입니다. 사도 바울은 예수께서 십자가에 죽으신 후 받으신 영광에 대해 "하나님이 그를 지극히 높여 모든 이름 위에 뛰어난 이름을 주사…모든 입으로 예수 그리스도를 주라 시인하여 하나님 아버지께 영광을 돌리게 하셨느니라"(빌2:9-11)고 하였고, 히브리서 기자 역시 "저는 그 앞에 있는 즐거움을 위하여 십자가를 참으사, 부끄러움을 개의치 아니하시더니 하나님 보좌 우편에 앉으셨느니라"(히12:2)고 하였습니다. 그러므로 예수의 흔적은 금세와 내세에 있어 더할 나위 없는 영광입니다. 이는 아무나 가질 수 없는 영광의 흔적이기 때문이며 저 천국에서 받을 영광의 면류관, 의의 면류관, 금 면류관이 이 예수의 흔적에 따른 영광의 상급이기 때문입니다.

사랑하는 성도 여러분!

사도 바울의 몸에 새겨진 예수의 흔적은 그리스도의 십자가 고난의 흔적, 세상과 결별된 변화의 흔적, 그리고 자신을 불태워 드린 헌신적 희생과 이에 따른 영광의 흔적이었습니다. 우리 하나님은 우리의 몸에 이 예수의 흔적이 새겨지기를 원하십니다. 이유는 예수 흔적만큼 복되고 아름답고 영광스러운 흔적이 없기 때문이며, 이 흔적의 양만큼 교회는 부흥하고 성장하는 것이기 때문입니다. 결코 빼앗기거나 양보해서는 아니 될 영광의 흔적이기에 그리스도께서 사도 요한을 통하여 "내가 속히 임하리니 네가 가진 것을 굳게 잡아 아무나 네 면류관을 빼앗지 못하게 하라"(계3:11)고 하셨던 것입니다. 우리의 몸에 예수의 흔적이 새겨지는 십자가 중심의 삶으로 하나님께 영광이 되시기를 축원합니다. 아멘.

내게 축복하지 아니하면

(창세기 32:24-32)

믿음의 선조 야곱, 그의 130년 생애야말로 파란만장한 생애였음을 "내 나그네 길의 세월이 일백 삼십년이니이다 나의 연세가 얼마 못되니 우리 조상의 나그네 길의 세월에 미치지 못하나 험악한 세월을 보내었나이다"(창47:9)라는 그의 고백에서 보여 줍니다. 형 에서의 낯을 피한 망명길에서 하나님과 만난 벧엘의 체험과 20년 만의 귀향길 중 얍복 나루에서 하나님과의 만남의 사건은 그의 생애 있어 대단히 중대한 사건들이었습니다. 이 시간 야곱이 얍복 나루에서 "내게 축복하지 아니하면" 이라고 하나님을 붙잡은 본문의 말씀을 통해 은혜받기를 원합니다.

"내게 축복하지 아니하면" 이는 야곱의

1. 하나님 절대의존의 신앙이었습니다.

에서의 낯을 피하여 외삼촌 라반의 집에서 목축을 돕던 그에게 하나님은 엄청난 축복을 주셨습니다. 결국, 그는 20년 만에 꿈에 그리던 귀향길에 오르지만 형 에서가 가군 400인을 거느리고 온다는 정보를 듣게 되면서 두려움에 사로잡힙니다. 그는 모든 가족과 종들과 가축들을 세 떼로 나눠 앞서 얍복강을 건너게 하고 본문 24절에 "야곱은 홀로 남았더니"라고 하였습니다. 이러한 다급한 상황에서 그는 오직 전능하신 하나님만을 찾아 홀로 하나님과 날이 새도록 씨름을 합니다. 그래서 후대 사람들이 이 사실을 기념하여 부른 명칭이 '얍복 나루' 곧 '씨름꾼' 입니다. 야곱은 하나님 절대 의존의 씨름꾼이었음을 보여 줍니다.

"내게 축복하지 아니하면" 이는 야곱의

2. 필사적인 기도였습니다.

본문 24-25절에 "야곱은 홀로 남았더니 어떤 사람이 날이 새도록 야곱과 씨름하다가 그 사람이 자기가 야곱을 이기지 못함을 보고 야곱의 환도뼈를 치매 야곱의 환도뼈가 그 사람과 씨름할 때에 위골되었더라"라고 하였습니다. 이와 같이 하나님과의 씨름이었던, 필사적인 그의 기도는 엉덩이뼈가 제 자리에서 물러날 정도였습니다. 이 때 위골된 뼈가 육체의 가시가 되어 그로 하여금 평생을 오직 믿음과 겸손, 그리고 기도의 삶을 살도록 하셨던 것입니다. 기도의 삶이 그토록 중요하다는 것을 보여 줍니다. 야곱은 필사적인 기도의 씨름꾼이었습니다.

"내게 축복하지 아니하면" 그 결과 야곱이 받은 축복은

3. 영예로운 상급이었습니다.

본문 28절에서 하나님은 "네 이름을 다시는 야곱이라 부를 것이 아니요 이스라엘이라 부를 것이니 이는 네가 하나님과 사람으로 더불어 겨루어 이기었음이니라"고 하였습니다. 이는 하나님의 축복을 놓고 씨름하였던 야곱에게 주신 영예로운 상급의 축복이었습니다. 여기에 "야곱"은 철저하게 속이고 간사한 인간적인 이름이지만, "이스라엘"은 영광스러운 상급이며 영적인 이름입니다. 바로 이곳에서 야곱은 이스라엘이라는 이름을 하나님께 받았기에 30절에서 이곳을 "브니엘" 곧 "하나님의 얼굴"이라 불렀던 것입니다. 이스라엘의 체험은 곧 브니엘의 체험입니다. 오직 야곱만이 체험한 영예의 축복입니다. 바로 이 영예의 축복이 오늘 날, 우리 모두에게 주신 바 "왕 같은 제사장"(벧후2:9)입니다. '이스라엘'은 승리를 뜻하는 영예로운 상급의 호칭입니다. 야곱이 그러했듯이 오직 그리스도인들만의 영예요 상급입니다. '브니엘' 곧 '하나님의 얼굴'을 보는 축복입니다. 우리 모든

성도들이 예수 그리스도의 재림 때, 공중으로 들림 받아 저 영원한 천국에서 하나님 영광의 얼굴을 영원토록 보며 그를 찬양할 것입니다. 야곱은 축복의 씨름꾼입니다.

사랑하는 성도 여러분!

오직 하나님의 축복에 대한 야곱의 집념이야말로 전능하신 하나님의 절대 의존적 신앙의 불꽃이요, 오직 그만을 찾는 필사적인 간절한 기도의 불꽃이었으며, 아울러 영예로운 상급인 이스라엘을 보는 열망의 불기둥이었습니다. 하나님의 축복 없이는 결코 아무것도 아니라는 사실을 야곱, 그를 통해 보여 줍니다. 야곱의 아버지였던 이삭의 경우, 가나안에 몰아친 흉년 때문에 블레셋으로 이주하였지만 "그 땅에서 농사하여 그 해에 백배나 얻었고 여호와께서 복을 주시므로 그 사람이 창대하고 왕성하여 마침내 거부가 되어 양과 소가 떼를 이루고 노복이 심히 많으므로"(창26:12-14)라고 하였습니다. 중요한 것은 바로 "여호와께서 복을 주시므로"입니다. 야곱이 목숨 걸고 부르짖었던바 "내게 축복하지 아니하면"이 우리 모든 성도 삶에 있어 요지부동의 축이요 활력소가 되어야 합니다. 의식이요 삶이 되어야 합니다. 매일의 삶 속에서 순간, 순간마다 얍복 나루의 브니엘을 체험하였으면 합니다. 예수 그리스께서 재림하실 그 날까지 영예로운 이스라엘, 곧 왕 같은 제사장들로 성 삼위 우리 하나님께 큰 영광과 찬양을 돌리시기를 축원합니다. 아멘.

너희 하나님 여호와를 신뢰하라

(역대하 20:20-30)

유다의 제 4대 왕이었던 여호사밧은 다윗의 신앙적 전통을 이어 받아 선정을 베풀었던 아사 왕의 아들로 그 또한 성군이었습니다. 그의 25년 동안의 치세에 하나님은 그 민족에게 태평성대를 누리게 해 주었습니다. 그러한 그와 그 민족에게 전쟁이라는 큰 시련이 닥쳐왔습니다. 여호사밧, 그는 "우리 하나님이여 저희를 징벌하지 아니하시나이까 우리를 치러 오는 이 큰 무리를 우리가 대적할 능력이 없고 어떻게 할줄도 알지 못하옵고 오직 주만 바라보나이다"(대하20:12)라고 기도하면서 공포에 사로잡힌 백성들에게 "너희는 너희 하나님 여호와를 신뢰하라"라고 함으로 안정을 시켰고, 결국 승전을 하게 됩니다.

"너희 하나님 여호와를 신뢰하라" 이것이

1. 견고히 서는 길입니다.

본문 20절에서 여호사밧은 "너희는 너희 하나님 여호와를 신뢰하라 그리하면 견고히 서리라"라고 하였습니다. 이는 하나님 절대 신뢰에서 비롯된 그의 믿음 곧 확신을 말합니다. 사도 바울은 아브라함의 믿음에 대해 "믿음이 없어 하나님의 약속을 의심치 않고 믿음에 견고하여져서 하나님께 영광을 돌리며 약속하신 그것을 또한 능히 이루실 줄을 확신하였으니"(롬4:20-21)라고 하였습니다. 이미 하나님은 선지자 야하시엘을 통하여 "이 큰 무리로 인하여 두려워하거나 놀라지 말라 이 전쟁이 너희에게 속한 것이 아니요 하나님께 속한 것이니라"(대하20:15)라고 일러 주었습니다. 믿음에 견고히 설 때, 하나님의 기적적인 역사는 벌어지는 법입니다.

"너희 하나님 여호와를 신뢰하라" 이것이

2. 형통의 길입니다.

계속해서 본문 20절에 여호사밧은 "그 선지자를 신뢰하라 그리하면 형통하리라"고 하였습니다. 여호와를 신뢰하는 것과 선지자를 신뢰하는 것은 다른 것이 아닌 같은 의미의 말입니다. 여호사밧은 절망적인 상황에서 형통한 길을 하나님을 신뢰함에서 찾았습니다. 오직 하나님만을 신뢰하며 살았던 요셉에 대해 "여호와께서 요셉과 함께 하심이라 여호와께서 그의 범사에 형통케하셨더라"(창39:23)고 하셨습니다. 중요한 사실은 하나님께서 형통하게 해 주실 때에 인생의 모든 난문제는 풀리고 또 해결되는 것입니다.

"너희 하나님 여호와를 신뢰하라" 이것이

3. 축복의 길입니다.

첫째, 승리의 축복이었습니다.

본문 22절에 "그 노래와 찬송이 시작될 때에 여호와께서 복병을 두어 유다를 치러 온 암몬 자손과 모압과 세일산 사람을 치게 하시므로 저희가 패하였으니"라고 했고, 24절에서는 "유다 사람이 들 망대에 이르러 그 무리를 본즉 땅에 엎드러진 시체뿐이요 하나도 피한 자가 없는지라"라고 하였습니다. 야하시엘이 "이 전쟁에는 너희가 싸울 것이 없나니"라고 예언한 그대로의 승리였습니다.

둘째, 물질의 축복이었습니다.

본문 25절에 "여호사밧과 그 백성이 가서 적군의 물건을 취할째 본즉 그 가운데에 재물과 의복과 보물이 많이 있는 고로 각기 취하는데 그 물건이 너무 많아 능히 가져갈 수 없을만큼 많으므로 사흘 동안에 취하고"라고 하였습니다. 엄청난 물질의 축복을 여호사밧과 유다 백성들에게 안겨 준 것입니다.

셋째, 여호와 영광의 축복이었습니다.

본문 29절에 "이방 모든 나라가 여호와께서 이스라엘의 적군을 치셨다 함을 듣고 하나님을 두려워한고로"라고 하였습니다. 유다를 위협하는 주위의 열강들은 여호사밧과 그 민족에게 함께 하셨던 하나님의 영광을 두려워했기 때문에 전쟁위협이 없는 평화가 이루어졌던 것입니다.

넷째, 태평성대와 평안의 축복이었습니다.

본문 30절에 "여호사밧의 나라가 태평하였으니 이는 그 하나님이 사방에서 저희에게 평강을 주셨음이더라"고 하였습니다. 모든 사람, 모든 가정, 그리고 사회와 나라가 추구하고 있는바가 태평성대와 평안일 것입니다. 하나님은 오직 자신만을 신뢰하는 여호사밧과 그의 백성들에게 태평함과 평안의 축복을 주셨던 것입니다.

사랑하는 성도 여러분!

오직 전능하신 하나님께만 축복의 길이 있음을 보여 줍니다. 이는 오직 하나님만이 난문제 해결의 길이시기 때문입니다. 승리와 물질의 축복, 태평과 평안의 축복을 통해 하나님의 영광이 나타나는 축복입니다. 이 축복은 오늘 날, 우리 개인이나 가정과 기업도 마찬가지입니다. 오늘, 함께 예배드리는 우리 믿음의 가정과 기업들, 그리고 우리 교회와 이 나라와 민족 위에 "너희는 하나님 여호와를 신뢰하라"는 믿음으로 승리했던 여호사밧의 삶과 그가 받은 축복이 우리의 삶 속에 넘치시길 축원합니다. 아멘.

너희는 자기의 소위를 살펴볼지니라

(학개 1:7-15)

주전 538년, 페르시아 왕 고레스의 해방 칙령에 따라 바벨론 70년 포로 생활을 청산하고 제 1차로 총독인 스룹바벨과 대제사장 여호수아의 인솔 하에 42,360명이 성전재건을 위해 예루살렘으로 귀환합니다. 그러나 대적들의 극심한 방해로 성전재건의 열정은 식어졌기에 하나님은 선지자 학개를 통해 "너희는 자기의 소위를 살펴 볼지니라 너희는 산에 올라가서 나무를 가져다가 전을 건축하라"라는 성전재건의 메시지를 전합니다. 이 시간, "너희는 자기의 소위를 살펴볼지니라"라는 말씀을 통해 하나님 앞에서 우리들 자신들을 살펴보는 성찰의 은혜가 있기를 바랍니다.

"너희는 자기의 소위를 살펴볼지니라" 이는 그들의

1. 영적 침체를 질책해 주심입니다.

본문 9절에서 "너희가 많은 것을 바랐으나 도리어 적었고 너희가 그것을 집으로 가져갔으나 내가 불어 버렸느니라 나 만군의 여호와가 말하노라 이것이 무슨 연고뇨 내 집은 황무하였으되 너희는 각각 자기의 집에 빨랐음이니라"라고 질책하셨습니다. 이는 그들의 영적인 상태가 하나님의 일보다 자기 일에 빠져있다는 말입니다. 이는 극적인 해방의 감격과 70년 포로지에서 그렇게도 눈물로 열망했던 성전에 대한 열정이 식어진 침체를 지적하신 것입니다. 그러므로 하나님은 현재 그들의 상태를 일깨우시며 "이것이 무슨 연고뇨"라고 하셨던 것입니다. 그들의 신행일치(信行一致)하지 못한 배은과 탐욕적 행위를 지적, 이를 돌아보라는 말씀입니다.

"너희는 자기의 소위를 살펴볼지니라" 이는 그들의

2. 영적 각성을 촉구해 주심입니다.

본문 14절에서 "여호와께서 스알디엘의 아들 유다 총독 스룹바벨의 마음과 여호사닥의 아들 대제사장 여호수아의 마음과 남은바 모든 백성의 마음을 흥분시키시매"라고 하였습니다. 여기에 "마음"이란 '루아흐' 즉 '영'을 뜻하며, "흥분"은 '각성'을 가리킵니다. 즉 탐욕으로 무감각해진 그들의 잠든 영을 깨워주심입니다. 그래서 8절에 "너희는 산에 올라가서 나무를 가져다가 전을 건축하라"는 명령에 순종할 것을 촉구하셨던 것입니다. 하나님은 잠든 영을 일깨워 각성케 하시는 사랑의 하나님이십니다. 풍랑을 통해 잠든 요나를 깨워주셨듯이 지금도 우리를 사랑하시는 하나님은 우리의 삶에 개입하셔서 "너희는 자기의 소위를 살펴볼지니라"라고 말씀하시고 계신다는 이 분명한 사실을 결코 잊어서는 아니 될 것입니다.

"너희는 자기의 소위를 살펴볼지니라" 이는 그들에게

3. 풍성한 축복을 주시기 위함입니다.

8절에 "너희는 산에 올라가서 나무를 가져다가 전을 건축하라 그리하면 내가 그로 인하여 기뻐하고 또 영광을 얻으리라"라고 하셨고 "조금 있으면 내가 하늘과 땅과 바다와 육지를 진동시킬 것이요 또한 만국을 진동시킬 것이며"(학2:6-7)라고 하셨습니다.

첫째, 물질의 축복입니다.

2장 7절에 "만국의 보배가 이르리니"라고 하셨고, 8절에서 "은도 내 것이요, 금도 내 것이니라"고 하였습니다. 하나님께서 기뻐하시고 또 영광을 받으실 일에 헌신 봉사하기만 하면 그가 진동케 하심으로 만국의 보배가 이르게 하시겠다는 약속입니다. 그래서 2장 4절에 "스스로 굳세게 하여 일할지어다"라고 명령하셨던 것입니다.

둘째, 영광의 축복입니다.

2장 7절에 "내가 영광으로 이 전에 충만케 하리라"고 하였고, 9절에서는 "이 전의 나중 영광이 이전 영광보다 크리라"고 하였습니다. 하나님 영광의 축복입니다. 이 하나님 영광의 축복이 자신과 자손, 기업 위에 함께하실 때, 빛이 나는 법입니다.

셋째, 평강의 축복입니다.

2장 9절에 "내가 이곳에 평강을 주리라"고 하였습니다. 이는 '샬롬의 축복' 입니다. "한 아들을 우리에게 주신바 되었는데…그 이름은…평강의 왕이라 할 것임이라"(사9:6)고 예언한 그리스도의 축복입니다. '샬롬' 으로 오신 예수님은 "평안을 너희에게 끼치노니 곧 나의 평안을 너희에게 주노라"(요14:27)라고 하셨습니다.

사랑하는 성도 여러분

지금 세계적으로 몰아친 경제 한파는 결코 우연이아니라는 생각이 듭니다. 전 세계, 특히 청교도의 신앙 바탕 위에 세워진 미국에게 또한 6·25이후 짧은 반세기 동안에 이렇게도 많은 축복을 주신 한국교회와 우리 자신에게 "너희는 자기의 소위를 살펴볼지라"고 하나님께서 말씀하시는 음성이 아닌 가 생각해 봅니다. 영적인 경각심으로 하나님의 영광만을 위하여 헌신 봉사 한다면 반드시 그의 진동하심에 따른 물질, 영광, 그리고 평강의 축복이 주어질 것이라고 확신합니다. 항상, "너희는 자기의 소위를 살펴볼지라"는 말씀을 가슴 깊이 새긴 경건함으로 오직 하나님께 영광을 돌리는 복된 삶이되시기를 축원합니다. 아멘.

살아도 죽어도 주를 위하여

(로마서 14:1-9)

사도 바울의 생애는 오직 예수 그리스도를 위해 자신을 불태워 드린 제물로서의 생애였습니다. 이는 오직 예수 그리스도만이 그의 삶에 중심이요 목적이며 전부였기 때문입니다. 오늘 본문에서 우리는 당시 로마교회 안에 음식과 날들로 인한 '아디아포라 논쟁' 즉 '대수롭지 못한 논쟁'으로 인해 성도들 간에 불목한 문제들에 대하여 바울 자신의 입장과 그 해결안을 제시하고 있음을 보게 됩니다. 어떠한 경우에든지 "믿음으로 좇아 하지 아니하는 모든 것이 죄"(롬14:23)가 되기 때문에 그는 "살아도 죽어도 주를 위하여" 행동 할 것을 당부한 것입니다.

"주를 위하여" 이는 사도 바울의

1. 절대적 가치의 신앙관입니다.

사도 바울은 그와 동일한 믿음을 가진 성도들에게 본문 8절에서 "우리가 살아도 주를 위하여 살고 죽어도 주를 위하여 죽나니 그러므로 사나 죽으나 우리가 주의 것이로라"고 하였습니다. 이는 "사나 죽으나 우리가 주의 것"이기 때문입니다. 우리가 주의 것이라는 절대적 가치의 신앙관은 참으로 귀한 축복입니다. 주님의 것이 되었기 때문에 살아도 주를 위하여 죽어도 주를 위하여야 한다는 말입니다. 하나님은 "내가 너를 지명하여 불렀나니 너는 내 것이라"(사43:1)고 하셨습니다. 예수께서도 "내가 비옵는 것은 세상을 위함이 아니요 내게 주신 자들을 위함이니이다 저희는 아버지의 것이로소이다"(요17:9)라고 하였습니다. 사도 요한은 "각 족속과 방언과 백성과 나라 가운데서 사람들을 피로 사서 하나님께 드리시고 저희로 우리 하나님 앞에서 나라와 제사장을 삼으셨으니"(계5:9-10)라고 하였고, 사도 베드로 역시 "오직 너희는 택하신 족속이요 왕 같은 제사장들이요 거룩한 나라요 그의 소유된 백성이니"(벧전2:9)라고 하였습니다.

"주를 위하여" 이는 사도 바울의

2. 전인적 헌신의 생활관입니다.

그는 "우리가 살아도 주를 위하여 살고 죽어도 주를 위하여 죽나니"라고 함은 성도들의 전인적 헌신의 생활관, 즉 하나님께 드려진 제사장적 삶을 뜻합니다. "자기를 위하여"가 아니고, 오직 "주를 위하여"입니다. 자기를 위한 삶은 육체적이요, 그 결국은 멸망임을 노아의 시대 육체로 전락한 사람들을 홍수로 멸하셨던 사건에서 보게 됩니다. 그러므로 우리 성도들은 사도 바울과 같이 "거하든지 떠나든지 주를 기쁘시게 하는 자 되기를 힘쓰노라"(고후5:9)라는 삶이 되어야 할 것입니다. 이는 우리가 다 그리스도의 심판대 앞에 드러나 각각 선악 간에 그 몸으로 행한 것에 따라 심판이 있기 때문입니다. 살아도 주를 위해서 살면 그 삶이 복되고, 주를 위하여 죽으면 그 죽음 또한 복된 것이기에 사도 요한은 "지금 이후로 주 안에서 죽는 자들이 복이 있도다…저희 수고를 그치고 쉬리니 이는 저희의 행한 일이 따름이라"(계14:13)고 하였습니다.

"주를 위하여" 이는 사도 바울의

3. 천국 소망의 내세관입니다.

본문 9절에 "이를 위하여 그리스도께서 죽었다가 다시 살으셨으니 곧 죽은 자와 산 자의 주가 되려 하심이니라"고 하였습니다. 그리스도의 부활은 내세 곧 영원한 천국에 대한 확증입니다. 그래서 성도들은 이 세상을 본향이라고 말하지 않습니다. 히브리서 기자는 "이 사람들은 다 믿음을 따라 죽었으며 약속을 받지 못하였으되 그것들을 멀리서 보고 환영하며 또 땅에서는 외국인과 나그네로라 증거하였으니 이같이 말하는 자들은 본향 찾는 것을 나타냄이라"(히11:13-14)고 하였습니다. 내세에 대한 이 소망을 사도 베드로는 '산 소망'(벧전1:3)이라고 하였습니다. 사도 바울과 같이 우리들 마음에 깊게 자리 잡고 있는 영적인 산 소망은 주님의 부활로 확증해 주신 천국에 대한 분명한 내세관입니다.

사랑하는 성도 여러분!

오직 예수 그리스도만이 우리들의 복된 삶의 중심이며 또한 전부입니다. 그래서 살아도 주를 위하여 살고 죽어도 주를 위하여 죽는 것입니다. 이유는 주님께서 십자기에 죽으심과 부활이 우리 모두에게 영원한 생명을 주셨고, 그의 피로 사서 아버지 하나님께 드린바 된 '주의 것'으로 삼으셨기 때문입니다. 사도 바울의 그리스도에 대한 절대적 가치관과 신앙관, 전인적 헌신의 생활관 그리고 천국 소망의 내세관이 오늘 우리 모두의 것으로 자리 잡아야 합니다. 짧은 인생 나그네 전 영역의 삶에서 오직 살아도 주를 위하여 살고 죽어도 주를 위하여 죽는 축복된 삶이 되었으면 합니다. 이는 우리가 주의 것, 곧 그리스도의 피로 사서 드린바 된 하나님의 소유가 되었기 때문입니다. 오직 살아도 주를 위하여 살고 죽어도 주를 위하여 죽는바 주님의 것으로서 후회함이 없는 축복된 우리 모두의 삶이되시기를 축원합니다. 아멘.

오셨으니 잘하였나이다

(사도행전 10:23-48)

　오순절 성령강림으로 시작하여 세계로 뻗어나가는 교회운동 초기에 이방인 선교의 열매로 고넬료의 가정이 그 축복을 받습니다. 고넬료, 그는 가이사랴에 주둔한 이달리야대라는 군대의 백부장으로 "그가 경건하여 온 집으로 더불어 하나님을 경외하며 백성을 많이 구제하고 하나님께 항상 기도하더니"(행10:2)라고 소개하고 있습니다. 이 시간 우리는 천사의 명을 받고 자신의 집으로 온 사도 베드로 앞에 엎드려 절하며 "오셨으니 잘하였나이다"라고 한 그의 환영사를 통해 함께 은혜 받기를 원합니다.

　"오셨으니 잘하였나이다" 이는 고넬료 그의

1. 하나님 경외심의 환영사였습니다.

　고넬료, 그는 로마 황제에게 충성을 맹세하고 그만을 숭배해야만 하는 로마의 장교였습니다. 이를 배반하면 상당한 불이익, 곧 죽음까지 각오해야 하는 일이었음에도 불구하고 속국인 이스라엘의 하나님을 경외한 선행의 사람이었습니다. 그러므로 그는 기도하는 중에 하나님의 사자, 천사를 만나게 되었고 사도 베드로를 자신의 집으로 초청하게 되었던 것입니다. 25절에서 그는 베드로를 맞아 그 발 앞에 엎드려 절하며, 33절에 "내가 곧 당신에게 사람을 보내었더니 오셨으니 잘하였나이다"라고 환영의 인사를 합니다. 그의 겸손과 깊은 신앙심을 보게 됩니다. 서로의 만남 중에 영적인 만남처럼 귀하고 복된 일은 없습니다. 사도 베드로와 고넬료의 만남이 그러합니다. 본문에서 고넬료가 일가와 가까운 친구들을 모아 사도 베드로를 영접한 모습에서 축복받은 행복한 교회의 모습을 보게 됩니다.

　"오셨으니 잘하였나이다" 이는 고넬료 그의

2. 복음을 갈망함에서의 환영사였습니다.

고넬료의 "오셨으니 잘하였나이다 이제 우리는 주께서 당신에게 명하신 모든 것을 듣고자 하여"(행10:33)라고 한 환영사에 담겨진 목적이 바로 '복음'을 듣고자 함에 있음을 밝혔습니다. 이 복음의 말씀을 듣도록 주의 사자, 천사는 고넬료에게 사도 베드로를 청하도록 명하였고, 그는 일가와 친구들을 모아 사도 베드로가 오기까지 오직 복음을 갈망하며 기다렸던 것입니다. 이에 사도 베드로는 모인 무리들에게 자신이 기도 중 보았던 환상을 상기하며 35절에서 "각 나라중 하나님을 경외하며 의를 행하는 사람은 하나님이 받으시는줄 깨달았도다"라고 말하며, 36절에서 만유의 주되신 예수 그리스도로 말미암은 화평의 복음, 곧 38-43절에서 예수 그리스도의 십자가와 부활의 사건과 죄 사함의 역사를 설파합니다. 결과 고넬료를 비롯한 모였던 모든 자들이 복음을 듣고 성령 충만의 임재를 체험하며 물세례를 받게 되었던 것입니다. 유대인들의 율법적 하나님 경외에서 그리스도의 십자가와 부활의 복음적 신앙인이 된 것입니다. 바로 말씀과 성령으로 인한 그리스도 영접의 축복이었습니다.

"오셨으니 잘하였나이다" 이는 고넬료 그의

3. 신전의식(神前意識)의 환영사였습니다.

본문 33절에서 고넬료는 "이제 우리는 주께서 당신에게 명하신 모든 것을 듣고자 하여 다 하나님 앞에 있나이다"라고 합니다. 바로 사도 베드로와의 만남이 하나님 앞에서의 만남이라는 환영의 인사입니다. 여기에 "하나님 앞에서"라는 원어 '에노피온 투 데우'라는 표현은 구약에서 자주 사용된 '여호와 앞에서' 입니다. 이는 하나님을 향한 인간의 순종과 경건을 표현한 것으로 고넬료, 그의 겸손한 믿음을 고백함입니다. 하나님 앞에서인

'코람 데오' 의식은 경건한 삶의 근간이 됩니다. "주께서 당신에게 명하신 모든 것을 듣고자 다 하나님 앞에 있나이다"의 그 결과 44절에 "이 말 할 때에 성령이 말씀 듣는 모든 사람에게 내려오시니" 이었고, 47-48절에서 베드로가 "이 사람들이 우리와 같이 성령을 받았으니 누가 능히 물로 세례 줌을 금하리요 하고 명하여 예수 그리스도의 이름으로 세례를 주라 하니라"라는 이방인들 구원의 열매를 거둔 것입니다. 참으로 그들이 받은 놀랍고 큰 축복입니다.

사랑하는 성도 여러분!

오늘 우리는 이미 영생 얻기로 작정이 된 이방인 고넬료의 모습에서 구원의 은총과 축복을 받을만한 성도의 바른 영적인 자세를 보게 됩니다. "그가 경건하여 온 집으로 더불어 하나님을 경외하며 백성을 많이 구제하고 하나님께 항상 기도하더니"(행10:2)라고 하신 말씀이 그러합니다. 그러한 그에게 하나님께서는 "네 기도와 구제가 하나님 앞에 상달하여 기억하신바 되었으니"(행10:4)라고 응답하셨고 사도 베드로를 그에게 보내어 만나게 해 주심으로 복음을 듣고 믿어 성령의 충만을 받게 하셨던 것입니다. "오셨으니 잘하였나이다"라는 그의 환영사에서 하나님에 대한 그의 경외심과 일가와 친구들을 다 모아 복음 듣기를 갈망하며 기다렸던 그의 열정 그리고 "하나님 앞에"라는 신전의식에 의한 순종과 겸손한 자세를 봅니다. 여기에 모인 우리들 모두 역시 하나님께서 초청하신 축복의 사람들입니다. 고넬료 가정에 모인 무리들과 같이 우리들 또한 오직 복음의 말씀과 성령의 충만함으로 하나님께 큰 영광을 돌리시기를 축원합니다. 아멘.

올라가서 얻으라

(신명기 1:19-33)

주전 1446년 경, 출애굽의 위대한 영적인 지도자 모세가 약속의 땅 가나안 입성 직전에 모압 평지에서 이스라엘 백성들에게 전한 3편의 고별설교 중 그 첫 번째가 본문의 말씀입니다. 출애굽 후 열 하룻길에 도착한바 호렙산에서 발행하여 가데스 바네아에 이르기까지의 역사를 회고하며, 모세는 "너희 하나님 여호와께서 이 땅을 너희 앞에 두셨은즉 너희 열조의 하나님 여호와께서 너희에게 이르신대로 올라가서 얻으라 두려워 말라 주저하지 말라"고 하였습니다.

"올라가서 얻으라" 이는

1. 하나님의 절대적인 명령입니다.

본문 19절에 "우리 하나님 여호와께서 명하신 대로"라고 하고, 21절에는 "여호와께서 너희에게 이르신 대로"라고 하였습니다. 즉 "올라가서 얻으라"고 하심이 하나님께서 일찍이 젖과 꿀이 흐르는 땅을 주시겠다고 약속하신 말씀에 의한 절대적 명령이라는 것입니다. 그 명령에 의해 올라가야 하고, 또 얻어야 함이 이스라엘 백성들이 행해야 할 중대한 과제였습니다. 여호와의 말씀은 절대성을 지닌 말씀입니다. 히브리서 기자는 "하나님의 말씀은 살았고 운동력이 있어"(히4:12)라고 하였습니다. 바로 그 살아 역사하시는 절대적 명령이 "올라가서 얻으라"입니다. 이 복 된 그의 명령이 있기에 성도들의 삶에는 희망찬 환희와 힘이 넘치는 것입니다.

"올라가서 얻으라" 이는

2. 전적인 믿음을 요하신 명령입니다.

본문 22절에 "너희가 다 내 앞으로 나아와 말하기를 우리가 사람을 우리 앞서 보내어 우리를 위하여 그 땅을 정탐하고 어느 길로 올라가야 할것과 어느 성읍으로 들어가야 할것을 우리에게 회보케 하자"라고 한 그들의 불신적 행위를 질책하셨습니다. 이는 믿음이 아니었기 때문입니다. 믿음의 조상 아브라함은 하나님께서 그를 불러 가라고 하실 때 "여호와의 말씀을 좇아갔고"(창12:3)라고 하였고, "믿음으로 아브라함은…장래 기업으로 받을 땅에 나갈새 갈 바를 알지 못하고 나갔으며"(히11:8)라고 하였습니다. 이것이 바로 전적인 참 된 믿음입니다. 아람의 군대장관 나아만이 엘리사가 전한 하나님의 말씀 앞에 "내 생각에는"(왕하5:11)이라는 인간적인 반응을 보였음이 그러합니다. 결국, 여호수아와 갈렙을 제외한 10명의 불신적 정탐꾼의 반역으로 인한 40년 광야 여정의 요인이 바로 가데스 바네아의 비극적 사건이었음을 상기시키며 모세는 오직 전적인 믿음으로 약속의 땅, 가나안에 "올라가서 얻으라"고 그들을 인도하신 여호와 하나님의 명을 전했던 것입니다.

"올라가서 얻으라" 이는

3. 절대순종을 요하신 명령입니다.

40년 전, "올라가서 얻으라"고 하신 하나님의 절대적 명령에 오직 믿음으로 순종만 하였더라면 광야 40년의 고통은 당하지 않았을 것입니다. 독자 이삭을 모리아 산에서 번제로 드리는 하나님의 명령에 절대적인 순종을 보였던 아브라함에게 하나님은 "내가 이제야 네가 하나님을 경외하는 줄을 아노라"(창22:12)고 격찬하시며, 17절에 "내가 네게 큰 복을 주고"라고 말씀하셨던 것입니다. 하나님은 사무엘을 통해 "순종이 제사보다 낫고 듣는 것이 수양의 기름보다 나으니"(삼상15:22)라고 하였고, 이사야를 통해 "너희가 즐겨 순종하면 땅의 아름다운 소산을 먹을 것이며"(사1:19)라고, 순종에 따른 풍성한 축복을 말씀해 주셨습니다.

사랑하는 성도 여러분!

하나님은 교회와 신자 된 우리를 향해 "올라가서 얻으라"고 지금도 명하고 계십니다. 이는 모든 약속된 축복을 주시기 위한 하나님의 명령입니다. 오직 전적인 믿음과 절대적 순종을 요구하시는 명령입니다. 항상 믿음으로 올라가야 합니다. 절대적 순종으로 영육간의 모든 하나님의 축복을 오직 그의 영광을 위해 받으셔야만 합니다. 그리스도의 십자가와 부활 중심의 신앙으로 저 천국을 바라보며 믿음과 순종을 통해 오직 하나님께 큰 영광이 되시기를 축원합니다. 아멘.

이 사람들은 다 믿음으로

(히브리서11:13-16)

히브리서 11장인 본 장을 '믿음의 장'이라고 합니다. "믿음이 없이는 기쁘시게 못하나니 하나님께 나아가는 자는 반드시 그가 계신 것과 또한 그가 자기를 찾는 자들에게 상 주시는 이심을 믿어야 할지니라"(히11:6)고 전함으로 믿음의 중요성을 일깨워 주셨습니다. 일찍이 하나님의 선지자 하박국과 사도 바울은 "의인은 그 믿음으로 말미암아 살리라"(합2:4; 롬1:17)고 하였습니다. 사도 바울은 이 믿음을 "하나님의 선물"(엡2:8)이라고 하였고, 사도 베드로는 "보배로운 믿음"(벧후 1:1)이라고 하였습니다. 이 시간 "이 사람들은 다 믿음으로"라고 하신 말씀으로 함께 은혜 받기를 원합니다.

"이 사람들은 다 믿음으로" 이는

1. 하나님의 사람들임을 입증해 주심입니다.

본장 4절에서 "믿음으로 아벨은 가인보다 더 나은 제사를 하나님께 드림으로 의로운 자라 하시는 증거를 얻었으니"라고 하심으로 시작하여 5절에 "믿음으로 에녹은", 7절에 "믿음으로 노아는"이라고 하였고 8절에서 "믿음으로 아브라함은"이라고 하였습니다. 이 사람들은 다 '믿음의 사람', '의로운 자' 곧 '하나님의 사람들'이었다는 것입니다. 하나님의 사람은 '믿음의 사람' 곧 '의인들'입니다. 그러므로 그들의 삶의 공통적인 특징은 오직 "믿음으로", "피스테이"이었습니다. 믿음으로 아벨은 더 나은 제사를, 믿음으로 에녹은 하나님과 동행하였으며, 믿음으로 노아는 방주를 예비하였고, 믿음으로 아브라함은 약속을 받았던 것입니다. 요셉과 모세 그리고 사사들과 선지자들이 다 믿음으로 말미암아 살았던 하나님의 사람들이었습니다.

"이 사람들은 다 믿음으로" 이는

2. 믿음이 그들 삶의 동력임을 입증해 주심입니다.

아벨로부터 시작하여 에녹과 노아, 아브라함을 비롯한 요셉과 모세 그리고 사사들과 선지자들, 그들 이름 앞에 "믿음으로"라는 '피스테이'가 첫 단어로 시작하는 것이 그들의 삶을 이끌어 나간 동력이 바로 믿음이었음을 말해 줍니다. 그러므로 "믿음으로"라는 이 '피스테이'가 성도들로 하여금 창조적이며, 역동적이며, 능동적이며, 적극적인 삶으로 나타나도록 하였다는 것입니다. 이에 사도 바울은 "내게 능력 주시는 자 안에서 내가 모든 것을 할 수 있느니라"(빌4:13)고 고백하였던 것입니다. 그러므로 "이런 사람은 세상이 감당치 못하도다"(히11:38)가 될 수밖에 없습니다.

"이 사람들은 다 믿음으로" 이는

3. 하나님 축복의 사람들임을 입증하심입니다.

본장에서의 모든 믿음의 사람들은 하나같이 하나님께 특별하신 축복을 받은 사람들이었습니다. 아벨은 제사를 통하여 의로운 자라는 증거를 얻었고, 에녹은 죽음을 보지 않고 승천하였으며, 노아는 방주를 예비함으로 홍수 심판에서 구원을 받아 새 시대의 원조가 되었으며, 아브라함은 선민의 조상이 되는 축복을 받았습니다. 요셉은 에굽의 총리로 모세는 출애굽의 지도자로 축복을 받았고, 사사들과 선지자들도 하나님께 소명되어 그들 사역을 통해 그 시대를 빛으로 밝힌 축복의 사람들이 되었던 것입니다. 믿음의 사람, 한 마디로 하나님 축복의 사람들입니다.

사랑하는 성도 여러분!

아벨을 비롯하여 모든 선진들은 하나같이 "믿음으로"의 삶을 살았던 축복의 위인들이었습니다. 그들과 같이 오직 "믿음으로"가 우리들 삶에 동력이 되어 이끌림을 받을 때, "믿음으로"의 주역들이 될 수 있습니다. 이것이 성공과 승리와 축복의 비결입니다. 오직 "믿음으로"가 우선되지 아니한 인생은 결국, 하나님 앞에서 허무요, 실패요, 저주라는 사실을 잊지 말아야 합니다. 그러므로 오직 "믿음으로"가 우리의 예배와 기도, 헌금과 헌신 그리고 봉사가 되어야 하며 오직 "믿음으로"가 우리의 기업이 되어야 합니다. 이는 오직 "믿음으로"가 축복된 삶의 위대한 동력이기 때문입니다. 이 마지막 종말 시대에 옛 선진들과 같이 "믿음으로"의 복된 삶이 되어 하나님께 큰 영광을 돌리시기를 축원합니다. 아멘.

주라 그리하면…주리라

(누가복음 6:38)

　누가복음 6장은 유대 종교지도자들과의 안식일 논쟁을 통해 예수님 자신의 신적인 권위를 나타내십니다. 아울러 그의 열두 제자들을 선택하여 본격적인 새로운 하나님 나라의 공동체를 시작하시면서, 자신을 믿고 따르는 제자들과 모든 사람들에게 구체적으로 실천해야 할 하나님 나라의 윤리인바 17절에 "예수께서 저희와 함께 내려 오사 평지에 서시니"라는 산상수훈과 같은 평지수훈(눅6:20-49)을 기록해 주고 있습니다. 그 평지수훈 중에 "주라 그리하면 너희에게 줄 것이니 곧 후히 되어 누르고 흔들어 넘치도록 하여 너희에게 안겨 주리라"라고 말씀해 주셨습니다.

　"주라 그리하면…주리라" 이는 주님의

1. 신적 권위의 명령입니다.

　본문에서 예수님은 "주라 그리하면…주리라"고 명령하셨습니다. 이는 새로운 하나님 나라의 공동체를 세우신 그의 신적 권위의 명령입니다. 여기에 "주라"라는 원어 '디도테'는 '너희는 주라'는 말씀입니다. 이는 앞서 37절의 "용서하라"는 명령과 같이 주되 계속하여 주라는 말씀입니다. 예수 그리스도, 그는 절대적 권위의 왕이십니다. "만주의 주시요 만왕의 왕"(계 17:14)이십니다. 이러한 그가 신적 권위로 "너희는 주라"고 명령하고 계신 것입니다.

　"주라 그리하면…주리라" 이는 주님의

2. 선의적 사랑의 명령입니다.

본문에서 주님은 "주라 그리하면"이라고 하셨습니다. 여기에 "그리하면"에 해당하는 '카이'는 앞서 말한 "주라"의 결과를 소개하는 말입니다. 이는 예수님의 선하신 뜻에 따른 성도들의 행위에 대한 결과로 그들의 행복을 위한 선의적인 사랑에 근거하고 있음을 말해 줍니다. 우리 성도들에게 주신 구원의 은총은 무조건적이며, 불가항력적인 은총입니다. 그러나 구원 받은 성도들이 이 세상에서 받는 모든 축복은 순종하는 삶에 따라 주어지는 것이기에 조건부적입니다. 그래서 "그리하면"이라고 말씀하신 것입니다.

"주라 그리하면…주리라" 이는 주님의

3. 조건부적 축복 약속의 명령입니다.

본문에서 예수님은 "주라 그리하면 너희에게 줄 것이니 곧 후히 되어 누르고 흔들어 넘치도록 하여 너희에게 안겨 주리라"고 약속하셨습니다. 주님은 당시 곡물 매매현장에서 볼 수 있는 일상적인 상황을 비유로 하나님께서 주시는 축복의 풍성함을 설명해 주셨습니다. 곡물을 후히 되어 누르고, 흔들어, 넘치도록 안겨 주신다고 약속하셨습니다. 우리의 자그마한 손길이 하나님의 큰 손길을 가져온다는 말이 되겠습니다. 우리가 베푸는 사랑의 손길은 지극히 작지만 그 손길에 따른 하나님의 손길은 상상을 초월하는 축복으로 안겨주심을 우리는 벳세다 들녘의 오병이어 기적에서 보게 됩니다. 예수님은 "너희 소유를 팔아 구제하여 낡아지지 아니하는 주머니를 만들라 곧 하늘에 둔바 다함이 없는 보물이니 거기는 도적도 가까이 하는 일이 없고 좀도 먹는 일이 없느니라"(눅12:33)고 하셨습니다. 사도 바울은 "네가 이 세대에 부한 자들을 명하여 마음을 높이지 말고…선한 일을 행하고 선한 사업에 부하고 나눠주기를 좋아하며 동정하는 자가 되게 하라 이것이 장래에 자기를 위하여 좋은 터를 쌓아 참된 생명을 취하는 것이니라"(딤전6:17-19)고 디모데에게 명하였습니다. 이 같은 삶의 대표적인 사람이 미국의 대 부호였던 록펠러였습니다. 강철의 왕이라고 불리었던 카네기는 "부자인 채로 죽는 것은 수치다." 라는 의미 깊은 말을 하였습니다.

사랑하는 성도 여러분!

"주라 그리하면 너희에게 줄 것이니 곧 후히 되어 누르고 흔들어 넘치도록 하여 너희에게 안겨 주리라" 는 예수님의 명령은 바로 하나님 축복의 대원리입니다. 예수님의 명령은 신적 절대권위의 명령입니다. 성도들이 받아 누릴 축복을 위한 선의적인 사랑의 명령입니다. 바로 그 축복은 후히 되어 누르고 흔들어 넘치도록 안겨 주시는 풍성한 축복입니다. 오늘 우리 모든 성도들 자신과 가정과 기업들, 그리고 천대로 이어지는 자손들의 장래에 이 같은 축복이 있어 그리스도의 몸 된 교회의 부흥과 세계선교를 위한 하나님의 선한 그릇들로 쓰임이 되었으면 합니다. 일찍이 선하시며 전능하신 여호와 하나님은 믿음의 조상 아브라함에게 "내가 반드시 너를 복주고 복주며 너를 번성케 하고 번성케 하리라"(히6:14)고 약속해 주셨고, 그 약속하심을 그대로 이루어 주셨습니다(히6:15). 아브라함에게 주셨던 그 약속의 축복이 오늘 날 "주라 그리하면 너희에게 줄 것이니 곧 후히 되어 누르고 흔들어 넘치도록 하여 너희에게 안겨 주리라" 는 예수님의 말씀에 순종하는 우리 모두에게 이루어져 그 복된 삶으로 성삼위 우리 하나님께 큰 기쁨과 자랑과 영광이 되시기를 축원합니다. 아멘.

주의 손에 있사오니

(시편 31:15)

다윗의 노래인 본 31편의 시는 대적들로 인한 온갖 고통 속에서의 탄식과 아울러 하나님께 대한 절대적 신뢰, 그리고 감사와 찬양으로 구성되어 있음을 봅니다. 본문 9-10절에서 다윗은 "여호와여 내 고통을 인하여 나를 긍휼히 여기소서 내가 근심으로 눈과 혼과 몸이 쇠하였나이다 내 생명은 슬픔으로 보내며 나의 해는 탄식으로 보냄이여 내 기력이 나의 죄악으로 약하며 나의 뼈가 쇠하도소이다"라고 극에 달한 자신의 고통을 하나님 앞에서 탄식하면서 그는 "내 시대가 주의 손에 있사오니 내 원수와 핍박하는 자의 손에서 나를 건지소서"라고 기도하였던 것입니다.

"주의 손에 있사오니" 이는 다윗 생애에 있어

1. 주의 손이 큰 힘이었습니다. 주의 손은

첫째, 구원의 손이었습니다.

본문 2절에서 다윗은 "내게 귀를 기울여 속히 건지시고 내게 견고한 바위와 구원하는 보장이 되소서"라고 기도하였고, 5절에 "내가 나의 영을 주의 손에 부탁하나이다 진리의 하나님 여호와여 나를 구속하셨나이다"라고 하였으며 15-16절에서 "내 시대가 주의 손에 있사오니 내 원수와 핍박하는 자의 손에서 나를 건지소서 주의 얼굴을 주의 종에게 비춰시고 주의 인자하심으로 나를 구원하소서"라고 주의 손이 건지시는 구원의 손임을 고백하였습니다.

둘째, 절대보호의 손이었습니다.

본문 3절에 "주는 나의 반석과 산성이시니 그러므로 주의 이름을 인하여 나를 인도하시고 지도하소서"라고 하였고 또한 23절에서 "너희 모든 성도들아 여호와를 사랑하라 여호와께서 성실한 자를 보호하시고"라고 하였습니다.

셋째, 크신 은혜의 손이었습니다.

본문 19절에 "주를 두려워하는 자를 위하여 쌓아 두신 은혜 곧 인생 앞에서 주께 피하는 자를 위하여 베푸신 은혜가 어찌 그리 큰지요"라고 주의 손이 크신 은혜의 손이심을 고백했습니다.

"주의 손에 있사오니" 이는 주의 손에 대한 다윗의

2. 절대적 신뢰의 믿음이었습니다.

다윗은 이 엄청난 고통 속에서 하나님에 대하여 본문 14절에서 "여호와여 그러하여도 나는 주께 의지하고 말하기를 주는 내 하나님이시라 하였나이다"라고 고백하였습니다. 그는 자신의 하나님만을 의지한다고 하였습니다. 그래서 15절에 "내 시대가 주의 손에 있사오니"라고 하였던 것이고, 그렇기 때문에 그는 자신을 죽이려 하는 수많은 온갖 원수와 핍박자들의 손을 두려워하지 않았던 것입니다. 바로 그의 하나님에 대한 절대 신뢰적 삶은 6절에 "내가 허탄한 거짓을 숭상하는 자를 미워하고 여호와를 의지하나이다"였습니다. 그러므로 그는 24절에서 "강하고 담대하라 여호와를 바라는 너희들아"라고 당당하게 명하였던 것입니다.

"주의 손에 있사오니" 이는 다윗의

3. 간절한 기도였습니다.

본장에서 다윗의 기도는 구구절절 절실하고도 간절함을 봅니다. 1-3절에 "여호와여 내가 주께 피하오니 나로 영원히 부끄럽게 마시고 주의 의로 나를 건지소서 내게 귀를 기울여 속히 건지시고 내게 견고한 바위와 구원하는 보장이 되소서 주는 나의 반석과 산성이시니 그러므로 주의 이름을 인하여 나를 인도하시고 지도하소서"라고 하였습니다. 또한 9절에서 "여호와여 내 고통을 인하여 나를 긍휼히 여기소서 내가 근심으로 눈과 혼과 몸이 쇠하였나이다"라고 하였으며, 15-16절에서는 "내 시대가 주의 손에 있사오니 내 원수와 핍박하는 자의 손에서 나를 건지소서 주의 얼굴을 주의 종에게 비춰시고 주의 인자하심으로 나를 구원하소서"라고 기도하였던 것입니다. 고통 중에 그의 기도는 주의 손과 얼굴을 간절하게 구하는 기도였으며, 또한 10절에 "내 생명은 슬픔으로 보내며 나의 해는 탄식으로 보냄이여 내 기력이 나의 죄악으로 약하며 나의 뼈가 쇠하도소이다"라는 통회의 기도였습니다. 시인은 "여호와께서 내 음성과 내 간구를 들으시므로 내가 저를 사랑하는도다 그 귀를 내게 기울이셨으므로 내가 평생에 기도하리로다"(시116:1-2)라고 노래하였습니다.

사랑하는 성도 여러분!

다윗이 그의 삶 속에서 겪은 고통과 기도 그리고 찬송은 오늘을 살아가는 우리 모든 성도들 삶에도 동일하게 나타나는 일들입니다. 우리의 일생이 오직 하나님의 손에 있다는 사실을 인정하고 믿어야 합니다. 욥의 고백인 "나의 가는 길을 오직 그가 아시나니 그가 나를 단련하신 후에는 내가 정금 같이 나오리라"(욥23:10)가 이를 말해 줍니다. 욥과 다윗처럼 오직 전능하신 하나님의 손을 의지하고 기도하면서 승리를 안겨 주시는 하나님, 오직 하나님께 영광을 돌려 드리는 축복 된 삶이되시기를 축원합니다. 아멘.

하나님이 아브라함을 시험하시려고

(창세기 22:1-19)

아담 범죄 후, 하나님께서 그의 절대주권적인 계획과 의지로 펼치시는 구속사에서 아브라함을 모델로 삼으신 엄청난 사건이 바로 본 장에 나오는 모리아산 번제의 사건입니다. 오늘 본문 1절에 "하나님이 아브라함을 시험하시려고 그를 부르시되"라고 하였고, 이에 아브라함은 즉각적으로 "내가 여기에 있나이다"라고 반응합니다. 바로 그에게 하나님은 "네 아들 네 사랑하는 독자 이삭을 데리고 모리아 땅으로 가서 내가 네게 지시하는 한 산 거기서 그를 번제로 드리라"는 실로 충격적인 말씀을 주셨던 것입니다. 여기에서 "엘로힘" 하나님, 그는 어떤 분이신가를 보여줍니다.

"하나님이 아브라함을 시험하시려고" 그 하나님은

1. 말씀하시는 하나님이십니다.

본문 1절에 "그를 부르시되 아브라함아"라고 하셨고, 2절에 "여호와께서 가라사대"라고 하셨습니다. 그리고 그 말씀의 내용이 "네 아들 네 사랑하는 독자 이삭을 데리고 모리아 땅으로 가서 내가 네게 지시하는 한 산 거기서 그를 번제로 드리라" 입니다. 여기에 "하나님" 곧 '엘로힘' 이란 호칭은 그의 전지전능성과 인격성을 강조하는 하나님의 명칭입니다. 그러하기에 엘로힘 하나님은 인격적으로 아브라함에게 오셔서 "아브라함아"라고 부르시며 말씀하셨던 것입니다. 아브라함은 그 말씀에 '힌네니' 즉 "내가 여기에 있나이다"라고 즉각적인 반응을 보였던 것입니다.

"하나님이 아브라함을 시험하시려고" 그 하나님은

2. 시험하시는 하나님이십니다.

본문 1절에 "하나님이 아브라함을 시험하시려고"라고 하였습니다. 여기에 "시험하시려고"라는 원어 '닛싸'는 '시험하다'라는 '나싸'로 이 단어가 구약성경에서 36회나 나타납니다. 중요한 것은 이 '나싸'라는 단어가 사람이 주어로 사용될 때는 대부분 부정적인 의미로 하나님을 시험할 때 사용되었습니다. 그래서 모세는 "너희가 맛사에서 시험한것 같이 너희의 하나님 여호와를 시험하지 말고"(신6:16)라고 규정하였던 것입니다. 그러나 이 '나싸'가 하나님이 주어가 될 때 '알아 보다'(test) 또는 '입증하다'(prove)라는 긍정적인 의미로 사용되었습니다. 본문에 아브라함을 "시험하시려고"하신 '닛싸'가 그러합니다. 이는 분명 하나님께 대한 아브라함의 경외심 곧 믿음의 성숙과 순종의 지순함, 그리고 이삭을 번제로 태워드리려고 했던 그의 온전한 헌신을 테스트하신 것입니다. 본문 3절에서 "아브라함이 아침에 일찌기 일어나 나귀에 안장을 지우고 두 사환과 그 아들 이삭을 데리고 번제에 쓸 나무를 쪼개어 가지고 떠나 하나님의 자기에게 지시하시는 곳으로 가더니"라고 하였고, 삼일 길을 걸어 9-10절에 "하나님이 그에게 지시하신 곳에 이른지라 이에 아브라함이 그곳에 단을 쌓고 나무를 벌여놓고 그 아들 이삭을 결박하여 단 나무 위에 놓고 손을 내밀어 칼을 잡고 그 아들을 잡으려 하더니"라고 하였습니다. 이에 하나님은 두 번 씩이나 "네 아들 네 독자라도 내게 아끼지 아니하였으니 내가 이제야 네가 하나님을 경외하는 줄을 아노라"(창22:12,16)고 격찬하셨던 것입니다.

"하나님이 아브라함을 시험하시려고" 그 하나님은

3. 축복하시는 하나님이십니다.

하나님은 본문 17-18절에서 "내가 네게 큰 복을 주고 네 씨로 크게 성하여 하늘의 별과 같고 바닷가의 모래와 같게 하리니 네 씨가 그 대적의 문을 얻으리라 또 네 씨로 말미암아 천하 만민이 복을 얻으리니 이는 네가 나의 말을 준행하였음이니라"고 구속사의 중심이신 "메시아" 곧 예수 그리스도를 축복으로 약속해 주셨던 것입니다. 아브라함은 모리아 산에서 독자 이삭의 모습을 통해 하나님의 독생자 예수 그리스도의 십자가를 보았고, 그 예수 그리스도를 희생 제물로 아낌없이 주셨던 하나님의 그 크신 사랑을 확인하였던 것입니다. 하나님은 이 큰 복을 그에게 그냥 쉽게 주신 것이 아니었습니다. 먼저 테스트하셨다는 사실입니다.

사랑하는 성도 여러분!

지금도 변함없으신 하나님은 그의 선하시고 온전하신 뜻을 성취하시기 위해 아브라함을 부르시고 말씀하셨듯이 우리 성도들에게도 항상 말씀하고 계십니다. 그리고 큰 축복을 안고 오셔서, 그의 거룩하신 시험대에 올려 믿음과 순종 그리고 아낌없는 헌신의 정도를 확인하십니다. 사도 바울은 "스스로 속이지 말라 하나님은 만홀히 여김을 받지 아니하시나니 사람이 무엇으로 심든지 그대로 거두리라"(갈6:7)고 하였습니다. 믿음의 조상 아브라함과 같은 온전한 믿음과 철저한 순종, 그리고 아낌없이 자신을 불태워 드리는 아름다운 헌신으로 하나님의 풍성한 축복을 받기를 원합니다. 오직 능력의 말씀과 성령의 역사로 우리와 함께하시는 전능하신 "엘로힘" 우리 하나님께 모든 영광을 올려 드리는 복된 삶이되시기를 축원합니다. 아멘.

하나님이…시험하시려고

(창세기 22:1-2)

본장은 하나님을 향한 우리 모든 신앙인들이 하나님께 드릴 수 있는 최상의 숭고한 헌신의 경지를 아브라함의 초인적인 믿음과 순종, 그리고 헌신을 통해 우리에게 보여 줍니다. 여호와 하나님은 아브라함에게 100세에 얻은 독자, 이삭을 번제로 드리라고 명령하셨습니다. 이는 하나님께서 아브라함을 그의 시험대에 올려놓으심입니다. 사실 이 시험은 아브라함에게는 초인적인 인내를 요하는 시험이었습니다. 그러나 선하신 하나님이 그를 시험하심에는 중요한 목적이 있었다는 사실을 '여호와 이레'에서 찾을 수 있습니다. 오늘 우리는 "하나님이…시험하시려고"하신 본문의 말씀에서 은혜 받기를 원합니다.

"하나님이…시험하시려고" 이는 아브라함의

1. 본분을 입증하신 시험대였습니다.

지혜의 왕 솔로몬은 "하나님을 경외하고 그 명령을 지킬지어다 이것이 사람의 본분이니라"(전12:13)라고 하신바 그 말씀대로 하나님은 이를 입증하시기 위해 아브라함을 부르셨고, 그를 시험대에 올려놓으셨던 것입니다. 여기에 "시험하다"라는 '나싸'는 '알아보시다(test)' 또는 '입증하다'(prove)라는 의미로 하나님에 대한 아브라함의 경외심을 입증하심에 있음을 보여 줍니다. 사람의 본분이 '하나님을 경외하며 그의 명령에 순종함이다'는 사실을 아브라함은 독자 이삭을 번제물로 드리라는 시험대에서 이를 입증해 주었습니다. 오늘 날 우리 모두에게도 하나님께서 아브라함을 시험하셨듯이 사람됨의 본분이 무엇인가를 여러 방편으로 시험하시고 계심을 잊지 말아야 합니다. 아브라함이 그러했듯이 우리 또한 사람됨의 본분인 하나님을 경외함과 그의 말씀에 순종함이 있어야 합니다. 이것이 바로 하나님 중심, 말씀 중심의 삶입니다. 하나님은 모세를 통하여 하나님을 경외하며 그 말씀에 순종하는 자가 받을 복에 대해 "네가 하나님의 말씀을 삼가 듣고 내가 오늘 날 네게 명하는 그 모든 명령을 지켜 행하면 네 하나님 여호와께서 너를 세계 모든 민족 위에 뛰어나게 하실 것이라"(신28:1)고 하였고, 6절에서는 "네가 들어와도 복을 받고 나가도 복을 받을 것이라"라고 약속하셨습니다.

"하나님이…시험하시려고" 이는 아브라함의

2. 선택을 요하는 시험대였습니다.

하나님은 그의 약속하신바 대로 아브라함에게 그의 나이 백세에 독자 이삭을 주셨습니다. 그러므로 아브라함에게는 이삭이 행복의 전부였고, 삶의 가치와 보람이었습니다. 그러한 이삭을 꽃다운 소년의 나이 16-17세인 그를 번제로 드리라고 명령하였던 것입니다. 하늘이 무너져 내리는 것 같은 절대 절명의 상황, 선택을 피할 수 없는 상황이었습니다. 이는 아브라함에게 있어 절대가치가 무엇인가를 알아보시기 위한 하나님의 시험대였습니다. 하나님이냐 이삭이냐 둘 중에 하나를 선택해야 하는 시험대였습니다. 그는 3절에 "아침에 일찌기 일어나 나귀에 안장을 지우고" 3일 길 모리아 산에 이르러 이삭을 번제로 드리려고 했던 그의 절대순종으로 그의 절대가치가 오직 하나님이심을 보여 주었습니다. 이에 하나님은 "네가 네 아들 네 독자라도 아끼지 아니 하였으니 내가 이제야 네가 하나님을 경외하는 줄을 아노라"(창22:12,16)고 격찬하였고, 17절에서 "내가 네게 큰 복을 주고"라고 말씀하셨던 것입니다. 아브라함에게 있어 결코 포기 할 수 없는 절대가치는 바로 그를 소명하셨고 복을 주신 하나님이었습니다. 하나님께서 아브라함을 이렇게 시험하셨듯이 우리들 각자에게도 여러 방편으로 매 순간, 순간마다 우리에게 다가오셔서 절대가치에 따른 선택을 시험하신다는 사실을 잊지 말아야 합니다.

"하나님이…시험하시려고" 이는 아브라함의

3. 그릇됨을 확인하신 시험대였습니다.

아브라함을 시험하신 하나님의 의도와 목적은 바로 그에게 주실 큰 복이었습니다. 아브라함에게 주신 복에 대해 17-18절에서 "내가 네게 큰 복을 주고 네 씨로 크게 성하여 하늘의 별과 같고 바닷가의 모래와 같게 하리니 네 씨가 그 대적의 문을 얻으리라 또 네 씨로 말미암아 천하 만민이 복을 얻으리니 이는 네가 나의 말을 준행하였음이니라"고 하였습니다. 한마디로 메시아의 축복, 예수 그리스도로 말미암은 구원의 축복입니다. 여기에 "네 씨"란 "아브라함과 다윗의 자손 예수 그리스도"(마1:1)를 말하며 "복" 이란 그를 믿어 구원을 받을 영생의 축복이며, 그 복을 받을 "천하 만민"은 "영생을 주시기로 작정된 자"(행13:48), 곧 "각 나라와 족속과 백성과 방언에서 아무라도 능히 셀 수 없는 큰 무리"(계7:9)를 말합니다. 이와 같은 엄청난 축복을 하나님은 모리아 산에서 아브라함에게 주셨고 그는 이 큰 복을 받았던 것입니다. 이는 아브라함이 하나님의 시험대에서 이 큰 복을 받을만한 그릇이 되었음을 입증해 주심입니다. 믿음의 그릇이 그러했고 그 믿음에 따른 순종과 희생적인 헌신의 그릇이 그러했습니다. 하나님은 우리의 행복을 위해 그의 복으로 다가오시는 분이십니다. 중요한 것은 그 복을 받을 수 있는 믿음과 순종과 헌신의 그릇입니다. 하나님은 그의 복을 받을 그릇됨을 그의 시험대에서 확인하신 후에 각자의 그릇대로 복을 주시는 것입니다.

사랑하는 성도 여러분!

아브라함의 하나님, 곧 우리의 하나님은 아브라함에게 그러하셨듯이 우리 모두에게도 시험대에 올려놓고 역사하고 계신 분이십니다. 매일의 삶 속에서 하나님은 그를 경외하며 그 명령을 지키는바 본분의 시험대에서 입증하실 뿐 아니라, 세상 그 어떤 것과도 비교할 수 없는 절대가치에 따른 선택의 시험대에서 오직 하나님 자신만이 그의 하나님 되시기를 원하십니다. 이 일에 입증이 되었던 아브라함에게 "네가 네 아들 네 독자라도 아끼지 아니하였으니 이제야 네가 하나님을 경외하는 줄을 아노라"고 하시며 또한 "내가 네게 큰 복을 주고"라는 약속을 하셨듯이 오늘 날 우리에게도 이와 같은 축복이 있기를 소원합니다. 하나님의 시험대에서 믿음과 순종, 그리고 온전한 헌신에 있어 큰 그릇됨을 그 하나님께 인정을 받고, 축복을 누리는 복된 삶으로 하나님께 큰 영광을 돌리시기를 축원합니다. 아멘.

너를 지명하여 불렀나니 너는 내 것이라

(이사야 43:1-7)

본문의 말씀은 선민 이스라엘을 향한 하나님의 불변하신 아가페 사랑을 천명하심과 동시에 주전 538년 페르시아 왕 고레스 칙령에 의한 바벨론에서의 해방 및 예루살렘 귀환을 약속한 말씀입니다. 하나님은 "야곱아 너를 창조하신 여호와께서 이제 말씀하시느니라"고 하시면서 "너는 두려워 말라 내가 너를 구속하였고, 내가 너를 지명하여 불렀나니 너는 내 것이라"고 하셨습니다.

"너를 지명하여 불렀나니 너는 내 것이라" 이는

1. 하나님 절대적 의지의 선택이십니다.

하나님은 본문 1절에 "내가 너를 구속하였고 내가 너를 지명하여 불렀나니 너는 내 것이라"라고, "내가", "내가"라고 계속 말씀하셨습니다. 바로 여기에 "내가"는 절대주권자이신 여호와 하나님 자신을 밝히신 말씀입니다. 하나님께서 이스라엘을 지명하여 불렀다는 사실입니다. 바로 그 하나님께서 그의 절대적 의지로 아담을 부르셨고, 노아, 아브라함, 사도 바울을 부르셨으며, 종말 시대인 오늘 날 우리 모두를 부르셨습니다. 이제 앞으로 그리스도께서 재림하실 그 날, 공중에서 우리를 지명하여 불러올리실 것입니다. 그의 절대적 의지는 그 어느 누구도 간섭하거나 침범치 못합니다.

"내가 너를 지명하여 불렀나니 너는 내 것이라" 이는

2. 하나님 소유의 인치심입니다.

본문 1절에서 "야곱아", 그리고 "이스라엘아"라고 그 이름을 부르심은 하나님의 선민에 그 사랑의 애칭, 곧 "너는 내 것이라"라고 인침이 된 자만을 향해 부르시는 호칭입니다. 사도 베드로는 "오직 너희는 택하신 족속이요 왕 같은 제사장들이요 거룩한 나라요 그의 소유된 백성이니"(벧전1:9)라고 하였고, 이에 또한 사도 바울은 "그 안에서 너희도 진리의 말씀 곧 너희의 구원의 복음을 듣고 그 안에서 또한 믿어 약속의 성령으로 인치심을 받았으니 이는 우리의 기업에 보증이 되사 그 얻으신 것을 구속하시고 그의 영광을 찬미하게 하려 하심이라"(엡2:13-14)라고 하였습니다. 본문 2절에서 하나님은 "네가 물 가운데로 지날 때에 내가 함께할 것이라 강을 건널 때에 물이 너를 침몰치 못할 것이며 네가 불 가운데로 행할 때에 타지도 아니할 것이요 불꽃이 너를 사르지도 못하리니"라고 실내보호의 안전을 약속하셨습니다. 하나님은 그의 백성의 이마에 성령으로 인을 치시며 "내가 너를 지명하여 불렀나니 너는 내 것이라"고 하신 것입니다.

"내가 너를 지명하여 불렀나니 너는 내 것이라" 이는

3. 하나님 사랑의 구속은총입니다.

본문 1절 하반 절에서 "너는 두려워 말라 내가 너를 구속하였고 내가 너를 지명하여 불렀나니 너는 내 것이라"고 하셨습니다. 여기에 "구속하였고"라는 '가알'은 대가를 지불하고 무엇인가를 살 때 사용되는 용어입니다. 이는 엄청난 대가를 지불하고 산 바가 된 소유를 두고 표현하신 말씀입니다. 그렇기 때문에 본문 4절에서 "내가 너를 보배롭고 존귀하게 여기고 너를 사랑하였은즉"라고 하신 것입니다. 이는 오직 하나님께 구속은총을 받은 교회와 신자만이 하나님의 영광을 위하여 창조되었기 때문입니다.

사랑하는 성도 여러분!

　우리 모두가 영광스럽게도 성삼위 우리 하나님께 지명되어 부르심을 받은 아브라함의 자손, 곧 하나님의 것으로 인침이 되었습니다. 이렇게 하나님의 것이 된 우리에게 예수께서는 "내가 너희에게 분부한 모든 것을 가르쳐 지키게 하라 볼지어다 내가 세상 끝 날까지 너희와 항상 함께 있으리라"(마28:20)고 약속하셨습니다. 하나님의 소유로 인을 치셨기 때문에 영광의 주님께서 다시 오실 그 순간까지 우리 모두를 저 천국으로 견인해 가실 것입니다. "너는 두려워 말라 내가 너를 구속하였고 내가 너를 지명하여 불렀나니 너는 내 것이라"고 하신 하나님 말씀 붙들고 끝까지 인내하며 헌신하는 축복이 있기를 축원합니다. 아멘

이 모든 일에 전심전력하여

(디모데전서 4:6-16)

　사도 바울은 그의 제자이며 목회자인 디모데에게 마땅히 가야 할 길, 곧 목회의 정도를 일러 주고 있음이 디모데전후서입니다. 이 말씀은 비단 목회자에게만 주어진 말씀이 아니라, 주님을 섬기며 따르는 모든 성도들에게도 해당되는 아주 중요한 말씀입니다. 본문 6절에 말씀해 주고 있는 대로 "그리스도 예수의 선한 일군"이기 때문입니다. 예수 그리스도의 선한 일군들은 신령한 공동체인 교회 안에서 결코 업신여김을 당하여서는 안 됩니다. 그러기 때문에 본문 15절에서 "이 모든 일에 전심전력하여 너의 진보를 모든 사람에게 나타나게 하라"라고 명하였던 것입니다.

　"이 모든 일에 전심전력하여" 이는

1. 경건한 삶에 최선을 다하라는 말씀입니다.

　본문 8절에 "육체의 연습은 약간의 유익이 있으나 경건은 범사에 유익하니 금생과 내생에 약속이 있느니라"라고 하였습니다. 경건한 삶이란 예배적인 삶을 뜻하며 이 같은 삶에는 금생에 있어 하나님의 은혜 가운데 평화로운 삶을 누리며 아울러 내생인 천국에서의 영광스러운 삶에 유익이 있다고 하였습니다. 바로 그 경건한 삶은 말과 행실과 사랑과 믿음과 정절에 대하여 믿는 자에게 본을 보이는 삶입니다. 여기에 '말'이란 공적인 연설뿐만 아니라 사적인 대화까지도 포함하고 있습니다. 그래서 사도 바울은 "무릇 더러운 말은 너희 입밖에도 내지 말고 오직 덕을 세우는데 소용되는 대로 선한 말을 하여 듣는 자들에게 은혜를 끼치게 하라"(엡4:29)라고 하였던 것입니다. 또한 '행실'이란 다른 사람과 관계되는 행동을 의미하며 '믿음' 과 '정절' 이란 성도들의 내면적인 성품을 뜻합니다. 그럼으로 경건한 삶이란 거룩하고, 성결한 삶입니다. 마땅히 성도들은 이 같은 경건한 삶에 전심전력해야만 합니다.

"이 모든 일에 전심전력하여" 이는

2. 사명에 최선을 다하라는 말씀입니다.

본문 13절에 "내가 이를 때까지 읽는 것과 권하는 것과 가르치는 것에 착념하라"고 하였습니다. 여기에 "읽은 것" 이란 공개적으로 하나님의 말씀을 읽는 것을 말합니다. 즉 구약의 율법서와 선지서 뿐만 아니라 사도들의 가르침과 바울 자신이 모든 교회에 보낸 서신을 공개적으로 읽으라는 말입니다. 성경을 읽는 일에 착념, 곧 최선을 다하라는 말입니다. 또한 하나님의 말씀을 가르치는 것과 권하는 일에 최선을 다하라고 하였습니다. 이것이 바로 목회자의 목회적인 사명이었던 것입니다. 경건한 삶을 추구하는 모든 성도들도 주님의 말씀인 성경을 읽고 가르치며 권하는 일에 착념하여야 합니다. 이유는 그 일이 바로 사명이기 때문입니다. 또한 16절에 "네가 네 자신과 가르침을 삼가 이 일을 계속하라"고 하였습니다. 이는 목회자 자신과 가르침에 유의하라는 뜻입니다. 사실 남을 가르치기 전에 먼저 자신을 가르치는 자가 지혜로운 목회자요, 성도이기에 가르침의 권위가 여기에서 비롯됩니다.

"이 모든 일에 전심전력하여" 이는

3. 영적 진보에 최선을 다하라는 말씀입니다.

본문 15절에 "이 모든 일에 전심전력하여 너의 진보를 모든 사람에게 나타나게 하라"고 하였습니다. 여기에 "너의 진보" 란 디모데의 목회자로서의 영적인 발전을 뜻합니다. 이유는 16절에 "이것을 행함으로 네 자신과 네게 듣는 자를 구원하리라"고 하셨기 때문입니다. 구원과 관계된 목회자나 성도의 책임이 막중하기 때문에 자신들의 영적인 진보를 나타내는 일에 최선을 다하여야 한다는 것입니다. 예수님은 "너희는 세상의 빛이라"(마5:14)고 하셨고, 또한 13절에 "너희는 세상의 소금이니"라고 하셨습니다. 이는 곧 우리 모두의 사명임과 동시에 모든 사람들에 대한 책임이기도 합니다. 우리는 자신과 복음을 듣는 사람들의 구원을 위해 자신들의 진보를 모든 사람에게 나타내야 합니다. 사도 바울은 "너희가 전에는 어두움이더니 이제는 주 안에서 빛이라 빛의 자녀들처럼 행하라"(엡5:8)고 명하였습니다.

사랑하는 성도 여러분!

오늘 우리 모든 성도들이나 특히 목회자들이 전심전력으로 최선을 다하여야 할 일이 무엇이겠습니까? 바로 경건한 삶입니다. 그리고 주님께서 주신 사명입니다. 더더욱 자신과 듣는 자들의 구원을 위해 영적 성숙인 진보를 모든 사람들 앞에 나타내는 그 일에 최선을 다하여야 합니다. 이는 곧 하나님께서 기뻐하시는 삶이요 바로 그 하나님께 큰 영광을 돌리는 삶이기 때문입니다. 전심전력으로 최선을 다하여 모든 믿는 자의 본이 되는 삶은 참으로 복된 삶입니다. 바로 이 같은 삶이 사람들에게 업신여김을 당하지 않고 존귀하게 여김을 받는 것입니다. 우리 모두, 경건한 삶과 맡겨진 사명에 최선을 다함으로 우리 모두의 영적인 진보를 통하여 오직 우리 하나님께 큰 영광이 되시기를 축원합니다. 아멘.

…

성벽 위에 파수꾼을 세우고

(이사야 62:6-9)

구약시대의 파수꾼은 도시나 타작마당을 야간에 지키거나 파수하는 임무를 맡은 자로서, 성벽 망대 위에서 적군이나 도적의 침입에 대해서 반격의 태세를 갖출 수 있도록 경계를 철저히 하거나 유사시 왕에게 보고하는 임무를 맡은 자입니다. 하나님의 선지자 이사야나 예레미야는 그 당대에 하나님께서 불러 세우신 파수꾼이었습니다. 하나님께서는 그의 구속사의 현장에서 그 시대 시대마다 성벽 위에 파수꾼을 세우셨습니다. 그러므로 파수꾼은 그 시대를 밝히는 등불이요 또한 경계의 나팔이며 개혁의 불길입니다.

"성벽 위에 파수꾼을 세우고" 이는

1. 하나님의 파수꾼입니다.

본문 6절에 "예루살렘이여 내가 너의 성벽 위에 파수꾼을 세우고"라고 하였습니다. 즉, 하나님께서 예루살렘을 위하여 파수꾼을 세웠다는 말씀입니다. 그러므로 하나님께서는 그 파수꾼으로 하여금 경성하여 깨어 예루살렘을 지키도록 하였습니다. 그러므로 하나님께 세움을 받은 파수꾼은 그 자신이나 가정 그리고 교회나 국가의 안전과 번영을 위한 사명이 대단히 막중한 것입니다. 영적으로 하나님의 파수꾼은 그리스도의 좋은 군사 된 신자이며, 또한 하나님의 교회입니다. 중요한 것은 "내가 너의 성벽 위에 파수꾼을 세우고"라고 하신바 하나님께 세움을 받은 그 하나님의 파수꾼이라는 사실입니다.

"성벽 위에 파수꾼을 세우고" 이는

2. 성벽 위의 파수꾼입니다.

"예루살렘이여 내가 너의 성벽 위에 파수꾼을 세우고"라고 하였습니다. 성벽의 망대, 이는 바로 파수꾼이 목숨 걸고 지켜야 할 중요한 곳입니다. 하나님께서 예루살렘을 지키라고 세워 놓으신 곳이기에 더욱 그러합니다. 그래서 느헤미야는 무너진 성벽을 재건하는데 자신의 전 생애를 불살라 예루살렘을 위해 아낌없이 희생하였던 것입니다. 성벽이 무너지면 패망에 이르기 때문입니다.

"내가 너의 성벽 위에 파수꾼을 세우고" 이는

3. 축복의 파수꾼입니다.

본문 8-9절에서 하나님께서 세우신 파수꾼을 통해 주시는 놀라운 축복을 약속해 주셨습니다. 8절에 "여호와께서 그 오른손, 그 능력의 팔도 맹세하시되"라고 하셨습니다. 이는 "네 원수들에게 식물로 주지 아니하겠고"라고 하신 승리의 축복과 아울러 "수고 하여 얻은 포도주"와 9절에 "추수한 자"가 먹고 마시며 여호와를 찬송할 물질적인 축복에 대한 약속입니다. 그러므로 하나님의 파수꾼은 분명 축복의 사람입니다. 오늘 본문에서 하나님은 그가 세우신 파수꾼에게 다음 두 가지 명령을 하셨습니다.

첫째, 잠잠치 말라는 것입니다.

본문 6절에 "그들로 종일 종야에 잠잠치 않게 하였느니라"라고 하였습니다. 하나님께서 세우신 파수꾼은 말하는 자입니다. 이것이 파수꾼의 사명입니다. 교회가 그 악한 시대에 대하여 침묵하면, 잠자는 파수꾼이요, 짖지 못하는 벙어리 개에 불과합니다. 인간들의 배은과 무지를 고발하며, 경고의 나팔을 불어야 합니다. 파수꾼인 예레미야는 "내가 다시는 여호와를 선포하지 아니하며 그 이름으로 말하지 아니하리라 하면 나의 중심이 불붙는것 같아서 골수에 사무치니 답답하여 견딜 수 없나이다"(렘20:9)라고 하였습니다. 사도 바울은 디모데에게 "너는 말씀을 전파하라 때를 얻든지 못 얻든지 항상 힘쓰라"(딤후4:2)고 하였습니다.

둘째, 쉬지 말라는 것입니다.

본문 6절에 "너희 여호와로 기억하시게 하는 자들아 너희는 쉬지 말며"라고 하였습니다. 한마디로 "쉬지 말고 기도하라"(살전5:17)는 명령입니다. 7절에 "여호와께서 예루살렘을 세워 세상에서 찬송을 받게 하시기까지 그로 쉬지 못하시게 하라" 했으니 이는 예수 그리스도의 재림하실 때까지 입니다. 성벽 망대는 파수꾼들의 기도의 장소입니다. 파수꾼들의 기도의 힘은 원자탄의 힘보다 더 강합니다. 하나님의 능하신 오른 손을 움직이기 때문입니다. 사무엘의 미스바 운동이 바로 구국기도의 운동이었습니다.

사랑하는 성도 여러분!

우리 모두는 하나님께서 세우신 이 시대의 파수꾼들입니다. 때를 얻든지 못 얻든지 잠잠치 않고 복음의 나팔을 부는 파수꾼들입니다. 또한 자신과 가정과 교회 그리고 나라와 민족을 기도로 지키는 쉼 없는 기도의 파수꾼들입니다. 이렇게 파수꾼들이 깨어 기도하고 있는 한 하나님의 축복이 주어지는 축복의 파수꾼들입니다. 요즘 북 핵실험으로 온 세계와 한반도는 초긴장하고 있지만 오히려 하나님의 파수꾼들은 하나님께 영광을 돌릴 승리의 그 날이 올 것을 확신하기에 기도할 뿐입니다. 하나님의 파수꾼으로 주님께 받은바 사명에 충성하는 우리 모두가 되시기를 축원합니다. 아멘.

수고하고 무거운 짐 진 자들아

(마태복음 11:28-30)

예수님 당시, 이스라엘의 백성들은 로마의 정치적 압박과 종교적인 눌림 속에 극심한 어려움을 겪고 있었습니다. 실로 그들은 힘에 겨운 노동의 수고와 무거운 짐에 시달려야만 했습니다. 아담 범죄 후, 죄의 결과 하나님의 심판 아래 있는 모든 인생의 삶 자체가 그러함을 부정할 수 없습니다. 그래서 모세는 "우리의 모든 날이 주의 분노 중에 지나가며 우리의 평생이 일식간에 다하였나이다 우리의 년수가 칠십이요 강건하면 팔십이라도 그 년수의 자랑은 수고와 슬픔 뿐이요 신속히 가니 우리가 날아가나이다"(시 90:9-10)라고 하였던 것입니다. 이같이 수고하고 무거운 짐 진 자들인 우리 인생들에게 예수 그리스도께서 다음 세 가지의 말씀으로 크신 위로와 힘과 용기 그리고 소망을 안겨주셨습니다. 이 시간 주님께서 "수고하고 무거운 짐 진 자들아"라고 하신 말씀으로 은혜받기를 원합니다.

"수고하고 무거운 짐 진 자들아" 이는 주님의

1. "다 내게로 오라"는 사랑의 초청입니다.

수고하고 무거운 짐 진 우리, 모든 고달픈 인생을 끌어안으시는 위대한 사랑의 초청입니다. "다 내게로 오라"고 하셨습니다. 이렇게 말씀하실 수 있는 분은 오직 예수님 밖에는 없습니다. 그의 위대한 초청에는 인종이나 빈부귀천의 차별이 없습니다. 이에 사도 바울은 "유대인이나 헬라인이나 차별이 없음이라"(롬10:12)고 했습니다. 이는 그리스도의 마음이 온유하고 겸손하기 때문입니다. 29절에 "나는 마음이 온유하고"라고 하셨습니다. 예수의 "마음"인 '카르디아'는 "너희 마음"인 '푸쉬케'와는 구별된 그의 완전하신 영적, 지적, 정서적, 의지적인 전 인격을 포괄한 총체적인 성품입니다. 또한 사도 바울은 "너희 안에 이 마음을 품으라 곧 그리스도 예수의 마음이니"(빌2:5)라고 권하며 6-8절에서 그의 마음이 하나님과 동등 됨을 취할 것으로 여기지 않으시고 자기를 비어 종으로 낮추신바 겸손한 마음이었음을 확증해 주었습니다. 힘에 겨운 노동의 결과 피로에 지쳐 녹초가 된 수고와 이행득구적 율법의 짐에 짓눌린 당시의 고달픈 인생들에게 온유하고 겸손하신 예수께서 "다 내게로 오라"고 사랑의 품으로 초청하셨고, 지금도 교회운동을 통해 영생 얻기로 작정된 모든 자들을 복음으로 초청하고 계신 것입니다.

"수고하고 무거운 짐 진 자들아" 이는 주님의

2. "내게 배우라"라는 강권적 권유입니다.

본문 29절에서 "나는 마음이 온유하고 겸손하니 나의 멍에를 메고 내게 배우라 그러면 너희 마음이 쉼을 얻으리니"라고 하셨습니다. 여기에 "배우라"의 의미는 '마데테'로 '경험'을 뜻하고, "멍에" 곧 '쥐고스'는 '결합하다'를 뜻하는바 '그리스도의 종' 또한 '그의 제자 됨'을 말합니다. 도저히 감당할 수 없는 율법의 짐이 아닌 그리스도 복음의 멍에이기에 30절에 "내 멍에는 쉽고 내 짐은 가벼움이라"고 말씀하셨던 것입니다. 그리스도와 연합한 그의 숭고한 인격과 고결한 삶을 경험하며 익히고 본받음이 "배우라"의 '마데테'입니다. 예수님의 멍에 곧 십자가는 첫째 확실한 구원을 가져오며, 둘째 선하고 바르고 좋은 것이며, 셋째 항상 예수의 능력에 의존하는 신앙이 전재하기 때문에 그 멍에와 짐은 쉽고 가벼운 것입니다. 어거스틴은 예수님의 멍에를 '새의 깃털'로 비유하여 그 깃털이 창공을 자유롭게 날 수 있을 만큼 가볍다고 하였습니다. 사실 영혼 구원에 있어 오직 믿음으로 말미암은 복음적 이신득구는 새의 깃털같이 너무나도 쉽고 가벼운 하나님의 은혜, '카리스' 입니다.

"수고하고 무거운 짐 진 자들아" 이는 주님의

3. "쉬게 하리라"는 구원은총의 약속입니다.

본문 28절에 "내가 너희를 쉬게 하리라"고 하셨고, 29절에는 "그러면 너희 마음이 쉼을 얻으리니"라고 약속하셨습니다. 평안과 안식의 약속입니다. 바로 구원은총의 약속입니다. 율법에서의 자유요 죄와 사망에서의 해방입니다. 이 땅에서의 평안과 안식뿐만 아니라 영원한 천국에서의 평안과 안식의 약속입니다. "쉬게 하리라"는 '아나파우소'는 '육체적 휴식, 내적 상태의 안정, 하나님의 영이 머무는 것 등을 의미하는바 구원의 은총을 말합니다. 오직 "내가"라고 하셨으니 구원을 주시는 분은 주님밖에 없다는 사실입니다. 이에 사도 베드로는 "다른이로서는 구원을 얻을 수 없나니 천하 인간에 구원을 얻을만한 다른 이름을 우리에게 주신 일이 없음이니라 하였더라"(행4:12)라고 하였고, 예수님 자신이 "내가 곧 길이요 진리요 생명이니 나로 말미암지 않고는 아버지께로 올 자가 없느니라"(요14:6)라고 말씀하셨습니다. 오직 예수 그리스도만이 율법의 완성자요 수고하고 무거운 짐 진 자들에게 참 평안과 안식인 구원의 은총을 베푸신 분입니다. 이를 우리는 분명하게 믿고 고백하며 아울러 그의 멍에를 함께 멘 예수 중심의 삶을 누리니 행복이 아닐 수 없습니다.

사랑하는 성도 여러분!

선한 목자 되신 주 예수 그리스도께서 "수고하고 무거운 짐 진 자들아 다 내게로 오라 내가 너희를 쉬게 하리라"고 초청하시며 "나의 멍에를 메고 내게 배우라"는 강권적 권유의 말씀과 "내가 너희를 쉬게 하리라"는 축복의 말씀을 오늘 우리가 받았습니다. 주께서 주시는 평안과 안식은 최대의 행복입니다. 이는 바로 그리스도께서 그의 십자가로 사탄의 세력을 꺾고 죄와 죽음 그리고 하나님의 무서운 심판인 지옥 형벌의 사슬에서 해방해 주셨기 때문입니다. 그러므로 우리 모든 성도들은 참으로 행복자입니다. 오직 그리스도 안에서 평안과 안식을 누리며, 선한 목자 되신 그리스도의 멍에를 함께 멘바 그를 본받는 성화의 삶을 통해 성삼위 하나님께 감사와 찬송으로 영광을 돌리시기를 축원합니다. 아멘.

우리가 이 보배를 질그릇에 가졌으니

(고린도후서 4:7-15)

사도 바울은 당시 그리스도의 복음 때문에 엄청난 고난을 당하고 있는 고린도교회 성도들에게 그리스도 예수와 그를 믿고 따르는 성도의 관계를 질그릇과 보화의 관계로 전해주고 있음이 본문의 내용입니다. 사도 바울은 자신을 비롯한 모든 성도들이 "질그릇" 즉 흙으로 만들어진 '깨어지기 쉬운 그릇'임을 밝혀 주면서, 그 그릇에 "보배" 곧 '복음의 광채' 또는 그의 '사도직' 한마디로 예수그리스도를 가졌다고 고백하였습니다. 이 시간 "우리가 이 보배를 질그릇에 가졌으니"라고 하신 본문의 말씀을 통해 은혜받기를 원합니다.

"우리가 이 보배를 질그릇에 가졌으니" 이는

1. 사람은 질그릇에 불과한 존재라는 사실입니다.

'질그릇'은 흙으로 만들어진 '깨지기 쉬운 그릇'을 의미합니다. 즉 연약한 인간의 존재를 일깨워 주는 비유적 표현입니다. 하나님은 "질그릇 조각 중 한 조각 같은 자가 자기를 지으신 자로 더불어 다툴진대 화 있을 진저"(사54:9)라고 하셨고, 한나는 "여호와를 대적하는 자는 산산이 깨어질 것이라"(삼상2:10)고 하였습니다. 인간은 절대로 하나님 앞에서 겸손해야만 하는 존재라는 사실입니다. 우리는 질그릇에서 다음 세 가지의 특성을 찾을 수 있습니다.

첫째, 질그릇의 피조성(被造性)입니다.

즉 하나님께서 태초에 인간을 흙으로 빚어 만드셨다는 사실입니다. 이사야는 "여호와여 주는 우리의 아버지시니이다. 우리는 진흙이요 주는 토

기장이시니 우리는 다 주의 손으로 지으신 것이라"(사64:8)고 하였습니다.

둘째, 질그릇의 목적성(目的性)입니다.

사도 바울은 "큰 집에는 금과 은의 그릇이 있을뿐 아니요 나무와 질그릇도 있어 귀히 쓰는 것도 있고 천히 쓰는 것도 있나니"(딤후2:20)라고, 그릇 나름대로의 쓰임에 그 목적이 있음을 밝혀 주었습니다.

셋째, 질그릇의 연약성(軟弱性)입니다.

아브라함은 "티끌과 같은 나라도 감히 주께 고하나이다"(창18:27)라고 하였고, 욥은 "주께서 내 몸 지으시기를 흙을 뭉치듯 하셨거늘 다시 나를 티끌로 돌려 보내려 하시나이까"(욥10:9)라고 하였습니다. 사도 바울은 본문 8-9절에서 '우겨 쌈을 당하는 질그릇', '답답한 일을 당하는 질그릇' 그리고 '핍박과 거꾸러뜨림을 당하는 질그릇' 이라고 표현하였습니다.

"우리가 이 보배를 질그릇에 가졌으니" 이는

2. 오직 예수 그리스도만이 보배라는 사실입니다.

본문 7절에 "우리가 이 보배를 질그릇에 가졌으니 이는 능력의 심히 큰 것이 하나님께 있고 우리에게 있지 아니함을 알게 하려 함이라"고 하였는데, 이를 직역하면 '그러나 우리가 이 보물을 질그릇 안에 가지고 있다. 능력의 초월이 하나님께 있고 우리로부터가 아니게 하기 위해' 입니다. 여기에 "보배" 곧 '데사우론' 은 '보배', '보화' 를 뜻하는 단어로 이는 심히 큰 '하나님의 능력' 을 뜻하며, 아울러 하나님의 영광을 드러내는 '복음의 사도직' 또는 '복음의 광채' 를 의미합니다. 한마디로 '능력이 심히 큰 것', 이는 '그리스도의 십자가, 생명의 부활' 을 말합니다. 십자가의 능력과 부활의 능력입니다.

3. 보배를 가진 삶은 승리라는 사실입니다.

본문 8-9절에서 "우리가 사방으로 우겨쌈을 당하여도 싸이지 아니하며 답답한 일을 당하여도 낙심하지 아니하며 핍박을 받아도 버린바 되지 아니하며 거꾸러뜨림을 당하여도 망하지 아니하고"라고 하였습니다. 즉 '모든 것 가운데서 우리가 압박당하지만 억압당하지 않고 우리가 당황하지만 절망하지 않고, 우리가 핍박을 받지만 포기되지 않고 우리가 쓰러뜨려지지만 멸망하지 않고' 라는 말입니다. 이는 그 당시 복음 때문에 수많은 성도들이 십자가를 지는 모진 수난 속에서도 승리하는 삶의 모습을 분명하게 보여줍니다. 바로 그 질그릇 속에 심히 큰 하나님의 능력인 예수 십자가와 부활의 신앙이 있었기 때문입니다. 이것이 승리하는 교회와 신자들 삶의 특징입니다. 바로 오늘 날 전투하는 지상교회들의 위대한 모습입니다.

"우리가 이 보배를 질그릇에 가졌으니" 이는

4. 질그릇의 목적이 하나님 영광에 있다는 사실입니다.

본문 15절에 "모든 것을 너희를 위하여 하는 것은 은혜가 많은 사람의 감사함으로 말미암아 더하여 넘쳐서 하나님께 영광을 돌리게 하려 함이라"고 하였습니다. 이를 직역하면 '왜냐하면 모든 것들이 너희를 위하여 있기 때문이다. 은혜가 더 많은 사람들을 통하여 증거하는 감사를 하나님의 영광을 향하여 넘치게 하기 위하여' 입니다. 즉 보화를 가진 질그릇이 당하는 극한 고난이 바로 성도 자신을 위한 것이고, 넘치는 은혜로 인한 감사가 하나님의 영광을 위한 것임을 일깨워 줍니다. 사도 바울은 고난의 필연성과 가치에 대해 "우리가 그와 함께 영광을 받기 위하여 고난도 함께 받아야 될 것이니라 생각건대 현재의 고난은 장차 우리에게 나타날 영광과 족히 비교할 수 없도다"(롬8:17-18)라고 하였습니다. 보화, 곧 예수 그리스도를 마음 중심에 담은 질그릇의 삶이 십자가를 지는 고난의 삶이며, 바로 그 삶의 목적이 바로 하나님께 돌리는 영광에 있습니다.

사랑하는 성도 여러분!

우리 모두는 영광스럽게도 보화를 간직한바 하나님의 영광을 위하여 귀하게 쓰임 받는 질그릇들입니다. 그리스도의 십자가와 부활의 능력을 소유한 질그릇이기에 값지고 보배로운 것입니다. 질그릇의 가치는 바로 그 속에 담겨진 보화에 있기 때문입니다. 그래서 교회와 성도는 보배롭고 존귀한 존재입니다. 우리들 자신은 연약하기 이를 데 없는 질그릇, 곧 티끌과 같은 존재들이지만 그 질그릇에 하나님의 심히 크신 능력인 그리스도의 십자가와 부활이 뿌리 깊게 자리 잡고 있기 때문에 반드시 승리한다는 사실입니다. 이는 이미 그리스도께서 그의 십자가로 사단의 세력을 멸하고 승리하셨기 때문입니다. 이는 결코 이론이 아닙니다. 바로 그 삶 속에 움이 돋고, 싹이 나며, 꽃피우고, 열매 맺는 실제의 삶, 그 자체입니다. 오직 우리 주 예수 그리스도의 십자가와 부활 중심의 신앙과 삶으로 승리하여 성삼위 하나님께 큰 영광을 돌리시기를 축원합니다. 아멘.

이스라엘 자손을 흥왕케 하려는 사람

(느헤미야 2:1-10)

하나님의 선지자 느헤미야, 그는 주전 444년 제3차 귀환민의 총독으로 예루살렘으로 돌아왔습니다. 그 후 느헤미야는, 짧은 10여년 사이에 오랜 세월 흉물스럽게 방치되어 있었던 성벽을 재건하는 대역사를 시작으로 에스라와 협력하여 범민족대각성운동과 개혁을 성공적으로 펼쳤던 위대한 구국의 인물이었습니다. 그는 당시 페르시아 제국의 수산 궁에서 아닥사스다 왕의 총애를 한 몸에 지녔던바 권력 실세의 한 사람이었습니다. 오늘 본문 10절에서 그를 가리켜 "이스라엘 자손을 흥왕케 하려는 사람"이라고 하였습니다.

"이스라엘 자손을 흥왕케 하려는 사람" 느헤미야, 그는

1. 오직 믿음의 사람이었습니다.

그는 유다에서 온 형제 중, 하나니를 통해 예루살렘 성벽이 훼파되고 성문들은 소화되었으며 백성들이 고통을 당하고 있다는 소식을 듣습니다(느 1:1-3). 이에 그는 통탄하며 기도하기를 5절에 "하늘의 하나님 여호와 크고 두려우신 하나님이여"라고 하였습니다. 여기에 "크신 하나님"이란 절대주권의 하나님에 대한 믿음의 고백이며, "두려우신 하나님"이란 바로 경외해야 할 하나님에 대한 믿음의 고백입니다. 이것이 바로 그의 확고한 신관이었습니다. 이 믿음을 소유하였기에 8절에서 "내 하나님의 선한 손이 나를 도우심으로"라고 하였고, "주의 이름을 경외하기를 기뻐하는 종들의 기도를 들으시고 오늘날 종으로 형통하여"(느1:11)라고 하였던 것입니다. "기록된바 오직 의인은 믿음으로 말미암아 살리라"(롬1:17)입니다.

"이스라엘 자손을 흥왕케 하려는 사람" 느헤미야, 그는

2. 오직 기도의 사람이었습니다.

　난국의 현실 앞에 그는 "내가 이 말을 듣고 앉아서 울고 수일 동안 슬퍼하며…기도하여"(느1:4)라고 하였습니다. 그는 또한 11절에서 "주여 구하오니 귀를 기울이사 종의 기도와 주의 이름을 경외하기를 기뻐하는 종들의 기도를 들으시고 오늘날 종으로 형통하여 이 사람 앞에서 은혜를 입게 하옵소서 하였나니 그 때에 내가 왕의 술 관원이 되었었느니라"고 하였고, 5장 19절에서는 "내 하나님이여 내가 이 백성을 위하여 행한 모든 일을 생각하시고 내게 은혜를 베푸시옵소서"라고 기도하였습니다. 결국, 하나님은 그 기도의 응답으로 140년이 넘도록 방치되었던 흉물의 성벽을 52일 만에 완공하여(6:15) 성벽봉헌식(12:27)을 거행토록 하셨던 것입니다. 느헤미야는 성벽재건(1장-7장)과 영적부흥운동 등의 개혁(8장-13장)을 펼치면서 언제나 전능하신 하나님께 기도하기를 쉬지 아니하였습니다.
　"이스라엘 자손을 흥왕케 하려는 사람" 느헤미야, 그는

3. 온전한 헌신의 사람이었습니다.

　그는 아닥사스다 왕에게 "나를 유다 땅 나의 열조의 묘실이 있는 성읍에 보내어 그 성을 중건하게 하옵소서"(느2:5)라고 간청하였고, 8절에서 그는 "내 하나님의 선한 손이 나를 도우심으로 왕이 허락하고"라고 하였습니다. 마침내 그는 고국 유다 예루살렘으로 돌아와 그와 뜻을 같이 한 백성들과 함께 밤 낮 쉼 없는 성전(聖戰)을 치르면서 성벽재건에 피나는 희생을 감수합니다. 결국, 하나님의 의로우신 손이 도우심으로 짧은 52일 만에 완공하게 됩니다. 그 후, 학사이며 제사장이었던 에스라와 협력하여 범민족 대각

성운동과 언약갱신의 개혁운동에서 그 결실을 거두게 되었던 것입니다. 바로 그의 헌신은 "나는 하나님을 경외하므로 이같이 행치 아니하고 도리어 이 성 역사에 힘을 다하며 땅을 사지 아니하였고 나의 모든 종자도 모여서 역사를 하였으며"(느5:15-16) 또한 "내가 총독의 녹을 요구하지 아니하였음은 백성의 부역이 중함이니라"(느5:18)라고 말한바, 전적으로 희생하는 온전한 헌신의 삶이었음을 보여줍니다.

사랑하는 성도 여러분!

"이스라엘 자손을 흥왕케 하려는 사람" 곧 오직 믿음과 기도와 헌신의 사람인 느헤미야는 당시 그를 대적했던 무리들에게는 큰 두려움의 대상이었습니다. "호론 사람 산발랏과 종 되었던 암몬 사람 도비야가 이스라엘 자손을 흥왕케 하려는 사람이 왔다 함을 듣고 심히 근심하더라"(느2:10)고 하신 말씀이 이를 말해 줍니다. 이 대적들이야말로 권력으로 온갖 착취와 파괴를 일삼았던 사탄의 추종자들이었습니다. 악한 영인 사탄에게 있어 큰 두려움의 대상은 오직 예수 십자가와 부활 신앙으로 무장한 교회와 신자들입니다. 이는 "하나님의 전신갑주"(엡6:13)를 입은 "그리스도 예수의 좋은 군사"(딤후2:3)이기 때문입니다. "이스라엘을 흥왕케 하려는 사람" 느헤미야와 같이 오직 하나님만을 믿고 기도하며 또한 헌신하는 우리 모두가 되었으면 합니다. 반드시 우리 하나님은 그의 의로우신 손으로 우리를 도우사 승리와 번영의 축복을 안겨 주실 것입니다. 모든 영광을 오직 하나님께 돌리는 우리 한국 교회와 이 나라와 민족, 그리고 우리들 자신과 가정이 되시기를 축원합니다. 아멘.

이스라엘의 위로를 기다리는 자

(누가복음 2:21-33)

아기 예수께서 태어나신지 팔일 만에 요셉과 마리아는 수태하기 전 천사가 일러준 대로 "예수"라는 이름을 짓고 모세의 법대로 할례를 행하기 위해 예루살렘으로 상경합니다. 이 때, 예루살렘에 나이 많은 시므온이 아기 예수님을 품에 안고 "이는 만민 앞에 예비하신 것이요 이방을 비추는 빛이요 주의 백성 이스라엘의 영광이니이다"라고 찬양하였습니다. 바로 이 시므온에 대해 "이스라엘의 위로를 기다리는 자"라고 기록해 주고 있습니다.

"이스라엘의 위로를 기다리는 자" 시므온, 그는

1. 의롭고 경건한 자였습니다.

본문 25절에 "예루살렘에 시므온이라 하는 사람이 있으니 이 사람이 의롭고 경건하여"라고 하였습니다. 여기 "의롭고 경건하여"라는 말은 하나님께 대한 그의 깊은 신앙심과 아울러 성실하고 세심한 성품의 사람됨을 표현한 말씀입니다. 그는 하나님께서 모세를 통해 주신 율법에 최선을 다해 순종하는 경건한 사람이었습니다. 그래서 구약성경에서 오시리라 약속해 주신 메시야, 곧 그리스도에 대한 열망이 대단하였기에 "이스라엘의 위로를 기다리는 자"라고 하였던 것입니다. 아기 예수님은 이스라엘의 위로자로 이 땅에 태어나신 것입니다. "위로"를 뜻하는 '파라클레시스'는 '파레클레토스' 즉 '위로자'로 '보혜사'의 칭호이기도 하지만 "아버지 앞에서 우리에게 대언자(파라클레온)가 있으니 곧 의로우신 예수 그리스도시라" (요일2:1)라고 하신바 예수님 자신의 호칭이기도 합니다. 시므온은 아기 예수를 보는 순간 본문 29-31절에서 "주재여 이제는 말씀하신대로 종을 평안히 놓아 주시는도다 내 눈이 주의 구원을 보았사오니 이는 만민 앞에 예비하신 것이요"라고 찬양 하였습니다.

"이스라엘의 위로를 기다는 자" 시므온, 그는

2. 성령께서 함께하신 자였습니다.

본문 25절에 "성령이 그 위에 계시더라"고 하였고, 26절에는 "저가 주의 그리스도를 보기 전에 죽지 아니하리라 하는 성령의 지시를 받았더니"라고 하였으며, 27절에 "성령의 감동으로 성전에 들어가매"라고 하였습니다. 성령님께서 "이스라엘의 위로를 기다리는 자" 그에게 항상 함께 하셨다는 말씀입니다. 그러므로 그가 그리스도로 오신 아기 예수를 보게 된 것입니다. 이는 사실 그가 받은 대단한 축복이요 영광이요 자랑이 아닐 수 없습니다. 하나님 앞에서 의롭고 경건하여 이스라엘을 기다리는 그의 삶이 광명한 빛으로 오신 아기 예수 그리스도를 만나 그를 안고 찬양한 축복의 사람으로 되게 하였던 것입니다.

"이스라엘의 위로를 기다는 자" 시므온, 그는

3. 오직 하나님께 영광을 돌린 자였습니다.

본문 28절에 "시므온이 아기를 안고 하나님을 찬송하여"라고 하였습니다. 그는 하나님께 영광을 돌리며 찬양하기를 "내 눈이 주의 구원을 보았사오니 이는 만민 앞에 예비하신 것이요 이방을 비추는 빛이요 주의 백성 이스라엘의 영광이니이다"(눅2:30-32)라고 하였습니다. 성령께서 그로 하여금 아기 예수님이 구원자이시며 이방의 빛과 이스라엘의 영광으로 오신 메시아, 곧 그리스도이심을 믿게 하셨고 그 하나님께 찬양으로 영광을 돌리도록 하셨던 것입니다. 당시도 그러하지만 오늘날에도 메시아, 곧 그리스도께서 육체를 입고 이 땅에 인간으로 오셨다는 사실을 믿고 고백하며 영광 돌려 찬양한다는 것은 성령의 감동 없이는 절대 불가능한 신비에 속한 일입니다. 그래서 사도 바울은 "너희가 그 은혜를 인하여 믿음으로 말미암아 구원을 얻었나니 이것이 너희에게서 난 것이 아니요 하나님의 선물이라"(엡2:8)고 하였던 것입니다. 예수님의 성탄고지를 목자들에게 전한 천군 천사들이 "지극히 높은 곳에서는 하나님께 영광이요 땅에서는 기뻐하심을 입은 사람들 중에 평화로다"(눅2:14)라고 찬양하며 영광을 하나님께 돌렸음이 그러합니다.

사랑하는 성도 여러분!

예레미야 선지자는 "무릇 기다리는 자에게나 구하는 영혼에게 여호와께서 선을 베푸시는도다 사람이 여호와의 구원을 바라고 잠잠히 기다림이 좋도다"(애3:25-26)라고 하였습니다. 시므온은 오실 메시야를 기다려 결국 아기 예수님을 만났듯이 오늘날, 우리 성도들은 의로운 재판장으로 재림하실 예수 그리스도를 기다리며 결국 천국에서 그를 만날 것입니다. 이스라엘의 위로자로 오실 주님을 만날 그 날까지 시므온처럼 하나님의 영광을 위해 의롭고 경건하게 살아야 합니다. 바로 그날, 우리 의로운 재판장 되신 그리스도로부터 "내가 너희를 도무지 알지 못하니 불법을 행하는 자들아 내게서 떠나가라"(마7:23)라는 무서운 질책을 받는 자가 되어서는 안 될 것입니다. "이스라엘의 위로를 기다리는 자" 시므온처럼 항상 말씀과 성령이 충만하여 의롭고 경건한 삶으로 우리 하나님께 큰 찬양과 영광을 돌리는 복된 삶이되시기를 축원합니다. 아멘.

• 설교사전 시리즈 •

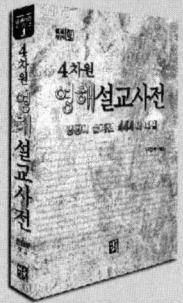

설교사전시리즈 ❶
4차원 영해설교사전
편집부 엮음

444편의 설교가 가나다라 순으로 정리되어 필요한 내용을 뽑아 쓸 수가 있으며, 책을 펼친 한 면에 설교가 한 편씩 들어가도록 편집하였다. 신구약 성경에서 네 가지와 연관된 것만 뽑았으며, 각각 다른 4개의 대지가 관계 성경 구절과 함께 명시되어 있다.

설교사전시리즈 ❷ ❸
새설교사전 상/하
윤도중 편저

각 주제별 가나다라 순으로 총 500여편의 설교가 들어있다. 한 편의 설교마다 각종 십계명, 예화, 해설, 명상 등의 자료들이 충분하게 들어가 있기 때문에 풍성한 설교를 도와줄 것이다.

설교사전시리즈 ❹ ❺
주제별용어설교사전 상/하
편집부 엮음

이 책은 성경에 나타난 용어를 풀이하여 설교에 도움이 되도록 기획된 설교사전이다. 주제별로 나누어진 설교 제목과 본문을 기본 틀로 하여 다양하게 설교에 활용할 수 있도록 많은 자료와 용어 해설이 들어 있다.

설교사전시리즈 ❻ ❼
성경인명설교사전 상/하
편집부 엮음

이 책은 성경에 기록된 성경 인물 가운데 성도들에게 신앙적 귀감이 되거나 경계로 삼아야 할 인물을 엄선하여 기획된 설교사전이다. 상권은 121명에 대한 핵심설교 428편, 하권은 85명에 대한 핵심설교 428편으로 구성되어 있으며, 각종 설교자료의 노하우를 총망라한 대작으로 평가되고 있다.

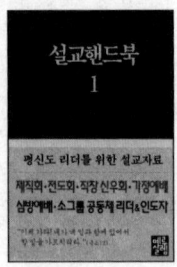

설교핸드북 (1~3)

편집부 엮음

평신도 리더를 위한 설교집이다. 제직회, 전도회, 직장 신우회, 가정예배, 심방예배, 구역예배, 소그룹 공동체 등 어디에서나 갖고 다니며 설교할 수 있도록 수첩 모양으로 제작되었다.

송이꿀 설교시리즈 (1~8)

신송태, 현오율, 최무남, 김한순, 김경윤 지음

송이꿀 보다 달고 오묘한 성경 말씀을 사모하는 마음으로 준비한 송이꿀 설교시리즈! 1권은 요약설교, 2권은 요한복음설교, 3권은 장례추모설교, 4권은 원어절기설교, 5권은 예식설교, 6권은 교회부흥설교, 7권은 은혜강단설교, 8권은 믿음충만설교로 구성되어 있다.

333 설교힌트 (1~4)

정성학 지음

오랜 시간 꾸준하게 목회자들에게 사랑받고 있는 설교시리즈. 설교를 준비하는 과정부터 탄탄하게 뒷받침이 되어주는 책이다. 삼백서른개의 설교힌트 시리즈는 1~3권이 신약이며, 4권이 구약이다.

만나요약설교 (1~7)

김명규 지음

성경을 중심으로 만든 주제별 요약설교집. 150여 편의 주제별 설교자료가 각 권마다 들어있다. 각종 설교 준비에 힌트와 영감을 주는 책으로 꾸준하게 목회자들에게 사랑받고 있다.